JN074481

不透明時代を勝ち抜く

予算管理ガイドブック

第2版

芳野剛史［著］
Yoshino Tsuyoshi

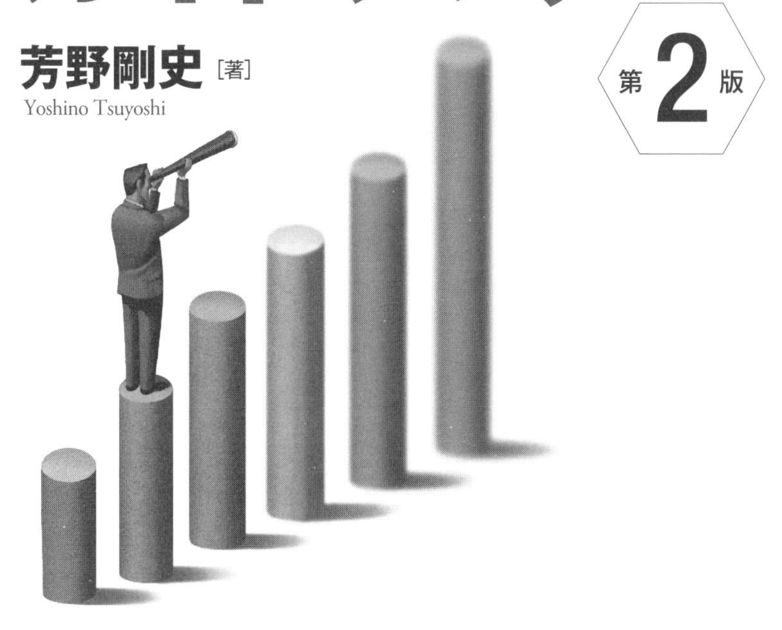

中央経済社

はじめに

「予算管理ガイドブック」は，2012年に初版が発刊されて以来，十数回の重版にいたるロングセラーとなり，本書はその改訂版となる。この間，予算管理の手法そのものに大きな変化はないものの，企業を取り巻く経営環境は大きく変わり，また関連する新しい管理手法も出てきていることから，本書の内容を大幅にアップデートすることとなった。具体的には，KPIマネジメントについて改めて整理，詳述するとともに，OKR，OODAループなどの関連する管理手法について，予算との関連性も含めて加筆している。またロボットやAIなど新しいテクノロジーの活用についても効率化の観点で解説している。

本書の特徴は，経理の予算担当者だけを対象に書いた本ではなく，ビジネスリーダーあるいは将来のビジネスリーダーも対象としている点である。したがって，なるべく「わかりやすい用語」を用い，「全体像を体系的」に理解できるように心がけた。また実例を基にしたケーススタディを多く盛り込み，実際のイメージがわきやすく，読みやすいように工夫をしている。

本書のもう１つの特徴は，現在の「経営環境の変化」への対応方法や考慮事項を詳しく解説している点である。その意味では実践的なビジネス書である。そもそも予算管理とは，1920年代に米国のデュポンやGMなどの大手メーカーがコストとキャッシュ・フローを管理するための手法として活用が始まった。その歴史は100年にもなるが，予算の基本的な手法はこれまでほとんど変わっていない。一方，企業を取り巻く経営環境はこの十数年で大きく変貌を遂げており，経営の舵取りも難しくなってきている。実際に多くの企業が不透明な経営環境下で，予算管理に頭を悩ませているのが現状だ。本書では，後半の多くを割いて，現在の経営環境変化に対する注意点と対応方法を説明している。

本書を執筆するにあたり，多くの企業にインタビューをさせていただき，不透明な経営環境下で，企業が抱える予算管理上の課題や工夫をヒアリングした。その上で，予算管理の課題を改めて整理した。インタビューを終えてわかったことは，各社ともさまざまな創意工夫を続けていることである。このような創意工夫の蓄積は，他の企業にも大いに参考になると思われるし，広く日本企業に共有すべき重要なノウハウではないかと思われる。

本書では，予算管理の基本的な理解と，現在の経営環境に伴う新たな課題と対応方法について，「基本」と「応用」に分けてわかりやすく説明をしている。前半の第１～４章は基本編として，初めて予算管理に触れる方にも理解できるように，全体像をわかりやすく説明している。後半の第５～９章は応用編として，ここ十数年に出てきた予算管理に関わる議論や新しい管理手法を紹介するとともに，筆者のコンサルティング経験，企業インタビューで得た実例をベースにし，不透明な時代を勝ち抜くためのさまざまなヒントを紹介している。

本書の執筆にあたっては，多くの企業のビジネスリーダーや予算担当者に貴重なご意見をいただいた。また，中央経済社の長田烈氏に大変お世話になった。ここで改めて，感謝を申し上げたい。

2023年10月

芳野剛史

Contents

はじめに

第1章　予算管理に関わる経営環境の変化 …………… 1

1．企業を取り巻く経営環境の変化 ………………………………… 1
（1）悩ましい予算編成　2
（2）経営環境変化のスピードは止まらない　3

2．不確実経済下における予算管理 ………………………………… 4
（1）ますます重要性が増す予算管理　4
（2）用意周到な予算編成が必要　5

3．予算管理において本当に考えるべきこと ……………………… 7
（1）PDCAが本当に回っているか　7
（2）PDCAが回るということ　8
（3）PDCAは数字レベルでは起きない　10
（4）戦略の本質的な性質　10

4．予算管理の課題と限界 ………………………………………… 12
（1）予算編成にかかる膨大な時間と労力　13
（2）目標設定の不公平感　14
（3）ビジネスの硬直化　15

第2章　予算管理の概要 …………………………………… 17

1．予算管理の目的と機能 ………………………………………… 17
（1）予算管理とは　17
（2）予算の機能　18

①計　画　18　／　②調　整　19　／　③伝　達　20　／
④動機づけ　20　／　⑤業績評価　20

2．予算管理の位置づけ　21
（1）予算の前提となる経営方針体系　21
（2）予算の位置づけ　22

3．予算体系　23
（1）予算体系の概要　23
（2）総合予算の概要　24
①損益予算　24　／　②資金予算　24　／　③資本予算　25
（3）予算の最終成果物　25

4．予算管理プロセス　31
（1）予算編成プロセス　31
①予算編成方針　31　／　②部門予算の作成　34　／
③予算の確定　35
（2）予算統制プロセス　35
①予実管理のレポートフォーマット　36　／
②レポートの見直し　37　／　③予実管理で着目すべきポイント　37

第3章　予算編成プロセス　41

1．販売予算の編成　41
（1）売上高予算　41
①販売予測の手法について　41　／　②積上げ法　43　／
③見積り法　44　／　④予算目標と業績評価目標　48
（2）販売費予算　49
①アクティビティコスト　50　／　②マネジドコスト　50　／
③コミッテッドコスト　52

2. 製造予算の編成 …… 54
（1）製造高予算 55
（2）製造原価予算 55
①直接材料費予算 56 ／ ②直接労務費予算 57 ／
③製造間接費予算 57
（3）在庫予算 58
①製品在庫予算 58 ／ ②仕掛品在庫予算 62 ／
③材料在庫予算 62

3. 購買予算の編成 …… 66
（1）2つの調達コスト削減アプローチ 67
①サプライマネジメント 67 ／ ②デマンドマネジメント 68
（2）4つの調達方針 69
①汎用的 69 ／ ②戦略的 70 ／ ③競争的 70 ／ ④制約的 71

4. 一般管理費予算の編成 …… 71
（1）管理の観点 72
（2）本社費用の削減 72
（3）一般管理費の配賦 73

5. 資金予算の編成 …… 74
（1）資金予算の機能 75
（2）資金予算の分類 75
（3）現金収支予算 76

6. 資本予算の編成 …… 77
（1）投資分類と評価方法 77
（2）定量評価と定性評価 79
①定量評価 79 ／ ②定性評価 80 ／ ③総合評価 80
（3）投資の意思決定プロセス 81

7. 総合予算の編成 …… 82

第4章 予算統制プロセス …… 83

1. 予算統制の重要性 …… 83

（1）予算統制の管理サイクル 83

（2）予算統制の意義 85

①衆知を集める 85 ／ ②会社全体のトレンドの把握 86 ／ ③協力，調整の場 86 ／ ④信賞必罰 86 ／ ⑤一体感の醸成 86

2. 予算差異分析の流れ …… 87

（1）差異の把握 87

（2）発生箇所の特定 87

（3）原因分析・責任分析 87

3. 予算差異分析のやり方 …… 89

（1）価格差異と数量差異 91

（2）問題を絞り込むロジックツリー 92

（3）解決策を導き出すロジックツリー 94

4. 分析レポートの例 …… 96

（1）月次のレポート例 97

①売上・利益情報 97 ／ ②収支情報 99 ／ ③売掛金回収状況 100

（2）四半期，半期のレポート例 100

①受注分析 101 ／ ②顧客生涯価値分析 103

●ケーススタディ1● 管理のための管理に翻弄される人々

第5章 予算管理の高度化 …… 108

1. 予算不要論という考え方 …… 108

（1）従来の予算管理の課題 108

（2）予算不要論の基本的な考え方 110

①相対的改善を狙ったストレッチな目標設定 110 ／

②相対的な高さに基づいて事後的に評価する 111 ／
③アクションプランの策定を継続的かつ包括的なプロセスにする 111 ／
④必要となる経営資源を利用可能にする 112 ／
⑤顧客ニーズに対応する社内横断的行動の調整 112 ／
⑥効果的なガバナンスと相対的な評価指標によって管理する 112
（3）組織の分権化 113
①明確な原則と境界を示すガバナンスを規定する 113 ／
②相対的な好業績をあげる組織文化を醸成する 113 ／
③現場で意思決定できる権限を付与する 113 ／
④顧客価値を創造する小さなチームの組織を作る 114 ／
⑤顧客ニーズを満たす責任を現場に付与する 114 ／
⑥組織全体にオープンな情報システムを提供する 114
（4）予算管理を廃止した企業事例 114
①銀行の事例 115 ／ ②卸売企業の事例 115
（5）日本における予算不要論 116
（6）予算管理に代替するツール 117

2. バランス・スコアカードと予算管理 …… 117
（1）バランス・スコアカードとは 118
（2）バランス・スコアカードの視点 119
（3）戦略マップとスコアカード 120
（4）バランス・スコアカードと予算管理との関係性 123

3. 将来重視のローリングフォーキャスト …… 124
（1）ローリングフォーキャストとは 124
（2）ローリングフォーキャストの意義 125
（3）ローリングフォーキャストの課題 125

4. ABC／ABMと予算管理 …… 126
（1）ABCの考え方 127
（2）ABMの基本的な考え方 128
（3）ABBによる予算管理への活用 132

（4）日本におけるABCの導入　133

5. シリコンバレー流OKR……134

（1）OKRの構成　134

①Objective（目標）134 ／ ②Key Result（主な結果）135 ／
③自信度を設定　135 ／ ④スコアリング　135

（2）OKRの運用方法　135

①チェックイン・ミーティング　135 ／ ②ウィン・セッション　135 ／
③レビュー　136

（3）MBOとの違い　136

（4）予算管理との関係性　136

6. VUCA時代のOODAループ……137

（1）VUCA時代の経営環境とは　138

（2）VUCA時代に求められること　138

（3）インテリジェンスが足りているか　138

（4）OODAループによるマネジメント　139

①Observe（観察する）139 ／ ②Orient（状況を理解する）140 ／
③Decide（決める）140 ／ ④Act（実行する）140

（5）PDCAとOODAループの違い　140

（6）OODAループの運用　141

第6章 予算管理の効率化……142

1. 予算管理プロセスのBPR……142

（1）BPRの基本的な考え方　142

（2）プロセス改善の5つの観点　143

①簡略化　143 ／ ②共通化　145 ／ ③平準化　145 ／
④移　管　146 ／ ⑤システム化　147

（3）BPRのステップ　147

①基本方針と目標設定　149 ／ ②初期仮説の立案　149 ／

③現行プロセスの棚卸しと課題抽出 149 ／
④業務量調査と分析 150 ／ ⑤改善案の抽出と評価 150 ／
⑥あるべきプロセスの策定 151 ／
⑦費用対効果と実行計画の作成 152

2. 予算管理システム …… 153
(1) 予算管理システムとは 154
①プランニング 154 ／ ②シミュレーション 154 ／
③集 計 154 ／ ④一元管理 155 ／ ⑤レポーティング 155 ／
⑥モニタリング 155
(2) 予算管理システムのメリット 155
①一元管理によりデータの信頼性を担保 155 ／
②エラーチェック機能によりヒューマンエラーを排除 155 ／
③処理作業の効率化，高速化 156 ／ ④多様な分析機能 156 ／
⑤セキュリティ対策 156
(3) 予算管理システムのデメリット 156
①システムの費用 157 ／ ②変更の柔軟性が低い 157 ／
③実現へのシステム的な制約 157 ／ ④操作方法の習得 157

3. ロボット／RPAの活用 …… 158
(1) RPAが適している理由 158
(2) RPAに代替可能な業務 158
①データ入力作業 159 ／ ②問い合わせ作業 160 ／
③レポート作成作業 161
(3) RPAの導入判断 161
①効果算定の考え方 161 ／ ②費用算定の考え方 162

4. AI（人工知能）の活用 …… 162
(1) 予算管理における活用領域 163
(2) AI活用のメリット 163
①高い予測精度 163 ／ ②細かい単位での管理 163 ／
③業務の効率化 164 ／ ④ヒューマンエラーの防止 164 ／

⑤属人化の防止　164
（3）AI活用に向けた課題　164
①AI人材の確保　164　／　②データの蓄積　164　／
③導入コスト／ランニングコスト　165

第7章　環境変化に対応した予算管理 …………………… 166

1．環境変化に対応するということ ……………………………… 166
（1）環境変化への対応能力　166
（2）予算編成で考慮すべきこと　167
①予算の前提に着目　167　／
②前提を大きく変えるリスクファクター　168　／
③鉄壁の防御策を　169

2．リスクに強い予算とは何か …………………………………… 170
（1）リスクに強い企業　170
（2）リスクへの対応方法　171
（3）リスクファクターの特定方法　172
（4）予算管理におけるリスクのマネジメント　172
①KRIの設定　173　／　②リスクの回避策／対応策の作成　174　／
③モニタリング　175
（5）縮小均衡の危険性　175

3．事業ポートフォリオマネジメントという考え方 …………… 176
（1）不確実な環境下での生き残り方　176
（2）事業ポートフォリオの組替え　177
（3）事業ポートフォリオマネジメントとは　178
（4）事業リスク評価　179
①事業評価とリスクの関係性　179　／
②従来の投資基準の限界　182　／
③事業価値を幅で捉える　182

（5）事業リスク評価の基本的な考え方　183
①確率分布の読み方　183　／　②リスクリターン率　184
（6）リスクベース事業ポートフォリオマネジメント　185
①リスクリターン・マトリックス　186　／
②どこまでリスクを低減すべきか　187　／
③ポートフォリオ効果のシミュレーション　187
（7）事業リスク評価のステップ　187
①リスクファクターの抽出　187　／
②各リスクファクターの変動幅・確率データの収集　188　／
③シミュレーションによる確率分布の算出　188
（8）事業撤退の考え方　189
①将来予測か，過去実績か　190　／　②定量評価と定性評価　190　／
③イエローカードとレッドカード　190　／
④事業リスク評価の位置づけ　191

●ケーススタディ２●　なぜこの会社の業績予想はいつも当たるのか

第８章　KPIマネジメント ……………………………… 195

1．KPIマネジメントの考え方 ……………………………… 195
（1）KPIマネジメントとは　195
（2）KPIマネジメントのメリット　196
①戦略の実行力アップ　196　／　②組織的な活動の推進　197　／
③進捗状況に応じた早い対応　197　／　④打ち手の仮説検証　198
（3）KPIマネジメントの成功事例　199
（4）バランス・スコアカードの問題点　202
（5）予算管理とKPIマネジメントの関係性　203

2．KPIを設定する技術 ……………………………… 205
（1）戦略的思考によりKPIを考える　205
（2）KPIの設定方法　207

（3）指標化の技術　209

①戦略の問題　209　／　②KPIの問題　210

3. KPIマネジメント成功のポイント……213

（1）PDCAサイクルを短くする　213

（2）複数の戦略を同時並行で実行する　214

（3）新しい戦略を試し続ける　214

●ケーススタディ3●　グループ子会社へ市場原理をもたらすKPI

第9章　予算達成のための課題と対応……219

1. 達成できない予算……219

（1）形骸化する経営会議　219

（2）経営会議の意味合い　220

（3）経営会議で期待されること　221

（4）予算が達成できない主要因　222

2. 事業計画のモニタリングをうまくやる手法……222

（1）事業計画のモニタリングとは　223

（2）結果管理とプロセス管理　223

（3）モニタリングレポート　225

3. 事業計画のモニタリングプロセス……227

（1）モニタリングの3つのプロセス　227

①事前にチェックすべきこと　228　／　②会議ですべきこと　228　／　③会議後にすべきこと　229

（2）モニタリング体制の構築　229

（3）予算達成への取組み　229

●ケーススタディ4●　プロセス管理による業績回復の軌跡

索　引　233

■ 第1章

予算管理に関わる経営環境の変化

1．企業を取り巻く経営環境の変化

ここ数年，先行き不透明な経営環境が続いているが，それにも増して昨今は異常な出来事が数多く起きている。新型コロナウイルス，ロシアによるウクライナ侵略，世界的インフレなど，どれ１つとっても数十年に一度の大きな出来事ではないだろうか。少し前を思い返せば，2008年にリーマンショックがあり，その時には100年に一度の金融危機と呼ばれた。そして東日本大震災の大津波の際は1,000年に一度と言われた。では，次の100年，1,000年は安泰なのかと言えば，とても安心できる状況にはない。

新型コロナウイルスのような感染症も，一昔前であれば地方の風土病で終わっていたという。しかし現代のように人々が国をまたいで往来する環境では，世界中を巻き込む大惨事に発展してしまう。またウクライナ侵略も単なる地域紛争では終わらず，世界中の国々に政治的な対立を生み，経済的な分断へと導いてしまっている。つまり現代は，あらゆる出来事が経済活動に地球規模で影響を受けやすい状況になっているのだ。おそらく社会やビジネスがグローバルレベルで効率化され，密接に連携しているがゆえに，ある国の出来事があっという間に世界経済へ影響するという，変化に極めて敏感な経営環境になってきている。

（1）悩ましい予算編成

企業が予算や計画作りをするにあたり悩ましい問題が，現在の急激な経営環境への対応である。当然のことではあるが，予算編成は一定の前提に基づいて作成される。次年度の予測を行う際には，その前提となるマクロ，ミクロの環境分析を行い，そのうえでトップマネジメントの意思を反映させ，目指すべき計画値を設定する。計画策定の前提としては，たとえば市場景況，為替，原材料価格などのマクロ環境があり，また事業セグメントの伸び，シェア，販売数量，販売価格，仕入価格などのミクロ環境がある。

これまでは，これらの前提はおおよそ予測可能であったため，過去の経年変化などから来期の予測を行うことで大きな問題はなかった。多くの企業では前年比10%増，20%増などと，個々の実績をベースに来期の目標を立てていただろう。また前提となる為替レートや原材料価格などの市況についても，過去のデータから容易に予測できたかもしれない。しかし，現在の経営環境では，予測困難な要素が多い。為替が２～３円予想と異なるだけであれば，期中において計画値の下方あるいは上方修正だけで済んだかもしれない。しかし，昨今のように急激に円安へ振れるなどの異常事態が発生すると，もはや計画値の修正だけでは済まない。事業のやり方そのものを修正せざるを得ない状況が起きている。

予算編成の前提が崩れかねない事態というのは，これまで我々はあまり経験していない。株価が１日に500円上下するなど以前では考えられなかったことだが，今ではそれほど驚かなくなってしまった。為替レートも短期的な変動はあったとしても，長期的には比較的安定していた。しかし，今ではかなり一方的に変動するようになった。実際に2022年には，３月初旬まで１ドル115円で推移していたドル円相場が，10月には１ドル150円を突破するという一方的な円安となった（**図表１－１**）。

このように予算管理の前提が大きく変化するとなると，これまでのように半期，四半期ごとに修正予算を組むというスピードでは間に合わない。また変化に対する方法としても，数値を上方修正あるいは下方修正するだけではなく，根本的に経営方針を見直すレベルの対策が必要になってきている。つまり，事

図表1－1　対ドル円相場の推移

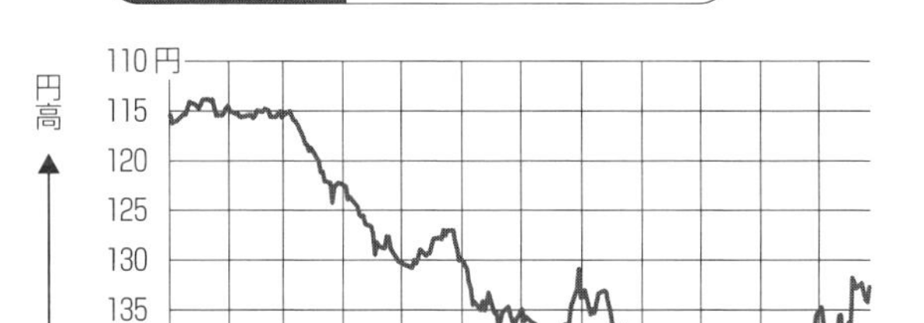

業環境の変化が大きい現在の経済下では，その変化を機敏に察知し，機敏に計画の変更ができる経営の「動体視力」と「反射神経」が重要になる。

(2) 経営環境変化のスピードは止まらない

では，このような経営環境の変化は一時的なものだろうか。少し時が経てば，また落ち着いた経営環境に戻るだろうか。これはNOと考えておいた方がよいだろう。これは，世界経済全体が以前にも増してリスクに対して敏感に反応するようになってきており，かつ各国が経済活動において有機的に強く結びつくようになってきているからである。多くの企業や個人が金融市場に参加するようになり，それに呼応する形でデリバティブのような金融派生商品が多く出回ることによって，為替，原材料価格，株価などが敏感に，時に必要以上に反応するようになった。また国と国の経済的な結びつきも強くなり，互いに影響を受けやすくなっている。日本の製造業がアジア各国に進出し，バリューチェーンが複数の国をまたいででき上がっているため，たとえばタイの部品メーカーのトラブルが，北米の生産ラインをストップさせる事態が起きているのだ。

このように考えると，世界の経営環境はボラティリティが高くなってきており，高いリスクにさらされていると言える。世界があたかも1つの経済圏を共有している現状で，今後，TPPなどの経済連携の進展を考えると，その関係性はますます強くなる。したがって，経営環境が以前のように安定化するという可能性は少なく，むしろグローバルレベルで激しい環境変化を予期しなければいけないだろう。

2．不確実経済下における予算管理

これまで予算管理は，一定の経営環境を前提にして予算を編成し，そして管理してきた。しかし，現在のように前提自体が急激に変化する経営環境では，予算管理がもはや機能しないのだろうか。予算管理をすること自体，時間の無駄ではないだろうか。答えはNOであり，むしろ予算管理の重要性が増してきたと考えるべきである。形式的な予算管理ではなく，本格的な予算管理をしなければいけない状況になってきたと考えられる。

（1）ますます重要性が増す予算管理

予算管理とは，財務的な目標を管理するツールであると同時に，「経営の見える化」のツールでもある。年初の財務的な目標値を月次などで実績値と対比をさせ，どこが順調で，どこが問題かを確認し，必要な対応をするという経営の基本的なマネジメントツールである。

よく経営管理を飛行機のコックピットにたとえることがある。つまり機長がコックピットのさまざまな計器をモニタリングしながら，飛行機を安全に目的地へ運ぶのと同じように，経営者はさまざまな経営指標をモニタリングしながら，会社を着実に目標へとナビゲートすべきだという話だ。しかし一方において，小さな会社やワンマンの会社では，トップが強力なリーダーシップを発揮して，それほどしっかりした経営管理がなくても順調に業績を伸ばしている企業はある。これは自転車とジャンボジェット機の違いにたとえるとわかりやすい。

自転車のように比較的簡単な乗り物は，飛行機のように複雑な計器は１つもなくても，人間の五感を使って安全に運転できる。一方，ジャンボジェット機のように複雑な操縦技術が必要な乗り物では，人間の五感に頼っては安全な運行ができない。操縦士が「私はベテランなので計器など見なくても大丈夫です」といっても，乗客からすれば怖くて誰も乗りたがらないだろう。

企業も成長するにつれて，ジャンボジェット機の操縦に劣らないくらい複雑で難しい経営判断が求められるようになる。飛行機に計器類が必要なのと同様に，企業にも経営状況をタイムリーに把握できる経営管理の仕組みが必要となる。そして，予算管理の財務情報は基本的な経営実態を表しており，経営管理の基本に該当する。これは健康診断における血液検査にも似ている。定期的に血液検査を行うことによって，コレステロール値や尿酸値などの数値情報を把握することができ，標準値との差異や，経年変化を確認することで正常なのか異常なのかを確認できる。

これは第一に，状況を「数値」で確認することに意味があり，一般的に「経営の見える化」と呼ぶ。つまり何となく雰囲気や感覚だけで物事を判断しようとすると，事実とは異なる認識に基づいた誤った判断をしてしまうだけではなく，気づくべき重要な変化を見過ごすことになりかねない。よく「測定できないものは管理できない」と言われるが，経営を定量的に捉えることの重要性を指摘している言葉だ。まさに予算管理は経営状況を定量的に把握する最も基本的なツールであり，経営環境の変化，事業状況の変化を的確に捉えるために最低限必要な管理手法である。

これまでのように経営環境の変化が現在ほど激しくない時代であれば，多少の変化を見過ごしても，あるいは誤った状況認識をしても，それほど経営にダメージはなかったかもしれない。しかし現在の経済下ではタイムリーに変化を感知できないと致命傷になりかねない。それだけ予算管理の重要性が増したと言える。もちろん予算の財務的な数字だけで，あらゆる経営環境や事業の変化を監視できるわけではない。従来とは異なり，よりリスクにフォーカスした新たな予算管理が必要になる。具体的な手法については第７章で詳述するが，ここでは予算管理をしっかりやり，経営状況を今まで以上にウォッチする必要があることを強調しておきたい。

（2）用意周到な予算編成が必要

予算管理がますます重要となるもう１つの理由は，経営判断の難しい環境下だからこそ，入念な計画の作成が必要ということだ。予算の前提となるさまざまな市況がリスクにさらされていると，予算管理のすべてに意味がなくなるように聞こえてくる。しかし予算の前提を細かく見ると，変化の影響が大きい部分と，そうでもない部分がある。これを全部ひとまとめにして「予測が難しい」とするのではなく，予測可能な部分と予測困難な部分を見極めて，できることは確実にやり遂げるという計画作りをし，リスクの高い部分は十分な対応策を準備するという切り分けが重要となる。何がリスクなのかがわからないというのが最大のリスクである。

たとえば，ある輸出型の事業が為替や燃料の影響にさらされており，先行きの不透明感が高いとしよう。この場合は，従来の予算管理を行っても，予測不能な事態によって当初の計画は無駄に終わるかもしれない。しかし一方で，ある事業は内需型で外部要因による影響が少ないとしたならば，経営努力が十分に反映される可能性が高い。要するに，一部に予測不能な要因があるからといって全部を否定するのではなく，環境変化のインパクトを見極めて，リスクの高い事業についてはリスク対応を計画し，やれるところは確実にやっていくという綿密な計画作りが肝要となる。

よくあるのが，計画が達成できていない言い訳として，すべて経営環境のせいにすることである。経営環境の影響と経営努力の結果が混然一体となった状況では，実績の差異が出て異常を感知できたとしても，アクションが打てない。それぞれの原因によって打ち手が異なるからだ。もし計画段階で切り分けができていないと，その後の実行局面においても状況が正確に切り分けて把握できず，タイムリーな対応ができない。これは計画の「質」の問題だ。

従来であれば，多少いい加減な計画であっても，従来どおりの活動を続ければ，それほど目標を大きく外すことはなかったかもしれない。しかし現在の不透明な経営環境では，大きな環境変化が起きることを前提にした周到な計画作りが事の成否を決める。前年実績の延長線上で作成した予算では，突然の環境変化に対応できないであろう。したがって，現在のような不透明な経営環境下では，本格的な予算編成がますます重要となってくるのだ。

3．予算管理において本当に考えるべきこと

経営環境変化の激しい経済下では本格的な予算管理が必要で，経営変化に対して柔軟に対応できる仕組み作りをしなければならない。その中で特に重要なことは，経営変化というリスクへの対応と，PDCAサイクルを早く回すことである。リスクへの対応については後に説明するとして，ここでは「本当の意味でのPDCAサイクル」について考えてみたい。

（1）PDCAが本当に回っているか

PDCAサイクルとは，Plan，Do，Check，Actionの頭文字を取ったもので，計画の実行段階で状況を定期的にチェックし，計画どおりの結果が出ていない場合には，計画を修正して対応策（アクション）を講じることである。

計画というのは，一定の推論に基づいて「こうすれば，こういう結果が出るはずだ」という仮説にすぎないため，実際にうまくいく場合もあれば，うまくいかない場合もある。重要なことは，その仮説が正しかったかどうかを早めに確認し，必要であれば早めに修正を加えることである。これは当たり前のことであるが，実際にはPDCAサイクルが回っていないことが結構多い。

計画をそもそも立てていないというのは論外であるが，計画を立てていたとしても意外とPDPDになっているケースが少なくない。PDPDというのは，Plan，Doの後，またPlan，Doを行い，これがPDPDと続いている状況のことである。つまり計画がうまくいかなかった場合，もう一度計画に立ち戻って，どの推論や前提が間違っていたのかをチェックして計画を修正するのではなく，まったく新しい計画を打ち出すということだ。

たとえば，ある販売拡大戦略として，これまでターゲットとしてこなかった中小企業への販売拡大という計画を立て，実行した結果，あまり売れなかったとする。この対応策として，今度は「新規商品の投入」という新しい計画を打ち出したとしよう。これはPDPDのケースである。元々の計画を修正して，試行錯誤を繰り返すのではなく，別の計画に変えてしまっている。計画を立てて

は実行し，また計画を立てては実行しと，PDPDを毎年繰り返し，計画精度が上がってこないというパターンだ。中小企業への販売がうまくいかなかったという本ケースの場合，営業アプローチが悪かったのか，プライシングが悪かったのか，チェックとアクションを繰り返して試行錯誤を続けていけば，当初の計画も徐々によいものに仕上がっていくだろう。

このようにPDPDになっているのは，わりと気付きにくい。表面的にはPDCAを回しているように見えるからである。「中小企業への販売」という計画をチェックし，「新商品の投入」というアクションを打ち出しているため，一見PDCAサイクルのように見える。ただ問題は，Actionが当初のPlanに戻っていないため，善のスパイラルに入っていないという点だ。PDCAがぐるぐる回る体制になっていない。重要なことは当初の計画が，PDCAサイクルがぐるぐる回ることによって，徐々によくなってきているかどうかだ。

このようなケースは，次のようなことが現象として典型的に見られる。新しい評価制度が導入され，うまくいかないと今度は組織変更が行われ，また「何とか改革の推進」などと，新しい施策が毎年発表されるわりには，個々の施策の品質が上がってこない。これは無意識のうちにPDPDの罠に陥っている可能性がある。PDCAサイクルが回っている企業は，経営の品質が自律的に進化する仕組みになっており，多少の失敗はあったとしても，長期的には必ず改善され，最後には勝利を収めていく。

（2）PDCAが回るということ

PDCAサイクルを回す分かりやすい手法として，「チャンピオン／チャレンジャー戦略」という考え方がある。「チャンピオン戦略」とは現在の戦略のことを指し，「チャレンジャー戦略」とは，これから試す新しい戦略のことを指す。現在うまくいっている戦略もいつかは陳腐化するため，新しい戦略を「チャレンジャー」として試しに実施をし，もしそのチャレンジャー戦略がうまくいけば，これをチャンピオンとして昇格させるという手法だ（**図表１－２**）。

たとえば，クレジットカード会社が利用者に対してキャッシング枠をいくらに設定すればよいかを検討しているとしよう。もしキャンシング枠を５万円と

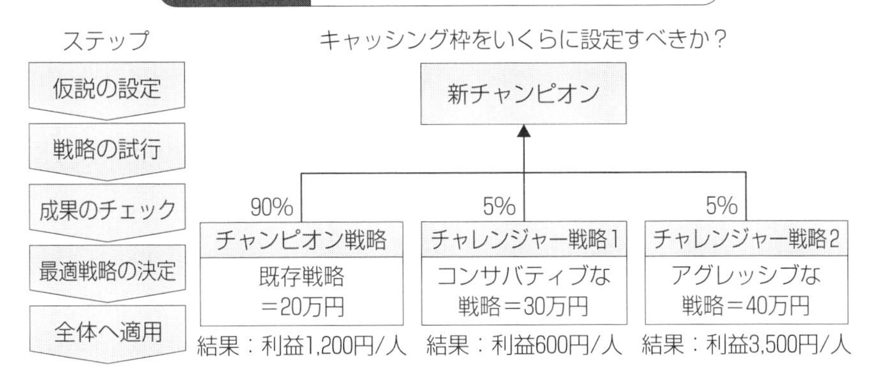

低めに設定した場合，カード会社の儲けも低くなってしまう。そもそも利用者からすれば，カードは何枚も持っているため，キャッシング枠の低いカードはあまり役に立たないため，財布にも入れないだろう。一方，50万円と高くした場合は，利用者が支払い不能となった場合の損失リスクがあり，これも行き過ぎると儲けが少なくなる。カード会社としては，キャッシング枠をどこに設定すれば利益が最大化するかは，非常に重要なテーマである。

仮に，ある利用者セグメントに対して，現在20万円の枠を設定しているとしよう。いきなり30万円に上げると，大きな損失を被るかもしれない。そこでチャレンジャー戦略として，利用者全体の５％の人だけを対象に30万円に上げてみる。これによって利益に上昇が見られれば，現在の戦略より優れていることになるため，新しいチャンピオン戦略として全利用者へ適用する。もし30万円で利益が増加しなければ，25万円，35万円，40万円と修正を繰り返し，最適なラインを見つけ出す。つまりPDCAをぐるぐる回し，仮説の検証を繰り返すことによって，最終的には最適な戦略を見つけ出すことができるわけだ。重要なことは，計画当初の戦略は，あくまでその時点での推論にすぎず，経営環境も計画当初とは変化をしていくため，チェックとアクションを繰り返して修正を続けない限り，効果的な戦略にはならないという点だ。

これはダーウィンの種の起源にも似ている。彼の有名な言葉に次のようなものがある。「最も強いものが生き残れるわけでもなく，最も賢いものが生き残れるわけでもない。唯一生き残れるのは変化に対応できるものである」。経営環境の変化の激しい現在の経済下では，PDCAサイクルを本当の意味で回し，変化に対応できることが生き残りの条件となる。またサイクルの回る早さも重要だ。年に1回しかPDCAサイクルが回らない企業と，年に12回，あるいはそれ以上のスピードでサイクルが回る企業では，おのずと戦略の品質に雲泥の差が出るであろう。

（3）PDCAは数字レベルでは起きない

PDCAは数字レベルでは起きない。正確には財務数値のレベルでは起きず，戦略，施策のレベルで起きる。予算管理でPDCAサイクルが回りにくい理由は，予算管理が基本的に「貨幣額で表現された計画」だからである。売上高で予実差異が出たとしても，PDCAサイクルによって見直したいのは，「売上高の見直し」ではなく，売上高をもたらした「戦略の見直し」である。そのため財務数値と戦略，施策のリンクが必要となる。もし予算管理の計画に財務数値しかなく，その数値を達成するための戦略，施策がなかったとしたならば，PDCAで見直しをする「対象」がない，あるいは「不明」という事態となる。予算と中期経営計画がリンクしていないという話はよく聞く。それぞれ予算と中期経営計画があり，売上や利益などの総額は整合しているが，どの戦略がいくらの売上を目標としているのかという関係が不明確なケースも少なくない（**図表1－3**）。

このような場合には，予算管理において予実差異は確認できるものの，その差異がどの戦略の問題で発生したのかを特定できず，本当の意味でPDCAサイクルを回すことはできない。これは予算の「作り方」の問題である。中期経営計画を着実に実施できている企業は，予算と戦略がリンクできている。第8章で日産のリバイバルプランを，実際に日産が発表した決算発表資料をもとに解説するが，個別の戦略，施策ごとに明確な数値目標が設定されており，PDCAサイクルを回すためのベースができていることが確認できる。

（4）戦略の本質的な性質

そもそも戦略とは何か。戦略の定義は，MBAの教授が10人いれば10通りの

図表１－３　中期経営計画と予算の関係

中期経営計画

５つの基本戦略

①東南アジアへのビジネス展開促進
②新エネルギー，医療分野への参入
③固定費削減による財務基盤の強化
④グローバルブランドの強化
⑤グループの連携とシナジーの推進

３年後に世界トップシェアに

?
関係が不明…

年度予算

予算の目標
売上高　：3,900億円
営業利益　：500億円
ROE　：10%

A事業：売上1,200億円，営業利益200億円
B事業：売上1,900億円，営業利益120億円
C事業：売上　800億円，営業利益180億円

答えが返ってくると言われるように，その定義に正解はない。戦略とは，「経営の最適配分」，「選択と集中」，「戦略とは捨てることである」などと，さまざまな表現があるが，筆者は次の表現が最もしっくりくる。「戦略とは，企業の中長期的な目標を達成するために，競争優位性を活用した統合的な施策の集まりである」。つまり中長期的な目標に対して，全体として整合性のある施策の集合体であり，ベースは競争優位性の観点で組み立てられている計画のことである。

戦略という文字は，戦（いくさ）を略（りゃく）すと書くことから，要は戦い方の概略を示したものである（**図表１－４**）。

戦略は戦闘と異なり，長期的な計画であり，３年後，５年後に目指すべき姿に対して，そこにたどり着くための概略を示した計画である。そのたどり着く「目指すべき姿」が本当に存在するのか，あるいは戦略が本当に正しいのかは将来のことなので誰もわからない。戦略とは，計画時のベストな推定によって作成したものである。これは企業経営において，競馬の競争馬のブリンカーの役割を担う。ブリンカーとは，競走馬の目にかぶせるメガネのような器具で，馬にとって周りが見えないようにし，周りに影響されず前だけに向かって集中して走らせるための馬具である。

図表1－4　戦略とは

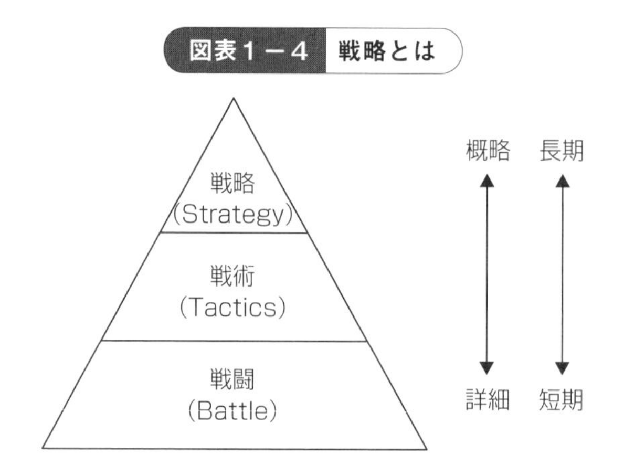

戦略も同じで，一度方針を決めたら，そこへ向かって全力で走ることに役立つ。もしその行き先や，行き方が間違っていたとすれば，駄目な方向に全力で進んでいることになり，1つ間違えると恐ろしい代物だ。したがって常にモニタリングをし，軌道修正をしなければならない。誰も予測できない未来に向かって道なき道を進んでいるのであって，地図のように約束された道のりではない。戦略とは，そのような極めて不確実な物であるという前提で，むしろPDCAサイクルでカバーしなければならない。当初の戦略が間違っていたと批判するのではなく，その後の軌道修正ができていないことを反省しなければならない。経営環境が変われば，戦略も変えなければいけない。予算管理とは，戦略のPDCAサイクルを回す基本的なマネジメント手法であり，不確実経済下を生き残るための最も重要なツールなのである。

4．予算管理の課題と限界

環境変化への対応というテーマは，予算管理において比較的新しい課題であるが，それ以外にも予算管理では従来からさまざまな課題が指摘されてきている。数えあげればきりがないほど課題はあるが，大きくは3つにまとめられる。

１つは，予算編成にかかる膨大な時間と労力の問題，２つめは予算の目標設定に関わる不公平感，そして３つめに予算がビジネスを硬直化させているという指摘である。

（１）予算編成にかかる膨大な時間と労力

最もよく指摘される課題がこれだ。ある調査によると，世界各国のグローバル企業でも予算編成に平均２～４カ月を費やしている。つまりこの問題は，日本独特の課題というよりも，いわば予算の普遍的な課題であることがわかる。

予算編成の方法は企業によってさまざまではあるが，新年度の３～４カ月前から準備を開始している企業が多く，中には半年前から準備に取りかかる企業もある。時間がかかる最大の要因は，データ収集・分析と社内調整作業である。前年度の実績データを取りまとめ，外部の情報分析に基づいて予算編成の方針を出すという作業は，企業規模が大きくなるほど，また事業内容が複雑であるほど時間を要する。その後に待っている予算の社内調整プロセスを考えると，早めにデータ分析に着手しなければならない。

会計年度末の４カ月も前に，年度末の実績予測をすることは，それ自体が大変な作業となる。単に実績の把握だけであれば会計システムから簡単にダウンロードすることも可能であろうが，年度末の予測をするとなると各事業部門から見込みなどを収集しなければならず，どうしても人的作業に頼らざるを得ない。本当は年度末を迎えてから，実績に基づいて予算編成したいところではあるが，新年度が始まるまでに計画が必要ということもあり，まさにジレンマである。

事業部門にとっては，年度末に向かって追い込みをかける一番忙しい時期に予算編成の作業が重なってくる。限られた時間とリソースの中で，同時並行で作業するとなると，どうしても予算編成にじっくりと時間をかけることができず，とりあえず形だけ間に合わせるという事態になりかねない。その結果，しっかりと検討されていない計画ができ上がり，予算編成全体としては時間をかけているわりには価値を提供していないとの批判を受けたりする。しかも，こうして数カ月かけて策定した予算も，実際に新年度を迎えるころには，経営環境も変化してしまい，計画が陳腐化してしまっている。このように年度末というタイミングが非常に悪いという問題があり，企業の中には年度末までは事業に集中し，新年度の初めに予算編成を集中して実施しているところもある。

もう１つタイミングの問題でいえば，新年度の初めの人事異動との関係だ。これは人事異動によって，予算を作成した責任者と，実行する責任者が別になるという問題である。一般的に人事異動は新年度の４月，あるいは株主総会後の６月，７月あたりに行われるケースが多い。そもそも予算は，責任者が計画目標にコミットすることが重要で，ある意味では社内調整事項の最も時間のかかる部分であるにもかかわらず，年初に責任者が変わってしまうとコミットメントに問題が出てしまう。後任の責任者からすれば，他人がコミットした計画に責任を負うことになり，気持ちが入らない。また前任者も新年度の異動の可能性を感じていると，後任に迷惑をかけたくないという思いもあり，思い切ったコミットメントができない。なかなか予算管理という範囲では対応しきれない問題ではあるが，一部で行われているように，年度の初期に新しい組織体制とリフレッシュした気持ちで予算編成を集中して行うというのも１つのアイデアではないだろうか。

（2）目標設定の不公平感

予算の目標水準をどうやって決めるのかというのも主要な課題の１つだ。一般的に予算の目標値と業績評価はリンクしており，予算の達成度で評価されることが多い。したがって，いかに達成しやすい低い予算目標を勝ち取るかという社内ゲームが横行してしまい，社内における交渉力が重要なテクニックになってしまう。部下からすると優秀な上司とは，低い目標値を勝ち取れる交渉力の高い人だったりする。また責任者が熱い思いをもって高い目標を掲げたりすると，部下からは「単に社内で発言力がなく，数字を押しつけられたダメ上司」とのレッテルを貼られかねない。

このように顧客や株主に付加価値を生まない社内交渉に多大な時間をかけることも大きな問題であるが，同時に不公平感を生み出すことも課題の１つである。つまり仕事を頑張って，成果を出したから評価されているのか，単に低い目標を交渉したから評価されたのかという不信感が残るからだ。この場合，目標の設定プロセスをできる限り透明化し，客観性を保つことが重要となる。個別の交渉で決めるのではなく，できるだけオープンな会議の場で，皆が納得のいくまで議論を尽くす。また一定のロジックで目標値を算出し，客観性のある数字をベースに決定していく方法などが考えられる。

予算の達成率による評価には現場レベルでも課題を残す。たとえば営業の現場では，おかしなテクニックが使われる。期末近くまで案件を隠して達成率を低く押さえておき，修正予算によって目標値が下がってから，確実に予算をクリアするというテクニックがある。いわゆる「隠し玉」というやつだ。また当期の予算達成が困難とわかれば，なるべく受注を来期に先送りしたりする。

そもそも予算管理は，組織に短期的な志向を助長する性質がある。企業ビジョンや中期経営計画の中では，志の高い経営方針や方向性が示されているにもかかわらず，現場ではとにかく目の前の予算を達成することに集中してしまう。数字を達成することだけが日々求められ，年初に立てた戦略や施策が無視される。行き過ぎた予算達成のモチベーションは，時に企業倫理に反する行動を誘発してしまう。たとえば押し込み販売という行為で，営業マンが顧客に頼み込んで期末に契約を上げ，期明けに解約するという形で行われる。これは不正な会計操作であり，粉飾決算と見なされかねない。

（3）ビジネスの硬直化

予算管理はビジネスを硬直化させるという指摘も多い。予算管理では1年間の数値目標を決定し，半期などで多少の見直しをするものの，基本的には年間の約束ごととして固定する。したがってビジネスが常に変化しているにもかかわらず，逆に予算に縛られてしまい，適切な軌道修正が妨げられるというのがビジネスの硬直化だ。

確かに期初にコミットした目標に対して評価がされるため，期初の約束をコロコロ変えるわけにはいかない。一方，事業環境は予測不能のことも多いため，当初の計画ではうまくいかず，実態に合わせて大幅な修正が必要なケースもある。このジレンマはまさに予算管理の限界といえよう。これに対してローリングフォーキャストという柔軟な予算管理の手法もあり，これについては第5章で説明するが，ここでは少なくとも予算管理にはビジネスを硬直化させる性質があるということを押さえておきたい。

また予算管理が組織の壁を作り，垂直的な命令や統制を強めているという指摘もある。一般的に，予算管理は組織単位に作成されるため，予算管理をしっかり行うことは組織の壁を際立たせる傾向がある。本来であれば組織の壁など無関係に，ビジネスの成功にとって最適なコラボレーションをすればよいのであるが，組織ごとに予算があるため，どうしても予算達成上の利害関係が発生してしまう。しかし，そもそも予算管理とは各組織の果たすべき役割を明確化し，企業全体を統制するためのツールであるため，このような組織の壁がある程度意識されるのは仕方のないことと考えるしかない。一方，企業によっては，予算管理で組織のミッションを明確化する一方で，業績評価の中で組織を超えた貢献を促進する対応を取っている。たとえば，他部門と協業して獲得した売上であれば，管理会計で両方の組織にみなしの売上を計上させることにより，コラボレーションを促進させるのだ。いずれにしても，予算管理と業績評価をうまくミックスさせ，競争と協業をうまくバランスを取ることが重要と考えられる。

予算管理はいくつもの課題や限界があり，万能ツールではない。しかし課題があるからといって予算管理を廃止する企業はほとんどなく，それぞれ工夫や改善をしながら実施しているのが現状だ。むしろ予算管理の課題を前提としてよく認識し，陥りやすい課題をうまく乗り越えて運用することが重要である。

■ 第2章

予算管理の概要

1．予算管理の目的と機能

(1) 予算管理とは

予算管理とは，予算期間における企業の各業務分野の利益計画を貨幣的に示したものであり，企業の経営目標達成に向けた総合的な利益管理手法である。単純化して言いかえれば，企業の利益目標に対して，各部門にそれぞれ達成すべき売上や費用の計画値を割り振った利益計画である。

ただし企業の経営目標は必ずしも利益だけではなく，ROEやキャッシュ・フローなどもあるため，正確には財務諸表（貸借対照表，損益計算書，キャッシュ・フロー計算書）のいわゆる財務三表の計画と，その計画達成に向けた各部門の数値計画となる。しかし，企業の主要な目標はあくまで利益であるため，予算は基本的に利益計画と理解したほうがわかりやすい。

予算管理の目的は，複雑化する企業において，各部門が足並みをそろえて活動し，全社目標を達成するところにある。企業が大規模化するに伴い，各部門の役割はより細分化され，部門間の協調が難しくなってくる。全社目標を達成するために，各部門が何をどこまで達成すべきかを正確にブレークダウンしなければ，各部門がバラバラに努力しても予定していた目標には到達しない。営業部門は何をどれだけ売ればいいのか，そのためには製造部門は何をどれだけ作ればいいのか，また購買部門は何をどれだけ購入すればいいのかなど，部門間をまたいで計画を整合させなければならない。

そもそも予算管理とは誰のものであろうか。予算というと経理部門の所管するものと考えがちであるが，予算は全部門の責任者と上級管理者が理解し，活用すべきマネジメントツールである。本書は決して経理担当向けのみに書いているものではない。むしろ事業責任者，あるいは今後責任者になっていくビジネスパーソン向けである。予算管理を体系的に捉え，予算の基本的な機能を理解し，具体的な組織マネジメントに活用することを狙いとしている。

事業部門の人にとって，予算管理とは面倒な作業であり，単にノルマと感じる人も多い。予算課から要求された作業に対して最低限必要な対応だけをとり，最低限必要な計画値を作り込むという消極的な姿勢になりがちである。とりあえず数字だけ帳尻を合わせた予算では，それを達成するための計画が練られているわけではないため，予算を作成することによる実質的な効果はあまり期待できない。

しかし，いずれにしても予算を作成しなければならないのであれば，むしろ重要なマネジメントツールとして積極的に活用したほうが報われるのではないだろうか。つまり，予算を単に目標設定の手段と捉えるのではなく，目標を達成するための「計画作り」と捉え，実質的な効果を刈り取ることに活用するとよいのではないか。

（2）予算の機能

予算の機能は，基本的に①計画，②調整，③伝達，④動機づけ，⑤業績評価の５つに分かれる。

①　計　画

予算は会計期間（通常１年間）の財務的目標を具体的な財務諸表のレベルへ落とし込んだ「計画」である。これが「計画機能」である。すなわち計画とは，誰が，何を，いつまでに達成するかを規定したもので，これによって各部門の目標と役割分担が明確になる。

②　調　整

予算編成のプロセスでは，さまざまな数字の「調整」が行われ，全社として整合性のある予算ができあがる。これが「調整機能」であり，予算の一番の特徴でもある。企業では複数の部門が，それぞれ別々の役割を担っており，全部門が足並みをそろえて経営目標の達成に向けて活動しなければならない。部門の中に閉じた計画であれば調整は不要かもしれないが，複数の部門が協調して目標を目指す企業経営においては，単なる計画という以上に，この調整が大変重要な機能となる。予算とは，単に個別の計画を足し合わせたものではなく，個々の計画を調整し，全体として整合させるところに最も意味があるのだ。予算編成には２～４カ月かかるのが一般的であるが，この予算編成プロセスの大部分は，この調整作業と言っても過言ではない。

予算の調整は，垂直的調整と水平的調整に分かれる（**図表２－１**）。

図表２－１　垂直的調整と水平的調整

【垂直的調整】
トップマネジメント
調整
調整
本部
本部
調整
調整
調整
調整
部
部
部
部

【水平的調整】
トップマネジメント
調整
本部
本部
調整
調整
部
部
部

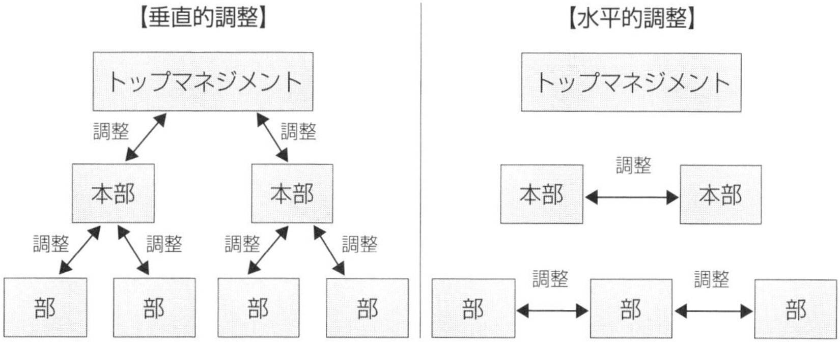

垂直的調整とは，組織の管理階層における縦の調整である。たとえばトップマネジメントが各部に期待する目標と，各部がトップマネジメントにコミットする目標を一致させる調整だ。

水平的調整とは，管理階層における横の調整のことで，たとえば営業部門と製造部門が販売数量などを一致させる調整である。この縦と横の調整は独立しているわけではなく，縦を調整すると，横も再調整しなければならず，縦横の調整を何度も繰り返し，最終的に全体を整合させなければならない。

③ 伝 達

最終的にできあがった予算は，正式に企業全体および各部門の目標として全社員へ「伝達」される。これが「伝達機能」である。予算とは，誰が，何を，いつまでに，どのような方針で活動するかを明確にしたものであるが，それを「公式に伝達」することが重要となる。各部門は予算に基づいて詳細な計画へと落とし込みを行い，日々の活動のベースとするため，企業としてオフィシャルに伝達することが重要となる。

④ 動機づけ

予算編成プロセスでは，予算の作成やさまざまな調整を通じて，責任者や従業員の「動機づけ」が形成される。これが「動機づけ機能」である。部門責任者は垂直的調整の中で目標へコミットし，動機づけがされる。一方，従業員に関しても，さまざまな階層の従業員が計画策定の過程でディスカッションに加わることによって，動機づけがされる。このように垂直的調整と水平的調整を通じて数々の合意形成が行われる中で，「自分たちで合意したもの」に対する一定の責任とやる気が醸成される。

また予算によって，各部門の役割と責任，権限が明確化されるため，これによっても目標達成に向けた動機づけがされる。

⑤ 業績評価

一般的に予算の目標は，部門や個人の「業績評価」に連動する。これが「業績評価機能」である。予算目標に対する達成度をどの程度個人の昇給・昇格へ反映するかは企業によって異なるが，通常ある程度の対応関係はあるため，予算は業績評価の機能を果たしていると言える。

予算の達成度を個人の人事評価へ反映することは，予算達成へのモチベーションを促し，全社員が予算達成に向けて一丸となる効果を発揮する。もし予算達成が人事評価へ反映されないならば，遊びの麻雀のようなもので，勝っても負けてもあまり面白くなく，何度も続けているうちにばかばかしくなるだろう。一方，あまり個人への人事評価を強調しすぎると，社員同士が競争に明け暮れるようになり，社内がコラボレーションよりもコンペティションを重んじ

る寒々しい雰囲気になってしまう。

2．予算管理の位置づけ

(1) 予算の前提となる経営方針体系

経営方針の体系は企業によってさまざまであるが，一般的な経営方針の体系は**図表２－２**のようになる。

図表２－２　経営方針の体系

ミッション	企業の使命，存在意義
↓	
ビジョン	目指すべき姿，願望，到達目標
↓	
中期経営計画	３～５年の企業全体の計画
↓	
予　算	１年の財務的計画
↓	
単年度事業計画	１年の部門別／事業別計画

ミッションとは，企業の使命，企業の存在意義を言葉で表現したものであり，日本企業では経営理念，社是・社訓という言い方もする。たとえばソニーではPurpose（存在意義）として「クリエイティビティとテクノロジーの力で，世界を感動で満たす」とある。「存在意義」と書いてあるとおり，ミッションと同じである。

ビジョンとは，目指すべき姿，到達目標のことであり，たとえば「業界No.1を目指す」といったような，具体的になりたい姿を表現していることが多い。ビジョンは数年先の目標であるため，目標が達成できれば新たに高い目標を再設定すべき時限的なものである。一方，ミッションは，企業の存在意義という上位概念であるため，数年単位で見直す性質のものではない。

中期経営計画は，企業のミッションやビジョンに基づいて作成する企業全体の中期的な計画を指す。いわばビジョンを達成するための具体的な計画という位置づけだ。この中期経営計画こそ，予算が基づくべき直接の前提であり，インプットとなるものである。

（2）予算の位置づけ

予算は図表2－2のように，中期経営計画に基づいた単年度の財務的計画という位置づけになる。中期経営計画は，一般的に3～5年の経営計画を指し，売上や利益，ROEなどの企業全体の経営目標と，それを実現するための重要施策から成り立つ。昨今は多くの上場企業が決算発表資料として中期経営計画を公表しており，社外に対しても使われる性質の計画である。

一方，予算はあくまで社内用の計画であり，通常1年の財務的目標を財務諸表レベルで表現したものである。あくまで財務的な目標を示しているため，この目標をどのような施策で達成するかの実現方法については必ずしも含まれない。この実現方法まで含めた計画が単年度事業計画となる。

予算において単に財務目標を設定しただけでは，具体的に誰が何を実行すればよいか明確ではないため，通常，予算の実行主体である各部門では，予算の目標を達成するための具体的な計画を策定する。事業計画には，財務目標をはじめとして，目標を達成するための施策，実行体制，責任者，スケジュールが盛り込まれる。しかし，単年度事業計画までしっかりと策定しているかどうかは企業によって異なり，具体的な計画がないまま，ただ予算を目標に日々の活動をしている企業も少なくない。これが予算をなかなか達成できない課題でもある。

3．予算体系

（1）予算体系の概要

予算の体系は，業界や企業によってさまざまであるが，基本的な予算体系は**図表2－3**のようになる。予算は基本的に企業の組織体系に応じて作成されるため，カンパニー制，事業部制，機能別組織などによって予算体系は異なってくる。しかし，事業部制組織であっても，事業部が1つの会社のように各機能を事業部内に持っていると考えれば，基本的にどのような組織であっても，機能ごとの予算の組み合わせとなる。

図表2－3　予算体系

予算は損益予算，資金予算，資本予算に分かれ，これを統合して総合予算と呼ぶ。また総合予算ができると，最終的なアウトプットとして損益計算書予算，貸借対照表予算，キャッシュ・フロー計算書予算が作成される。企業によってはキャッシュ・フロー計算書予算までは作成しないところもあり，また企業規模によっては簡単な損益計算書予算のみを作成するケースもある。

予算管理は，基本的に損益管理の総合的な技法であるため，総合予算の中でも損益予算が最も重要となる。資金予算や資本予算も企業の運営を維持していくうえで大変重要な計画ではあるが，適正な運転資金を維持したり，最適な資金調達の組み合わせを行うことは，あくまでも利益目標を達成するための手段であり，そのような意味では資金予算や資本予算は制約条件としての位置づけとなる。

（2）総合予算の概要

総合予算は，損益予算，資金予算，資本予算で構成され，それぞれの概要は次のとおりである。

①　損益予算

損益予算は，全社の利益計画であり，全社の売上と利益の目標を明確化する最も重要な計画である。また，その全社目標を達成するために，営業や製造などの各機能が達成すべき目標へブレークダウンした機能別の計画でもある。事業部制の組織であれば，各事業部の売上，利益目標へとブレークダウンした事業別の計画である。簡単にいうと会社全体と各組織のP/L計画である。

②　資金予算

資金予算とは，手持ちの必要な資金（現金）を維持するための計画である。企業の取引の多くは信用取引となっており，売り買いのタイミングと実際の現金の受渡しは時期が異なる。そのため実際の支払いのタイミングに合わせて資金を準備しなければ，支払いが滞ることにもなりかねない。また，会計処理は発生主義で行われるため，財務諸表の管理だけでは資金の動きが把握できない。財務諸表上は黒字でも，資金が不足すると黒字倒産となりかねないため，現金主義的なキャッシュの管理が必要となる。このような資金の維持を適切に行うためには，年間を通じた資金の動きを見積り，計画的に用意をすることが重要となる。

資金予算は，現金収支予算，信用予算，運転資本予算に分かれる。現金収支予算とは，現金の収入と支出の全体を管理し，適正な資金水準を維持するための予算である。信用予算とは，売掛金，受取手形，貸付金などの債権，および買掛金，支払手形，借入金などの債務の信用取引に関する予算であり，現金収支予算の一部を構成する。運転資本予算とは，一般的に流動資産から流動負債を差し引いた運転資本の予算であり，買掛金や売掛金といった流動資産，流動負債まで含め，現金収支予算よりも少し広い財務流動性の維持を目的としている。

③　資本予算

資本予算とは，設備投資や研究開発費などの資本支出（投資）についての計画である。企業の投資は一般的に長期であり，金額も大きいことから，短期の損益予算とは分けて計画，管理する必要がある。

資本予算の策定で最も重要な検討事項は，どの投資案件に予算を配分するかを決定することである。投資案件候補が複数存在する場合，限られた経営資源を有効活用するためには，投資の優先順位づけをする必要がある。投資の優先順位づけは，基本的には投資対効果をベースに行い，定量的および定性的な観点から総合判断をする。

（3）予算の最終成果物

予算における最終的な成果物（アウトプット）は，損益計算書予算，貸借対照表予算，キャッシュフロー計算書予算の３つであり，その中でもメインとなるのが損益計算書予算である。基本的には，**図表２－４**のような月別の損益計算書フォーマットにまとめる。これは，後の予算統制プロセスで月次の予実管理をするために，月別の予算が必要なためである。

損益計算書予算のフォーマットは企業によってさまざまであり，実際には業種業態や管理方針に合った形に工夫されている。たとえば製造業のように製造

図表2－4　損益計算書予算の基本フォーマット

【損益計算書予算】　　　　　　令和　　　年度

	4月	5月	6月	…	3月	合計
売上高 　売上原価				…		
売上総利益				…		
役員報酬 　給料手当 　賞与 　法定福利費 　福利厚生費 　広告宣伝費 　支払手数料 　旅費交通費 　通信費 　交際費 　減価償却費 　賃借料 　保険料 　租税公課 　消耗品費 　会議費 　雑費 販売費及び一般管理費				…		
営業利益				…		
受取利息 　雑収入 営業外収益 　支払利息 　雑損失 営業外費用				…		
経常利益				…		
特別利益 　特別損失 税引前当期純利益 　法人税及び住民税				…		
当期純利益				…		

図表２－５　製造原価にフォーカスした例

【損益計算書予算】　　令和　　年度

	4月	5月	6月	…	3月	合計
売上高 材料費 労務費 外注加工費 リース料 電力費 水道料 油脂燃料費 運搬費 減価償却費 消耗品費 修繕費 賃借料 保険料 その他 製造原価				…		
売上総利益				…		
役員報酬 管理部労務費 減価償却費 租税公課 その他 販売費及び一般管理費				…		
営業利益				…		
営業外収益 営業外費用				…		
経常利益				…		

原価を重点的に管理する企業では，**図表２－５**のような原価を詳細化したフォーマットが用いられる。また部門別予算を立てている企業では，部門責任を明確化するために管理可能費と管理不能費を分け，**図表２－６**のような貢献利益ベースのフォーマットを使うケースもある。逆に言えば，あまり会計的な

図表２－６　貢献利益ベースの例

【損益計算書予算】　　　　　　令和　　年度

	4月	5月	6月	…	3月	合計
売上高 　材料費 　容器包装費 　荷造運賃 　外注費 　廃棄損 　雑給 　雑費 変動費				…		
限界利益						
労務費 　広告宣伝費 　水道光熱費 　減価償却費 　消耗品費 　賃借料 　保険料 　その他 部門固定費				…		
貢献利益				…		
本社労務費 　減価償却費 　本社賃借料 　租税公課 　その他 本社費				…		
営業利益				…		

損益計算書にとらわれ過ぎず，自社の経営状況や方針に合わせて柔軟に工夫することが重要だ。

なお機能別組織をとっている企業では，損益計算書予算は全社で１つとなるが，事業部制組織のように部門ごとに損益責任を負っている場合は，部門別の

図表２－７　予算の階層構造のイメージ

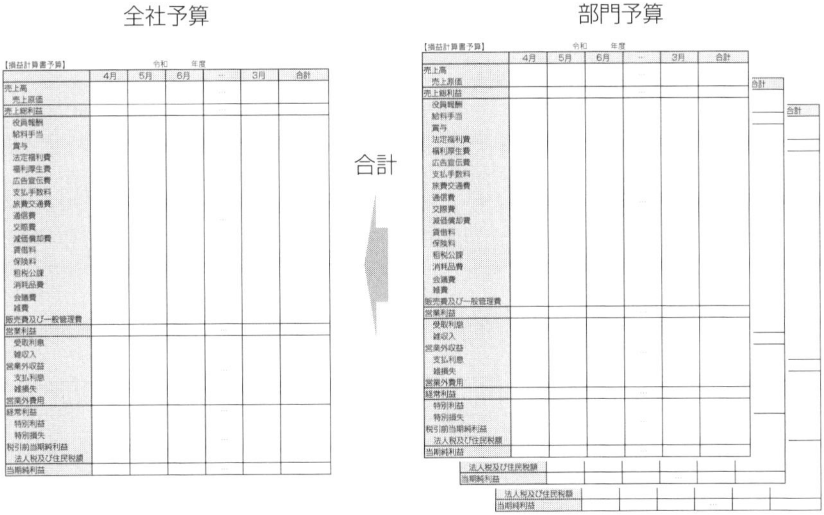

全社予算

【損益計算書予算】　　　　令和　　年度

	4月	5月	6月	…	3月	合計
売上高						
売上原価						
売上総利益						
役員報酬						
給料手当						
賞与						
法定福利費						
福利厚生費						
広告宣伝費						
支払手数料						
旅費交通費						
通信費						
交際費						
減価償却費						
賃借料						
保険料						
租税公課						
消耗品費						
会議費						
雑費						
販売費及び一般管理費						
営業利益						
受取利息						
雑収入						
営業外収益						
支払利息						
雑損失						
営業外費用						
経常利益						
特別利益						
特別損失						
税引前当期純利益						
法人税及び住民税額						
当期純利益						

合計

部門予算

【損益計算書予算】　　　　令和　　年度

	4月	5月	6月	…	3月	合計
売上高						
売上原価						
売上総利益						
役員報酬						
給料手当						
賞与						
法定福利費						
福利厚生費						
広告宣伝費						
支払手数料						
旅費交通費						
通信費						
交際費						
減価償却費						
賃借料						
保険料						
租税公課						
消耗品費						
会議費						
雑費						
販売費及び一般管理費						
営業利益						
受取利息						
雑収入						
営業外収益						
支払利息						
雑損失						
営業外費用						
経常利益						
特別利益						
特別損失						
税引前当期純利益						
法人税及び住民税額						
当期純利益						

損益計算書予算と全社の損益計算書予算の階層構造となる。

貸借対照表予算およびキャッシュフロー計算書予算は，サブ的な位置づけとなるため，月別ではなく，年単位や四半期単位に作成する場合が多い。これは企業が何を重視するかによるところが大きく，それによって管理の細かさが変わってくる。たとえば資産の圧縮や資本の効率性を重視する企業では，月次ベースの貸借対照表予算を必要とするだろうし，資金繰りや投資などのキャッシュフローを重視する企業では，より細かな単位でキャッシュフロー計算書予算を作成するであろう。逆に損益計算書予算だけで十分な企業もあるはずだ。

図表2－8 貸借対照表予算のフォーマット例

【貸借対照表予算】　　　　　令和　　　年度

	第1四半期	第2四半期	第3四半期	第4四半期
資産の部 Ⅰ流動資産 1. 現金及び預金 2. 受取手形 3. 売掛金 ⋮ Ⅱ固定資産 ⋮				
負債の部 Ⅰ流動負債 ⋮ Ⅱ固定負債 ⋮ 純資産の部 Ⅰ株主資本 1. 資本金 ⋮				

図表2－9 キャッシュフロー計算書予算のフォーマット例

【キャッシュフロー計算書予算】　　　　　令和　　　年度

	第1四半期	第2四半期	第3四半期	第4四半期
Ⅰ営業活動によるキャッシュフロー 税引前当期純利益 減価償却費 売上債権の増減額 棚卸資産の増減額 ⋮ Ⅱ投資活動によるキャッシュフロー 有形固定資産の取得による支出 有形固定資産の売却による収入 ⋮ Ⅲ財務活動によるキャッシュフロー 短期借入による収入 短期借入金の返済による支出 ⋮ Ⅳ現金及び現金同等物の増減額 Ⅴ現金及び現金同等物の期首残高 Ⅵ現金及び現金同等物の期末残高				

4．予算管理プロセス

予算管理プロセスは，予算編成プロセスと予算統制プロセスに大別される。予算編成プロセスとは，予算を作成する前年期末までの計画プロセスであり，予算編成方針の作成から実際の予算確定までを指す。

予算統制プロセスとは，予算に基づいた期中の実績管理である。一般的には月次で実績を収集し，予実差異を分析し，改善策を作成および実行する一連の月次サイクルを指す。

図表２－10　予算管理プロセス

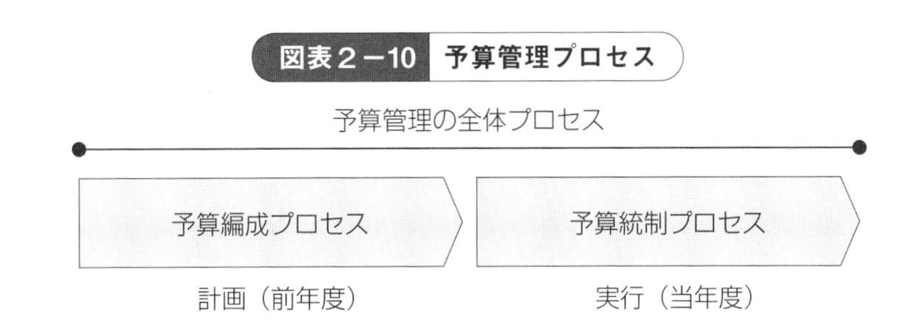

（1）予算編成プロセス

一般的な予算編成プロセスは**図表２－11**のとおりである。予算編成は，上位概念の中期経営計画に基づき，まず予算編成方針を作るところからスタートする。予算編成方針に基づいて各部門は部門予算を作成し，それぞれの部門予算の調整を経て，企業全体の予算が確定する。

①　予算編成方針

予算編成方針とは，各事業部門が予算を作成するにあたっての基本的な考え方をまとめたものであり，一例としては**図表２－12**のような構成となる。

予算編成方針の出発点は中期経営計画であり，３～５年の中期的な経営方針に基づいて当年度の予算編成方針を作成することになる。ただし，中期経営計

図表２－11　予算編成プロセス

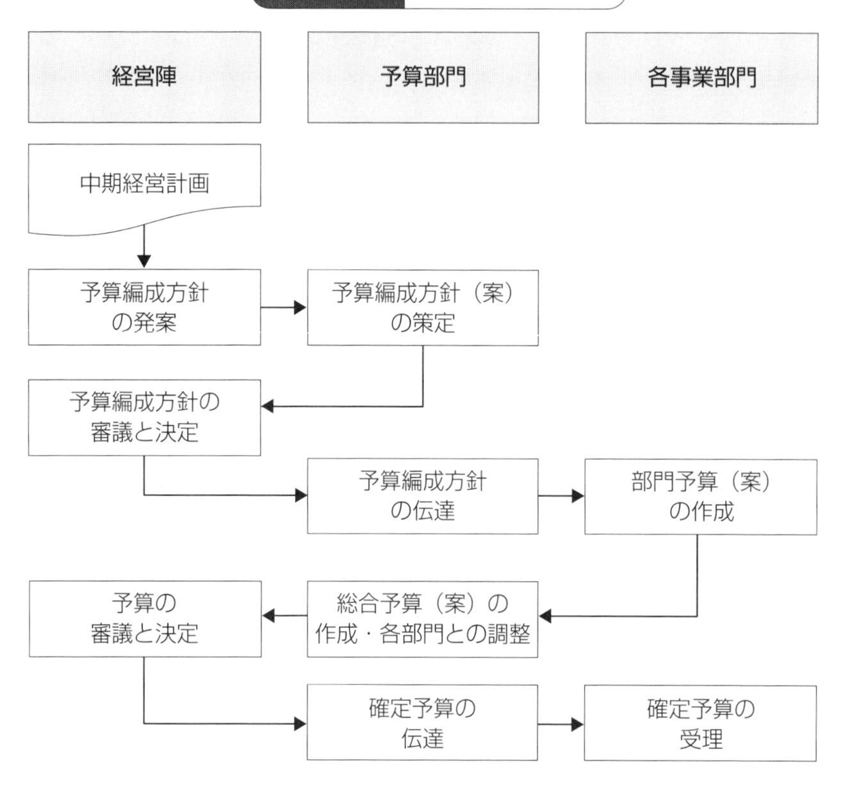

画も２年目，３年目となってくると，策定当時からは経営環境もかなり変化している可能性があるため，改めて現状の事業環境分析を行う必要がある。

予算編成方針では，まず当期実績や事業環境から来期における重点施策を明示する。それに沿って予算配分，つまり全社と各部門の数値目標を指し示す。

重点施策とは，来期１年間に会社が最も重視する施策のことで，当然のことながら，重点施策には優先的に予算が配分されることになる。つまり重点施策に合致した数値目標を設定することになる。重点施策の一般的な例としては，「海外売上比率の引上げ」，「新エネルギー分野のビジネスへの注力」，「全社固定費の削減」などがある。たとえば海外売上比率を高める場合であれば，目標設定としても海外売上を担う事業への売上目標は高めになるであろうし，またその事業へ配分される人や金といった経営資源も多めになるはずである。

図表2－12　予算編成方針

（1）当期実績
- ・企業を取り巻く経営環境，各セグメントの事業環境
- ・全社，各事業（部門）の実績見込み
- ・全社，各事業（部門）の状況，課題，成果，トピックス

（2）来期の見通し
- ・全社，各事業（部門）の来期の経営環境予想
- ・全社，各事業（部門）の事業見通し

（3）重点施策
- ・売上拡大に向けた重点施策
- ・コスト削減，財務体質改善に向けた重点施策
- ・将来の成長に向けた重点施策　等

（4）数値目標
- ・全社目標売上高，目標利益，KPI
- ・各事業（部門）別目標売上高，目標利益，KPI

（5）部門方針
- ・販売方針
- ・生産方針
- ・設備方針
- ・研究開発方針 等

ある一部上場企業のCFOは，会社の経営戦略と予算配分が全然合っていないことを悩んでいた。たとえば経営戦略では，人材育成や新規市場開拓などを重要施策として掲げているにもかかわらず，予算の目標設定では単に前年度から一律20%アップといった指示をしているというのだ。人材育成を重要施策とするならば，そこへ必要な予算を優先的に配分しなければいけないし，新規市場開拓に注力するならば，売上を目標にするよりも，市場開拓を促す指標を目標にセットする必要がある。こうなってしまう根底にはいくつか要因があり，

その1つには経営戦略を作る部署と予算を担う部署が違うため，両者を責任持って整合させる人がいないという問題があった。また目標設定については，先にあげた会社の社長によるトップダウンが強すぎるため，経営戦略に基づくというよりも，社長の意思に基づいて決まってしまうという。このように経営戦略と予算方針が一致していないと，経営戦略が実現される可能性が低くなるばかりでなく，現場の混乱をまねくことになる。予算編成方針のなかで，戦略との整合性，経営者の意思との整合性をしっかりととらなければいけない。

予算編成方針は，企業の戦略や重点施策を，うまく数値目標に落とし込むために重要な役割を果たす。逆に言うと，予算編成方針では，なぜ今回の数値目標に至ったのかというストーリーがわかりやすく伝えられる必要がある。重要なことは，予算へメリハリをつけることである。中期経営計画や決算発表会資料ではさまざまな重点施策を掲げておきながら，実際の予算に反映されていなければ経営は何も変わらない。

全社の数値目標の次には，各部門の方針を明示する。各部門の特有の課題や方向性にもとづいて，今回の予算編成における部門方針を指し示す。ここで各部門の数値目標もトップダウン的に指し示すのか，あるいは方向性だけにとどめてボトムアップ的に数値目標を部門から出させるのかは企業によってさまざまである。いずれにしてもトップダウン的な期待値とボトムアップ的な積上値は，予算編成プロセス全体を通じて調整していくことになる。

予算編成方針は，経営戦略と数値目標をつなぐジョイントの機能を果たしているだけでなく，各部門が戦略的，数値的に整合するためのジョイントでもある。したがって予算編成方針が不明瞭であったり，不整合であったりすると，各部門が出してきた個別予算が後に整合しなくなり，やり直しなどによる手戻りが発生する可能性があるため，慎重な検討が必要だ。

予算編成方針は最終的に社長を含む経営会議にて決定され，各事業部門に伝達される。

②　部門予算の作成

各部門では，予算編成方針に基づいて部門予算を作成する。部門としては，ここで初めて予算編成方針を確認することになるが，実際には予算担当が予算編成方針を作成する過程で，各部門にヒアリングをしたり，あるいは各部門から方針案を提出させたりしているため，ある程度の調整が済んでいる場合が多い。もっとも，売上などの数値目標については，経営層の意向によって直前に引き上げられたりするケースもあり，サプライズとなるかもしれない。

各部門は部門予算案を作成し，予算担当へ提出する。予算担当は部門予算を集計し，総合予算を作成するための調整作業に入る。前述した垂直調整と水平調整の長いプロセスである。経営トップの期待値と，事業部門の現実的な達成可能値に乖離がある場合，両者の合意形成が得られるまで縦の調整が必要となる。また，ある部門が目標を下げた場合には，その分を他の事業部門がカバーするなど，横の調整も必要になってくる。

この調整作業は多大な時間を要するため，時間の無駄と指摘する声も多いが，実際には単に調整作業をしているだけではなく，どうすれば目標達成が可能になるかという施策を検討しているプロセスでもあり，計画作りという意味では必要なプロセスでもある。また調整作業における議論は，実行責任者がコミットメントを形成するうえでも重要なプロセスである。予算を負う責任者が数値目標にコミットするためには，その数字を達成できるだけの勝算，目算が必要であるし，またトップからの強い期待感を感じる必要もある。そのためには相応のコミュニケーションが不可欠となる。

一方，本当に無駄な作業もあるため，予算編成プロセスの効率化については，第6章の「予算管理プロセスのBPR」の中で改めて取り上げることとする。

③　予算の確定

各種の調整が終わり，総合予算案が作成されると経営会議にて予算案の審議に入る。予算が最終的に承認されると，各部門に確定予算がオフィシャルに伝達され，一連の予算編成プロセスは終了する。

（2）予算統制プロセス

予算統制プロセスとは，予算の実行をコントロールするプロセスであり，通常は月次の経営会議にて行う予実の確認と対応，いわゆる予実管理を指す。一般的な予算統制プロセスは**図表2－13**のとおりである。

図表２－13　予算統制プロセス

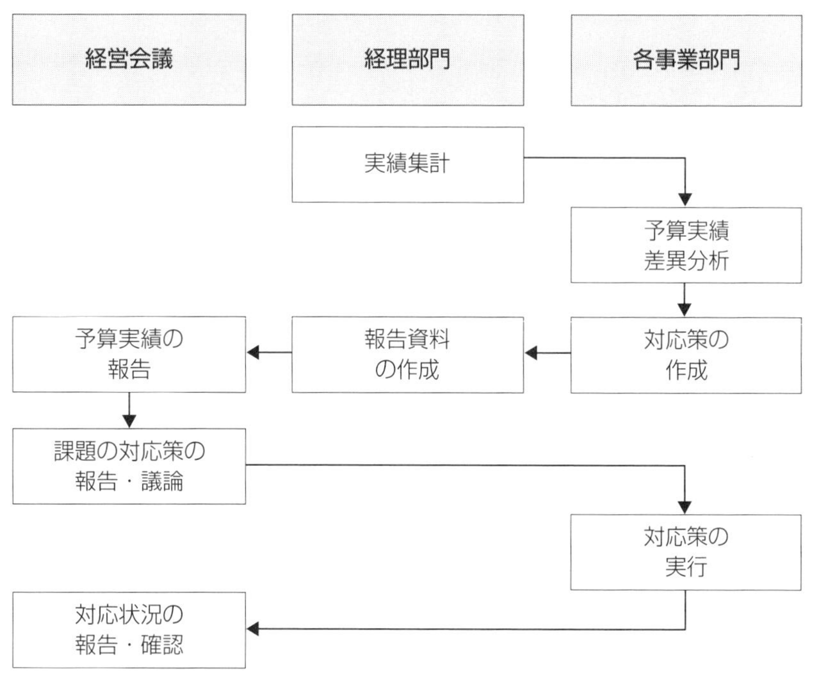

①　予実管理のレポートフォーマット

予実管理に使用されるレポートの形式は企業によって千差万別であるが，基本的には予算編成時のフォーマットをベースに，実績と差異を追加する形となる。また単月の予実だけでなく，追加情報として前年同月比，当月までの累積，将来の見込み，課題と対応なども載せるケースが多く，一例としては**図表２－14**に示されるようなフォーマットだ。

予実管理のフォーマットで重要なことは，予実差異の大きいところが一目でわかるようにすることである。特に差異が大きくマイナスに振れている部分については，早急な対応が必要な場合があるため，原因分析をしたうえで対応の要否を明確化する必要がある。逆に差異が大きくプラスに振れている場合には，ビジネス上のチャンスを見逃さないために，また生産への影響などを早急に確認するために，対応の要否を検討する必要がある。

②　レポートの見直し

取扱商品の多い大企業などでは，予実管理の資料が膨大になり，虫眼鏡でしか見えないような小さな数字の表が数十頁にもおよぶ場合がある。差異がマイナスの部分を赤字で表示するなどの工夫をしているものの，それでも赤字部分が何十箇所もあると，どこに着目すればよいのかわからなくなる。おそらく，以前はシンプルな管理資料であったのだが，商品や事業が増え，管理すべき項目も増えてきたために，いつの間にか複雑なレポートになってしまったのだろう。経営会議において，経営陣がメガネを外して資料とにらめっこをしていたら要注意である。一度，レポートのリストラをすることをお勧めする。

リストラの観点としては，「サマリーを作る」，「グラフを活用する」，「重要テーマに絞る」，「不要な管理を止める」，の４つしかない。重要なことは，問題点を発見しやすくするための資料と，その原因や対策を見つけるための詳細な資料を分けることである。１つの資料にこの両方を表現しようとすると，どちらも達成できない中途半端な資料になるため注意が必要だ。

③　予実管理で着目すべきポイント

予実管理は期中の進捗状況の管理であるため，たとえば月次で管理をしている場合は，当月度の実績と予実差異がまず着目する部分となる。しかし当月だけを見ても全体としての状況がわからないため，通常はいくつかの情報を組み合わせることが多い。

たとえば図表２－14はオーソドックスな資料であるが，この資料では当月度の実績に続いて，当月度までの「累積」を見ている。予算は最終的に累積で達成が決まるため，累積の達成状況を見なければ全体として順調かどうかがわからない。累積の次には，翌月度あるいは年度末の「見込」を見ている。実績とは過去の情報であり，次に心配なのは将来である。将来の着地見通しがある程度見えていなければ経営陣は安心できない。この見込という項目は，経営陣としては最も重要な情報となる。過去は過ぎたものであり，過去に対して手は打てない。今から何かアクションが打てるのは将来だけだからだ。

予実管理の資料では，数字以外の情報として，定性的な情報を文章で説明することも多い。よくある例としては，当月度の主な成果，当月度の課題と対応

図表２－14 予実管理レポートの例

【月次実績レポート】　　令和

	当月度			当月度までの	
	予算	実績	差	予算	実績
売上高 　売上原価					
売上総利益					
役員報酬 　給料手当 　賞与 　法定福利費 　福利厚生費 　広告宣伝費 　支払手数料 　旅費交通費 　通信費 　交際費 　消耗品費 　会議費 　雑費 　その他 販売費及び一般管理費					
営業利益					
営業外収益 営業外費用					
経常利益					

【当月度の主な成果】

【重点施策の進捗状況】

年度

累計	翌月度の見込			年度末の見込		
差	予算	見込	差	予算	見込	差

【当月度の課題と対応策】

【前月度までの対応策の状況】

策，重点施策の進捗状況，前月度までの対応策の状況などがある。予実差異の大きい部分については，原因分析をし，対応策を明示することは特に重要である。その事業の責任者が経営会議の場で説明することによって，問題点の対応をマネジメントの前に約束する。これがコミットメントとなり，対応の実行力を高めるのだ。また，前月度までの対応策をフォローアップすることも重要だ。毎月当月度の対応策を発表するだけでは，言いっぱなしで終わり，対応策が実行されずに終わることもある。しっかりと対応策が講じられ，問題が解決されるまで，対応の進捗状況を追い続けることが重要だ。

予算統制プロセスは，経営のPDCAを回すエンジンである。この予算統制のプロセスによるチェック＆アクションが仕組みとして実施されれば，経営の品質は自律的に改善されると言っても過言ではない。計画を作るだけならば誰でもできるが，いかに実行するかが成否を決める。予算編成も重要ではあるが，予算統制をしっかり仕組みとして作りあげることが重要である。

■ 第3章

予算編成プロセス

1．販売予算の編成

販売予算は，売上高予算，販売費予算に分類され，一般的に販売部門が作成するものである。

(1) 売上高予算

売上高予算は，予算編成全体の起点となる最も重要な予算である。売上高の予算に基づいて製造予算や購買予算が設定され，設備投資や研究開発などの予算も決まってくるため，売上高の予測精度が予算全体の精度に大きく影響する。もし達成できないような高すぎる売上高を設定したならば，過剰生産，過剰在庫となり，廃棄ロスなどによってコストを増加させ，資金繰りも圧迫することになる。また売上高の予測が低すぎると，欠品によるチャンスロスが発生するだけでなく，供給不足によって取引先の不満を生み出し，他の供給先にスイッチされるリスクも出てくる。したがって売上高予算のメインテーマは，いかに精度の高い売上高を予測できるかになってくる。

① 販売予測の手法について

売上高予算は，企業の管理セグメントによって製品別，顧客別，地域別などに分類して作成する。売上高予算は販売予測に基づいて作成するが，販売予測の手法としては，一般的に積上げ法と見積り法に分けられる。

積上げ法とは，各営業担当や各営業部門が，担当する売上高を算出し，それらを積み上げて合算する方法である。日本企業では最も多く利用されている方法だ。

見積り法とは，マクロ的な見地から全体あるいはセグメントの売上高を見積る方法であり，これにはいくつかの見積り手法が存在する。企業によっては積上げ法と見積り法の両方を用い，まず経営陣がマクロ的な数値を提示し，ミクロ的な積上げの数値と整合するように調整を繰り返すアプローチをとっている。

どのような予測手法が適しているかは事業形態によって大きく異なる。たとえば商材が経済の影響をあまり受けず，時間軸でゆるやかに需要が推移する事業の場合には，積上げ方式よりも，市場環境や経年変化からマクロ的に見積るほうが高い精度が出る。一方，取り扱う商材が多岐にわたり，売上高を決める要因を個別に見ていかなければ予測が難しい事業の場合には，積上げ方式が適切となる。たとえばシステム開発の事業では，案件機会が出てから実際に受注するまでに数カ月あるいは数年かかるため，販売予測は個々の案件の進展具合と受注確度に強く依存する。そのため営業担当の情報をもとに積算したほうが販売の予測がしやすい。

重要なことは，その事業の売上高を決定する要因が何かを徹底的に考えることである。従来のやり方というのは，先人が試行錯誤を繰り返してたどり着いた方法であるため，それなりの完成度はあるはずである。しかし，時代とともに取扱商品も変わってきているだろうし，また市場や顧客の様相も変化していることもあるため，もう一度ゼロベースで最適な予測方法を考えてみることも必要かもしれない。

販売予測は，需要サイドから考えるのが基本である。市場の需要から考えて，どの程度の販売が見込めるかを検討するが，一方で供給サイドのキャパシティも考慮する必要がある。需要があるからといっても，企業のリソースには限りがあるため，無限に商品やサービスを提供することはできない。たとえば生産のキャパシティ，人的リソースのキャパシティ，店舗のキャパシティなど，供給サイドの限界についても考慮が必要だ。

事業の性質によっては，むしろキャパシティのほうが売上高を決定する要因という場合もある。たとえば会計事務所の場合，売上高は所属する従業員の人数でほぼ決定する。１人の従業員が稼ぐ金額はほぼ決まっているため，あとはその人数に比例して売上高が決まる。マーケットの需要がいくらあっても，従業員の人数を超える仕事は引き受けられないため，人的リソースのキャパシティが売上高の決定要因になるのだ。

②　積上げ法

積上げ法とは，営業担当が自分の担当領域についての販売を予測し，それらを合算する方法である。営業担当は，顧客と直(じか)に接しているため，どの顧客にどの程度売れそうかというのは一番わかっているはずだ。マーケットに一番近い従業員の情報をもとに売上高を予測するというのが基本的な考え方である。企業によっては必ずしも営業担当ではなく，営業チームであるかもしれないし，営業店かもしれない。売上高を予測するために，最も高い精度が出る単位で積み上げればよい。

この積上げ法の際に重要なことは，確実な売上高と不確実な売上高を分けて積み上げることである。これは確実な売上高に対する管理と，不確実な売上高に対する管理が異なってくるからである。

まず一番確実な売上高とは，すでに受注済のバックログと呼ばれるものだ。たとえば３年で契約しており，あとは決まった額が毎年売上にあがるようなタイプである。次に来るのは営業担当の商談の状況から見て，ほぼ確実に受注できそうな案件の売上である。あるいは既存顧客からの発注で，毎年一定の受注が見込める売上だ。これらのほぼ確実に受注が見込める数字を予測のベースラインとする。次に，確実ではないが，ある程度の受注確度が見込めるものを洗い出す。そして最後に，現時点での見込みはほとんどないが，今後の営業努力によって達成するべき数字をはじく。

たとえば，日本のある大手情報システム会社では，システム案件を受注確度ごとにA～Eのランクをつけて積上げを行っている。これによりA案件は合計で○○億円，C案件以上は○○億円といった形で，混然一体となった予測の合計値ではなく，どの程度が現時点で見通しがついているかを分けて見ることができる。当然のことながら，年初の時点ですべての売上に目途が立っているわけではないため，現時点で見通しのついている数値と目標数値にはギャップが出る。このギャップをどう埋めるかが営業戦略だ。したがって目標のギャップの部分については，しっかりとした営業戦略が立っているか，そして営業戦略が実行されているかを管理することになる。

積上げ法でもう１つ重要な視点は，積み上げた数字が客観的に見ても妥当かどうかのクロスチェックをすることである。営業サイドとしては，目標値はできるだけ低く設定して，確実に目標をクリアしたいという動機が働く。また，積上げ法は，ある意味で営業担当のブラックボックスでもあるため，営業担当が情報をうまくコントロールし，低めの数字を積み上げてくることが予想される。したがって，単に積み上がった数字を合算するのではなく，マクロ的観点あるいは前年実績などの数値によってクロスチェックをし，数字の妥当性を確認するとともに，必要に応じて営業担当の目標を引き上げる調整を行う必要がある（**図表３－１**）。

③　見積り法

積上げ法が営業現場の情報を拾い上げるボトムアップアプローチであるのに

図表３－１　積み上げ法のメリット・デメリット

メリット	・市場に一番近い人が作成するため，個々の情報の精度が高い ・製品別，顧客別，地域別といった詳細な単位での情報が得られる ・自分たちが販売予測に関与するため，目標に対して責任感を持ちやすい
デメリット	・現場の多くの人を巻き込むため，会社全体としての時間とコストがかかる ・市場環境などマクロ的な視点が勘案されづらい ・目標を低めに設定するモチベーションが働き，全体として保守的な数字になりやすい

対して，見積り法はマクロな視点から検討するトップダウンアプローチと言える。見積り法には多くの種類があるが，それぞれメリット，デメリットがあるため，いくつかの手法を組み合わせて行うことが望ましい。

トップダウンアプローチといっても企業全体の売上高をざっくり見積るわけではなく，事業別あるいは商品別など，いくつかのグループに分けて見積りを行う。ここでは代表的な４つの手法を紹介する。

(a)　上級管理者の意見による見積り

この手法は，上級管理者のさまざまな見解，意見を取りまとめて見積りを行う方法である。前提としてあるのは，上級管理者は日常から業界や市場の動きをよく見ており，マクロ経済や会社の方針にも精通しているため，総合的な判断が最もできる人たちであるというものだ。具体的には，各上級管理者が自らの情報に基づいて販売予測の資料を作成する。社長も含めた会議にて，それぞれの販売予測と，そこに至った論拠を議論し，最終的な結論を出す。

この方法のメリットとしては，次の点があげられる。

- 少人数で判断するため，短時間で効率的にできる
- マクロ的な経済環境や市場動向が加味されやすい
- 上級管理者が議論することにより，納得感を醸成できる
- データでは予測できない場合，上級管理者の知識，経験，判断力によって高い精度が出る

一方，デメリットとしては，次のとおり。

- 声の大きい人の意見に引きずられやすい
- 上級管理者の勘と度胸にすぎない主観的な結論になりやすい
- 商品別や顧客別といった詳細な見積りにならない
- 単に合議で決めた場合，責任の所在があいまいになる

これらのデメリットも，他の手法と組み合わせることによって解決できる。たとえば，後に触れる時系列分析法や統計的手法による客観的なデータを併用

することや，積上げ法で出てきた数字をベースに議論することなどが有効である。

(b) デルファイ法

この方法は，知見のある専門家の意見による見積りで，上級管理者の意見による見積りのデメリットをある程度改善したものである。ここで言う専門家とは，上級管理者も含まれるが，販売予測を日ごろから行っている経営企画部や事業企画部と呼ばれる企画系部門のエキスパート，あるいは外部のコンサルタントも含まれる。

上級管理者の議論による方法では，声の大きい人や役職の高い人などの個人の影響を受けやすい。このような個人の影響を排除するために，デルファイ法では匿名で各自の販売予測を提示する方法をとるのが特徴だ。各専門家や上席管理者は，自らの情報や知見をもとに，販売予測と論拠を資料にまとめ，匿名で提出する。その資料をもとにグループで議論を行い，再び各自が販売予測を提出する。これを繰り返し，最終的に平均値を予測とする。

この方法におけるメリット，デメリットは，(a)の上級管理者の意見による見積りとだいたい同様であるが，メリットとして個人の支配的な影響を抑える点があげられる。しかし一方で，時間と労力が多くかかってしまうデメリットが出てくる。

(c) 時系列分析法

この手法は，名前のとおり，時系列データの傾向に基づいて将来を予測する方法である。この方法が使えるのは，売上高が時間軸と相関関係が高い場合のみである。したがって，まず時系列分析法が適用できるかどうかを，過去データを使い検証することが重要となる。最近ではExcelなどの表計算ソフトを使えば，売上高と時間軸の相関関係を簡単に確認することができる。

次に，どのような時間的変化が影響しているかを特定する。ここで言う時間的変化は，長期的トレンド，季節性，景気循環的変動の３つである。このなかで特に重要なのは長期的トレンドで，市場自体の成長性と自社商品のプロダクトライフサイクルを時系列で見ていく。売上高は，当然のことながら市場の成長性に大きく影響されるが，商品のライフサイクルステージによっても，市場の成長率よりも高くなるか低くなるかが分かれる。この両者のトレンドから販売予測を行う。

ここで注意すべきことは，トレンドを大きく変化させる要因がないかを確認することだ。ビジネスでは数年に一度，これまでのトレンドが突然変化することが起きる。たとえば新しい技術や代替品の出現，規制や税金の変更などがある。たとえば，たばこ事業では販売予測を狂わす最大の要因は，税率の変更であるという。税率の変更がありそうだということは政府などの動きによって前もって予期できるが，「その税率が何％になるか」，あるいは「いつから変更になるか」の予測は難しいという。

(d)　統計的手法

この方法は，過去のデータを統計的に分析し，将来の販売予測をする手法で，一般的なのは回帰分析を用いる方法だ。まず売上に対して，相関関係の高い因子を見つける。たとえば，気温とビールの販売量には，相関関係があると言われている。過去の気温のデータとビールの販売量のデータがあれば，これを回帰分析すれば，気温と販売量にどの程度の相関関係があるかは統計的に計算できる。この２つの変数の相関度合いを示すものを，統計学では「相関係数」といい，－１から１の間の実数をとる。相関係数が１というのは，２つの変数が100％連動しているという意味で，気温が上がればビールの販売量も完全に比例して増加するということになる。逆に－１とは完全に反比例するという意味だ。実際には100％相関することはないため，0.5とか，0.3といった係数になる。この相関係数は，Excelなどの表計算ソフトを使えば簡単に算出することができ，販売量に相関する因子の相関関係を確認することができる。

たとえばExcelでは，「＝CORREL（ ）」という関数を用いて，**図表３－２**の気温と販売量のテーブルを指定すれば相関係数が計算される。この図表の例では，0.87という値が相関係数だ。一般的に，相関係数の絶対値が0.2以下であればほとんど相関がないとし，0.7以上あれば高い相関があると解釈する。

実際の商品や事業の売上には，複数のさまざまな因子が影響する。ビールも気温だけが影響しているわけではなく，直接的には価格や販促費用が影響するであろうし，コマーシャルの頻度，営業マンの訪問数，新商品の導入数なども影響しているかもしれない。どの因子が最も影響しているかは，過去データを使って相関係数を算出すれば，影響因子の順位づけができる。影響する因子が

図表３－２　表計算ソフトによる相関係数の算出例

気温	販売量
31	334
29	325
33	335
34	385
28	284
28	310
30	302
35	373
32	361
30	350

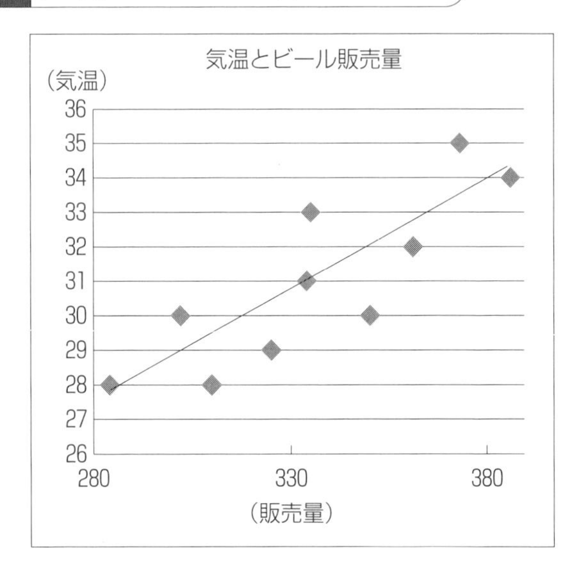

相関係数：　0.87
Excel の式：＝CORREL( )

特定できれば，その過去データをもとに統計ソフトなどを使ってシミュレーションを行い，販売予測を行う。

統計的手法が適しているかどうかは，販売および影響因子の過去データを取得できるかによる。したがって新商品の場合はやや困難となり，類似法を使って他の商品のデータで代替するなどの工夫が必要となる。また商品や事業の性質によっては，過去のデータが将来の予測にまったく役に立たないケースもある。統計的手法が適しているかどうかは，いくつか簡易的にシミュレーションをしてみるといい。たとえば１つの商品，１つの事業でトライアルをしてみて，予測精度が出るようであれば，全体へ適用すればよい。

④　予算目標と業績評価目標

売上高予算は，販売部門の販売目標になり，その達成度によって業績評価へ反映されることが一般的だ。したがって売上高予算は，部門や個人の業績目標の単位で構成されなければならない。たとえば販売部門が地域の支店単位に組織されている場合は，予算の構成も支店単位に作成する必要がある。

一方，業績目標の設定という観点では，現実的に十分達成できる水準よりも，少し高めの目標のほうがいいという考え方がある。少しストレッチした目標のほうが，営業担当のやる気と潜在能力を引き出す効果があるからだ。また達成できない営業担当の分も他でカバーすることを考えると，多少高めの目標を設定しておくほうが都合がいい。しかし，少し高めの売上高予算を組むことは，過剰在庫，過剰投資を生むリスクがあり，危険も伴う。そのため，最近では二重の予算を組むところも出てきている。つまり本当の予算と，業績評価を目的とした少し高めの予算を作成し，販売部門の予実管理では少し高めの予算目標を使うのだ。もう１つの方法は，営業部門の業績管理を財務会計から切り離し，管理会計の中で「みなしの売上高」で管理するやり方だ。この場合のみなしの売上高は実際の財務会計上の売上とは異なるため，本当の予算管理は別で行うことになる。予算の二重管理は，管理が煩雑になるというデメリットも指摘されているが，社員のモチベーションと事業の推進力を重視する場合には有効な手法である。

（２）販売費予算

販売費予算を構成する単位や切り口は企業によってさまざまであるが，一般的には広告宣伝費，配送費，交際費，旅費交通費といった勘定科目に近い単位で費用を積算する。また販売費の切り口も，全社１本の科目とする場合もあれば，製品別や顧客別に分けて予算を作成する場合もある。これは企業が，どのような切り口と細かさで管理をしたいかに依存する。たとえば製品別に採算性を管理したいのであれば，販売費を製品別に予算化する必要がある。また販売部門の下部組織が顧客別に分かれている場合は，各組織の責任者が責任範囲を切り出して管理できるように，顧客別の予算を組むこととなる。つまり組織の責任区分と合致した管理区分で予算を作成する。切り口には製品別や顧客別以外にも，チャネル別，地域別といった分類があるが，いずれにしても，それぞれの切り口ごとに，費目単位で費用を積み上げていく。

販売費の費用科目は，それぞれ発生形態が異なり，その特性に応じて予算の算出方法や管理方法が異なってくる。そのため，それぞれの特性ごとに分類して予算編成を行うことが重要となる。ここでは①アクティビティコスト，②マネジドコスト，③コミッテッドコストの大きく３つに分けて，その予算の編成方法と管理方法を説明する。

①　アクティビティコスト

アクティビティコストとは，売上高や販売量によって変動する費用のことで，配送費，梱包費，印紙税などが代表的である。どの費用がアクティビティコストに該当するかは，売上高や販売量と比例して発生するコストかどうかを確認すればよい。アクティビティコストの算出方法は比較的容易で，売上高予算をベースに，売上高に応じて変動する費用については予算の売上高の割合に応じて費用を算出し，販売量に応じて変動する費用については，販売当たりの標準費用を設定し，予算の販売予定数量にもとづいて算出する。

アクティビティコストの管理は，売上高のように予算の達成度合いで評価する性質のものではない。仮に予算内に実績が収まったとしても，それは売上高や販売量が減ったために費用が下がったことも考えられるため，管理としては単位当たりのコストをいかに下げたかという視点になる。たとえば配送費であれば，より安価な配送業者を選択する，ロットや配送手段など配送方法を工夫する，返品や緊急配送などのミスを減らすなどの改善努力を行い，単位当たり費用の削減を評価する。

②　マネジドコスト

マネジドコストとは，マネジメントの経営方針によって決定する固定費のことを指す。アクティビティコストが変動費であるのに対し，マネジドコストは固定費で，売上高や販売量に応じて変動はしない。代表的な例としては，販売促進費や広告宣伝費がある。これらの費用は，売上と連動しているわけではないため，売上高予算にもとづいて必要な広告宣伝費を合理的に算出することはできない。これは広告宣伝費が売上高を決める１つの要因にすぎず，実際には営業担当の努力や製品の魅力などさまざまな要因が影響するため，広告宣伝費だけを取り出して売上高との関係を説明することができないからだ。そのためマネジドコストの予算編成は，アクティビティコストとは異なる予算編成の方法をとる必要がある。

マネジドコストの予算編成方法を理解するために，ここでは広告宣伝費を例にとって説明する。広告宣伝費を決める場合に考える視点としては，(a) 過去の売上高に対する割合，(b) 業界や製品の特性，(c) 競合他社の動向，(d) 自社の投入可能額の４つがある。

(a)　過去の売上高に対する割合

売上高と広告宣伝費には完全な相関関係は説明できないが，大きく関連していることは経験的に理解されている。その１つの目安が売上高に対する割合である。ある程度歴史のある企業であれば過去に広告宣伝費を大幅に増やしたり，絞ったりした経験があるだろうから，何％くらいが最も効率的な水準かを試行錯誤してきた蓄積がある。したがって過去の売上高に対する割合は，それなりに検証済みの数字と言える。

(b)　業界や製品の特性

次に業界や製品の特性をよく理解することも重要だ。たとえばBtoCの事業で特に新製品の投入に対しては，マス向けの広告宣伝が不可欠であろう。一方BtoBの事業で特に少数の企業を相手にしている場合には，広告宣伝よりも対面営業のほうが効果的であり，広告宣伝費の割合は小さいはずだ。

複数の業界をまたがったり，複数の製品を扱っている企業では，それぞれのセグメントの特性に分けて広告宣伝費を見積ることが大切である。

(c)　競合他社の動向

他社の広告宣伝費も参考になる。また競合他社に対抗するという考え方も競争戦略では重要となる。自社の過去データだけではなく，他社のデータも含めて分析すれば，特定セグメントにおける妥当なラインが見えてくるだろう。

(d)　自社の投入可能額

自社の資金的な余裕，つまり投入可能額は広告宣伝費の上限を示す。特に業績が悪い場合には，資金的余裕の観点から費用にキャップをかぶせ，その中でやりくりするという方法がとられる。また業績がよい場合は，広告宣伝費が将来への長期的な投資になるという観点から，投入可能額の上限まで積極的に使っていくという考え方もある。

マネジドコストは合理的な算出が困難なため，最終的にはトップマネジメントの意思，方針によって決めるしかない。だからと言って十分な検討を抜きに適当な判断をするのではなく，説明したいくつかの検討の視点によって最大限の分析をしたうえで，最後はマネジメントの意思として戦略的な判断を下すべきであろう。

マネジドコストの管理は，アクティビティコストとは異なり，効率性では評価できない費目である。前述したとおり，広告宣伝によって増加した売上高を切り出して測定することができないためだ。もちろんマーケティングの世界では，広告効果測定の手法としてGRP（Gross Rating Point：累積到達度）やマーケティングROIといった指標を用いて効果や効率性を見る努力をしてきている。しかし予算管理における費用の支出を管理するには十分な手法とは言えず，マネジドコストの管理は，あくまで予算の範囲内に収めること，かつ合理的な支出目的であることの確認や承認が中心となる。

③　コミッテッドコスト

コミッテッドコストとは，すでに過去に意思決定が下され，費用の発生が決定している固定費を指す。代表的な例では，減価償却費，オフィスの維持管理費，販売部門の人件費などが該当する。マネジドコストは１年単位で支出を変更することが可能な固定費であるが，コミッテッドコストは基本的に長期的な固定費である。

コミッテッドコストの予算編成は，基本的に毎年同額が発生する費用であるため，決まった費用を予算へ組み込むことになる。また長期的な固定費のため，基本的には管理不能コストであり，予算においても期中の管理は不要となる。

製品別，顧客別などのセグメントごとの利益を算出する際には，コミッテッドコストがどのセグメントに賦課されるべきかを検討する必要がある。たとえば，ある営業グループがAという製品を販売している場合，その営業グループの人件費はA製品のコストとして直課すべきであり，それにより製品の正確な利益が把握できることになる。

どのセグメントにも属さないコミッテッドコストは，共通固定費として何らかの配賦基準で各セグメントに配分する。たとえば営業グループ全体として支払っているオフィスの維持管理費であれば，各営業グループの人数を配賦基準とし，その人数に応じてコストを配分するなどとする。

図表３－３　販売費予算表

	販売部門合計	第一営業部	第二営業部	第三営業部
変動費 （アクティビティコスト） 配送梱包費 保管料 物流諸費 運送保険料 租税公課（印紙税）				
小計				
管理可能固定費 （マネジドコスト） 販売促進費 広告宣伝費 販売手数料 消耗品費				
小計				
管理不能固定費 （コミッテッドコスト） 人件費 減価償却費 賃借料 管理費				
小計				
合計				

2. 製造予算の編成

製造予算は，売上高予算にもとづいて，生産量とその原価を計画する重要な予算である。製造部門が生産する量が多すぎれば過剰在庫となり，少なすぎれば欠品となり，どちらも企業の財務に大きなインパクトを与える。そのため販売部門との十分なコミュニケーションと調整が大切で，単に売上高予算を受けて生産するのではなく，逆に販売部門に対して生産効率の観点からアドバイスをし，全社最適となる予算を作成することが重要となる。

製造予算は，製造高予算，製造原価予算，在庫予算に分けられる。製造高予算は製品の生産量を決める予算を指し，具体的には，どの製品を，いつ，どこで，どれだけ生産するかの計画である。製造原価予算は，生産された製品に対する原価の構成を設定する予算で，大きくは直接材料費予算，直接労務費予算，製造間接費予算に分類される。在庫予算は，適正な在庫レベルを維持するための計画であり，製品在庫予算，仕掛品在庫予算，材料在庫予算に分かれる。

図表3－4　製造予算の構成

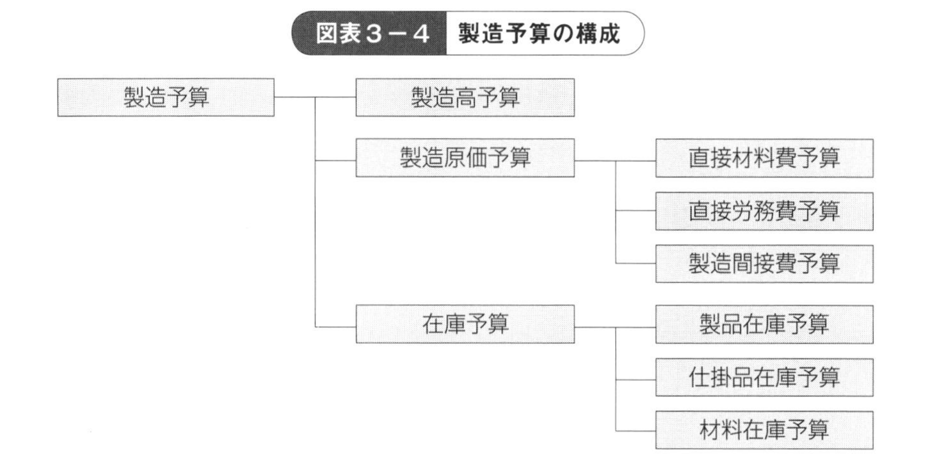

（1）製造高予算

製造予算の出発点は，年間の生産総量を決めるところからである。基本的には売上高予算と必要な製品在庫量から生産すべき量を算出する。

生産量 ＝ 売上高予算の予定販売量 － 期首製品在庫量 ＋ 期末製品在庫量

次に生産する時期と量の決定を行うが，一般的には月別の生産計画を作成する。ここで製品に季節性があり，年間の中で販売数量に大きな変動がある場合には，生産計画に注意が必要となる。製造現場としては，「適正な在庫量を保つ」ということと，「工場の稼働率を高く維持する」という２つのトレードオフ関係にある目標を達成する必要がある。たとえばエアコンのように季節性のある製品を考えた場合，工場の稼働率を高く維持するためには，生産を平準化させ，毎月一定の数量を生産すればよい。しかしエアコンの在庫は冬場から夏前にかけて大量に積み上がり，需要を迎える夏場に一気に減ることとなるため，適正な在庫量を保つことと正反対になる。大量の在庫によって資金は圧迫され，売れ残った場合のリスクも大きい。一方，適正な在庫量という観点からは，夏場の需要に合わせて夏前に大量に生産することが望ましいが，工場の稼働率は大きく上下し，稼働率を高く維持するという目標はクリアできない。秋から夏前にかけて稼働率は低くなり，設備を遊ばせておくことになるだろう。このように２つの相反する目標をバランスさせるためには，１つの製品で考えてはならず，さまざまな商品の需要変動を組み合わせて，全体として平準化させることが必要となる。

季節性商品の影響以外にも，設備や人的リソースの利用可能状況，雇用の変動可能性，材料の価格，資金の状況などを総合的に勘案して，最も効率的な生産計画を決定する必要がある。

（2）製造原価予算

生産量が決定すると，次に製造原価の予算を作成する。製造原価予算は，基本的に直接材料費予算，直接労務費予算，製造間接費予算に分類される。

① 直接材料費予算

直接材料費予算は，製品単位当たりの必要な材料数量に，その材料の単価と製品の予定生産量をかけて算出される。

直接材料費 ＝ 製品単位当たり材料数量 × 材料単価 × 予定生産量

製品単位当たりの材料数量については，事前に**図表３－５**のような製品別の標準材料消費量を作成しておく必要がある。材料の歩留まりが生じる場合には，その歩留率も加味したうえで必要量を算出する。材料単価については，購買部門の情報を得て目標単価を設定する。

図表３－５　製品別標準材料消費量／作業時間

		数量
第一工程	材料a	3.0 kg
	材料b	1.2 kg
	加工1	5.8 分
第二工程	材料c	12 本
	材料d	4 個
	加工2	3.0 分
第三工程	検査	1.5 分
	梱包	0.5 分

直接材料費予算では，最終的にすべての製品に必要な直接材料を合計し，月別の必要材料数量と材料費を一覧として作成する。この月別の必要材料数量は，在庫予算のインプットとなる（**図表３－６**）。

図表３－６　月別必要材料数量

	○○年度					合計数量	単価（円）	合計金額（千円）
	4月	5月	6月	…	3月			
材料a (kg)	30	30	30	…	30	360	12	4,320
材料b (kg)	40	40	40	…	40	480	25	12,000
材料c (千本)	50	50	50	…	50	600	30	18,000
材料d (千個)	60	60	60	…	60	720	20	14,400

②　直接労務費予算

直接労務費予算は，製品単位当たりの必要な作業時間に，その予定賃率と製品の予定生産量をかけて算出される。

直接労務費 ＝ 製品単位当たり作業時間 × 予定賃率 × 予定生産量

これも材料費と同様に，製品単位当たりの作業時間について，事前に製品別の作業工程表を作り，標準作業時間を見積っておく。予定賃率については部門の平均賃金を使う場合や，実際の工程に関わる各従業員の賃金を使う場合など，求める精度によって設定する。

③　製造間接費予算

製造間接費は，直接材料費と直接労務費以外の間接費を指し，間接材料費，間接労務費，間接経費の３つで構成される。製造間接費は，個々の製品に直接割り当てができず，生産量に比例しない製造活動における共用的な費用である。間接材料費には，補助材料費，工場消耗品費，消耗工具器具備品費などがある。間接労務費は，特定の製品に関わっていない作業時間に対して生じた原価で，直接労務費以外はすべて該当する。間接経費には，修繕費，賃借料，水道光熱費，減価償却費などがある。

製造間接費も原価管理のために合理的な基準によって各製品に配賦しなけれ

ばならない。各製造間接費の配賦基準は，その費用の発生に最も連動性の高い基準を選択することが重要で，たとえば賃借料や水道光熱費は直接作業時間，機械の減価償却費は機械の運転時間を配賦基準にするなどする。

（3）在庫予算

在庫予算は，適正な在庫量を維持するための予算で，製品在庫予算，仕掛品在庫予算，材料在庫予算に分類される。在庫予算を組む目的は，欠品を起こさずに，かつ無駄な在庫を極力減らすことである。

① 製品在庫予算

製品在庫予算とは，製品別の在庫に関する予算で，売上高予算と製造高予算の編成の結果として作成される月別の在庫量および在庫金額を指す（**図表３−７**）。

製品在庫予算を作成する部門は，製品在庫の管理責任を負う部門となり，企業によってさまざまである。一般的には製造部門が担うが，販売部門が責任を持って在庫を売り切るようにするため，販売部門へ製品在庫の管理責任を持たせるケースもある。また近年では物流コストの最適化という観点から，機能的に物流部門を設け，製品在庫の管理も含めて行う企業も増えてきている。

製品在庫に関しては，まず適正在庫量を求める必要がある。適正在庫量とは，販売活動において製品の欠品が起こらない必要最小限の在庫量である。製造高予算の編成では，この適正在庫量を維持するために逆算して生産量を決定するため，製品在庫予算の月末在庫量は，理論的には適正在庫量になるはずである。しかし，生産効率を考えると通常はまとまったロットで生産をするため，必ずしもすべての製品で適正在庫水準を維持することはできない。また生産の平準化の観点から在庫を積み増す場合もある。前述したエアコンのケースのように季節性のある製品では，適正な在庫量と工場の稼働率のどちらを優先するかによって，実際の在庫量は大きく変わってくる。

したがって適正在庫量を目指して製造高予算を編成するものの，生産効率などの観点も踏まえて製造高予算は作成されるため，実際には製品在庫予算は適正在庫量とイコールとはならず，結果的に製品在庫量は次のようになる。

図表3－7　製品在庫予算

	製品A				製品B			
	製造数量(個)	販売数量(個)	月末在庫数量(個)	月末在庫額(千円)	製造数量(個)	販売数量(個)	月末在庫数量(個)	月末在庫額(千円)
4月	100	120	30	240	300	100	300	750
5月	100	90	40	320	300	100	500	1,250
6月	100	90	50	400	300	200	600	1,500
7月	100	100	50	400	300	200	700	1,750
8月	100	120	30	240	300	400	600	1,500
9月	100	110	20	160	300	400	500	1,250
10月	100	110	10	80	300	400	400	1,000
11月	100	90	20	160	300	400	300	750
12月	100	90	30	240	200	200	300	750
1月	100	90	40	320	200	200	300	750
2月	100	110	30	240	200	100	400	1,000
3月	100	100	30	240	200	100	500	1,250
合計	1,200	1,220	380	3,040	3,200	2,800	5,400	13,500
平均	100	102	32	253	267	233	450	1,125
期初在庫	50個				100個			
製品原価	8,000円				2,500円			

月末在庫量 ＝ 前月末在庫量 ＋ 予定生産数量 － 予定販売数量

いずれにしても在庫管理の最も重要な課題は適正在庫量の決定であることに変わりはなく，適正在庫量を決めることは効率的な生産を行ううえで重要なインプットであるため，ここでは適正在庫量の決定方法について解説する。

(a)　経験的に決定する方法

これは過去の経験から，どの程度の在庫量を確保すべきかを決定する方法である。たとえば過去の販売データをもとに，最も販売量の多い月の量に合わせて，欠品が起こらない水準を選択するというのが1つだ。あるいは過去の欠品率を確認し，欠品率の高い製品については在庫量を増やし，欠品率がまったく発生していない製品については在庫量を減らすという調整を行い，決定をしていく。

この方法は簡便的にできるため，特に厳格な在庫量の計算をしていない企業では，過去の試行錯誤の中で適正と思われる水準に在庫が調整されているケースが多い。欠品が発生する主な理由は，予想外に製品が売れる場合か，あるいは予想外に製造が遅れる場合である。企業の取り扱っている商材の性質上，製品の需要が安定的で，かつ製品の生産も特に遅れが発生しない場合には，この方法でも十分役に立つ。ただし個々の製品について在庫量を減らす努力をしていくためには十分とは言えず，次に説明する生産リードタイムを勘案した在庫管理が必要となる。

(b)　生産リードタイムから算出する方法

なぜ在庫が必要なのかというと，注文が来てから生産を開始しても納期に間に合わないからだ。逆にいうと，生産を開始してから完成するまでにかかる時間の分は在庫として持っておかないと，その間に欠品ということになる。

生産リードタイムとは，生産を開始してから製品が完成するまでの時間のことであり，通常日数で表す。たとえば1日10個売れる製品があり，その製造に5日間かかる場合，必要な在庫量は10個×5日分＝50個となる。なぜならば，今から生産しても完成は5日後であるため，5日分の在庫がなければ，その間に欠品するからだ。在庫というのは今から生産しても間に合わない分を用意しておくものであるため，このように1日の販売量と生産リードタイムによって計算できる。ただし販売量には多少のずれが生じるため，ぎりぎり50個を在庫するのではなく，余裕をもってたとえば10個は多く在庫をしておく。この余裕分の在庫のことを安全在庫という。

適正在庫 ＝ 1日の販売量 × 生産リードタイム ＋ 安全在庫

この考え方は，一度にまとまったロットを生産する伝統的な場合を想定しており，このケースでは在庫が60個に達したタイミングで次のロットの生産を開始するイメージだ。ただし，毎日10個を生産し，その10個を毎日販売するのであれば，在庫量はゼロでよいことになる。これは製造と販売にばらつきがない場合に可能であるが，このようなケースは実際には少ない。

製品在庫予算を作成する目的は，単に棚卸資産を算出するためだけではなく，製品在庫量の適正化を図り，在庫削減を促すためでもある。必要な在庫量は生産リードタイムに大きく影響されるため，生産リードタイムをいかに短くするかが在庫削減の課題となる。その意味で，生産リードタイムから適正在庫量を導出するこの方法は，在庫量の適正化を促す方法でもある。

(c)　その他の簡便的な方法

一定のルールによって在庫量を維持する方法がいくつかある。ただしルールに使用される数字については明確な根拠はなく，あくまで過去実績や販売計画に基づいて，経験とポリシーによって次のように簡便的に設定する方法である。

- 直近の販売計画に基づいて決める。たとえば，月初の在庫量は，直近3カ月先の販売計画に基づいて，3カ月平均の2カ月分とするなど。
- 過去の販売実績に基づいて決める。たとえば，月初の在庫量は，過去3カ月間の販売実績に基づいて，3カ月平均の2カ月分とするなど。
- 最大在庫量を限度として決める。たとえば，在庫量は3,000以下を維持するといったように，最大限度だけ示す。
- 最大在庫量と最小在庫量で設定する。適正在庫量の1点を設定するのではなく，最大在庫量は4,000，最小在庫量は1,000といった幅で設定する。
- 在庫回転率に基づいて設定する。たとえば，過去の販売実績などに基づいて，在庫回転率は年8回とするなど。

在庫管理や在庫量に関する手法は日々進化をしてきており，JIT（ジャスト・イン・タイム）システムのように，必要なものを必要な時に必要な量だけ生産するという考えで，在庫を基本的に持たないという考え方もある。また最近では，サプライチェーンマネジメント系のアプリケーションソフトによって，需要予測に基づいた適正在庫を数学的に算出する方法も出てきている。

適正在庫を考える場合には，欠品の許容性も勘案する必要がある。欠品を起こさないようにするためには，在庫量は多ければ多いほどよいわけだが，実際そうもいかない。この場合には，製品ごとにどの程度の欠品が顧客にとって許容されるかを考える必要がある。1つは納期に対する許容度で，たとえば翌日に納品できなくても，10日後に納品できればよい製品もあるだろう。この場合はある程度の欠品を許容して在庫量を下げることも可能だ。もう1つは欠品時の顧客にとっての影響であるが，単に他社製品を購入されてしまうだけならまだよいが，製品の代替がきかず，顧客のビジネスにダメージを与える場合は欠品が許されない。このように製品の特性に応じて適正在庫を決定する必要がある。

適正在庫の決定には，販売部門からの情報が重要となる。販売予測の精度やばらつき，顧客への影響などは販売部門でしかわからないため，販売部門と製造部門の十分なコミュニケーションが必要だ。1つの方法としては，まず販売部門が製品別の適正在庫表を作成し，製品ごとの販売予測，ばらつき，製品特性，適正在庫量，在庫の留意点について販売部門の見地から提示する。製造部門は，この情報に生産効率の観点を加えて販売部門と協議をし，最終的な在庫量を決定する。いずれにしても製品在庫量の決定は重要事項であるため，両部門の十分な議論と調整が不可欠だ。

② 仕掛品在庫予算

仕掛品在庫予算は，仕掛品在庫金額を扱う予算で，製造予算の編成の過程で結果として作成される。仕掛品在庫金額は資産として貸借対照表予算に反映され，また資金予算へも仕掛品在庫金額に応じた運転資金の確保の観点で反映される。

仕掛品在庫も適正な在庫量を維持し，必要最低限の在庫量へ低減するための経営努力が必要になるため，製造予算全体の編成の中で改善計画を織り込むことが重要となる。

③ 材料在庫予算

材料在庫予算とは，製造における材料在庫の予算を指し，製品在庫予算と同様に，適正在庫を維持することが重要となる（**図表3－8**）。

在庫量が多すぎると材料の陳腐化や資金の過剰負担が発生し，在庫量が少な

図表3－8　材料在庫予算

	材料a				材料b			
	仕入数量(kg)	消費数量(kg)	月末在庫数量(kg)	月末在庫額(千円)	仕入数量(個)	消費数量(個)	月末在庫数量(個)	月末在庫額(千円)
4月	500	480	70	840	1,000	210	840	5,880
5月	500	500	70	840	0	210	630	4,410
6月	500	520	50	600	0	210	420	2,940
7月	600	580	70	840	0	210	210	1,470
8月	600	600	70	840	1,000	210	1000	7,000
9月	600	610	60	720	0	210	790	5,530
10月	600	610	50	600	0	215	575	4,025
11月	600	580	70	840	0	215	360	2,520
12月	400	420	50	600	0	220	140	980
1月	400	390	60	720	1,000	220	920	6,440
2月	400	400	60	720	0	220	700	4,900
3月	400	390	70	840	0	220	480	3,360
合計	6,100	6,080	750	9,000	3,000	2,570	7,065	49,455
平均	508	507	63	750	250	214	589	4,121
期初在庫	50kg				50個			
仕入単価	12,000円				7,000円			

すぎると安定的な生産ができない。また材料の発注タイミングや発注量によって仕入価格が変わってくる。したがって材料在庫予算の目的は，安定的な材料の供給，適正な在庫水準の維持，安価な仕入価格の実現を計画的に行うためである。

月別の月末在庫量は次の式で表される。

月末在庫量 ＝ 前月末在庫量 ＋ 仕入量 － 予定消費量

このうち予定消費量は製造原価予算で作成されたものを使用する。仕入量については，発注タイミングや発注量，在庫量によって費用が連動して変わってくるため，ここではいくつかの基本事項について解説する。

在庫管理にはさまざまな発注方法があるが，材料については大きく２つの発注方法がある。１つは定期発注点方式，もう１つは定量発注点方式である。定期発注点方式とは，決められた発注間隔で必要な量を発注する方法である。定量発注点方式とは，在庫量がある量より少なくなると，一定量を発注する方法である。

(a) 定期発注点方式

定期発注点方式は，月１回や週１回といった定期的な間隔で必要量を発注する方法である。発注間隔は一定であるが，発注量は毎回必要な分を計算しなければならない。発注量の計算式は下記のとおり。

発注量 ＝（発注間隔＋調達期間）× 消費量 － 現在の在庫量 ＋ 安全在庫

計算式がわかりづらいため，たとえば発注間隔を月１回（30日間）とし，調達期間が５日の場合を考えてみる。必要な発注量は，発注間隔の30日間に在庫が切れないように，30日分は確保する必要がある。しかし調達期間が５日あるため，30日分の発注量では，材料が届くまでの５日のうちに在庫切れとなるため，合計した35日分を発注する必要がある。この35日分の発注量は，（発注間隔＋調達期間）×消費量で計算される。一方，現在の在庫量があれば，その分は余分な在庫であるため発注量から差し引く。また一定のバッファとして安全在庫は確保する必要があるため，その分を足し戻す。

(b) 定量発注点方式

定量発注点方式とは，あらかじめ決めておいた在庫水準（発注点）に達した時に，一定量を発注する方法である。発注点の計算式は下記のとおり。

発注点 ＝ 調達期間 × 消費量 ＋ 安全在庫

この計算式は少しシンプルで，調達期間に在庫が切れないように調達期間分の必要量を確保し，バッファとして安全在庫をプラスしておく。ここでいう調達期間分の必要量が「調達期間×消費量」だ。先ほどと同じ調達期間が５日の

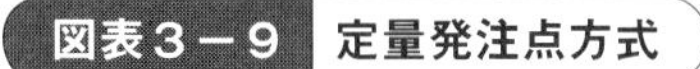

図表３－９　定量発注点方式

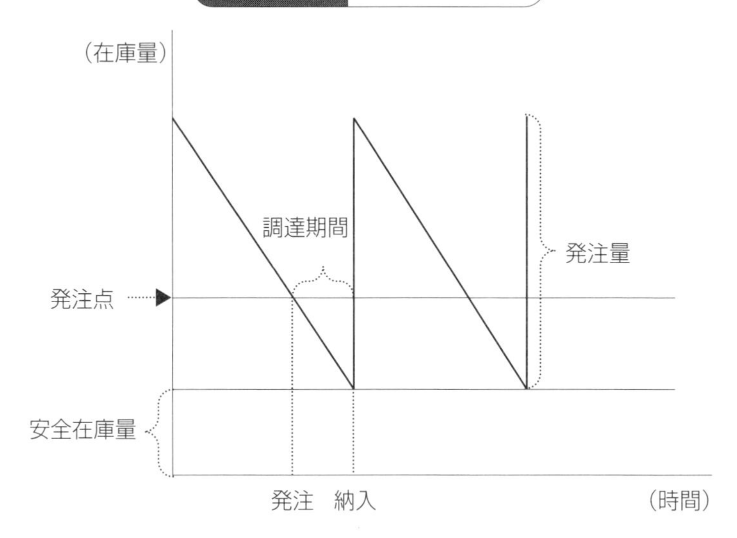

例で考えてみると，在庫が５日分を切ってから発注すると，材料が届くまでに在庫切れとなるため，５日分＋安全在庫の量に達した時点（＝発注点）で発注すればよい（**図表３－９**）。

発注するタイミングはわかったとして，次に１回の発注量についてである。最適な発注量を決めるためには，発注費用と在庫費用を考える必要がある。１回の発注量を少なくすれば，在庫量は常に低く保たれるため，倉庫の保管料などの在庫費用は低くなる。しかし発注回数が増えるために，発注事務処理などの発注費用は高くなる。逆に１回の発注量を多くすると，発注費用は低くなるが平均在庫量は増え，在庫費用は高くなる。この反比例する発注費用と在庫費用を加味した場合の最適解を算出する手法が「経済的発注量」という考え方で，一般的には**図表３－10**のようなU字のカーブを描く。したがってU字カーブのボトムになる点，つまり発注費用と在庫費用の合計が最も低くなる時の発注量が最適発注量となる。

図表３－10　経済的発注量

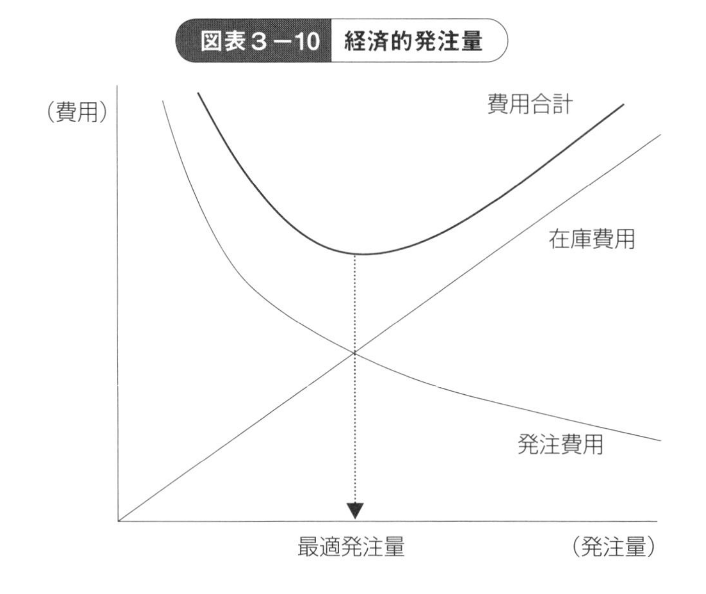

３．購買予算の編成

原材料や部品の購買は，多くの製造業で原価の半分以上を占め，企業全体の収益性を大きく左右する。そのため，企業が国際競争の中で生き残っていくためには，購買領域で競争力をつけていかなければならない。

購買予算は，原材料だけでなく，設備や消耗品など幅広く対象となる。しかし購買予算の大部分は原材料であり，その調達価格をいかに低減するかが購買予算の主要なテーマとなる。

購買予算における購入量は，製造原価予算と在庫予算によって決定するため，全体の購入量については他の予算に依存することとなる。したがって購買予算のテーマは，主に品質確保，納期遵守，価格低減の３つになる。

品質確保については，「安かろう悪かろう」といった安物買いをするのではなく，一定以上の品質を提供する仕入先を選定および指導する仕入先管理の業務となる。納期遵守については，購買部門として納期を監視し，必要に応じて督促するなどの納期管理の業務となる。この仕入先管理と納期管理については，一定レベル以上の購買品質を維持するための制約条件であり，むしろ購買予算において重要なのは価格低減，つまり調達コストの削減である。したがって予算管理では，調達コストの削減を目標として管理することになる。

（1）２つの調達コスト削減アプローチ

調達コストの削減には，①サプライマネジメント（供給管理）と②デマンドマネジメント（需要管理）の大きく２つの側面がある。

①　サプライマネジメント（Supply Management）

サプライマネジメントとは，サプライヤー（仕入先）の管理によって調達コストを低減するアプローチである。典型的な方法は，取引する仕入先の数を絞り込み，ボリュームディスカウントを効かせるやり方だ。

日本の伝統的な製造業では，長年にわたって取引を続けている系列会社や協力会社を多数抱えており，なかなか合理的な取引先の絞込みができない状況がある。しかし，調達価格のカギを握るのは取引先の競争力だ。競争力のある取引先を選定しなければ，現在の国際競争の中では生き残れない。取引先に本当の競争力がないのであれば，取引先の大胆な見直しも必要となってくる。

また，しがらみがなくても取引先を多数抱えているケースもある。たとえば同じ資材でも，工場や事業によってバラバラな取引先から購入している場合もある。これは主に工場や事業部門が個別に発注していることに起因する。同じような資材を複数の部署で発注している場合には，本社で集中購買することにより，ボリュームディスカウントを効かせることができるかもしれない。

デュアルソーシングという考え方があるが，取引先を１社にまでしてしまうと，その取引先に何か問題があった場合に調達上のリスクが発生するため，１つの調達品目に対して２～３社に絞り込むのが理想的とされている。全社レベルで調達先の棚卸しを行い，もし多くの取引先が存在する場合には，調達コスト削減の機会があると考えるべきだろう。

ボリュームディスカウント以外の方法としては，仕入先と協力しながらバリューチェーン全体でコスト削減をするやり方だ。これは日本の多くの製造業が行ってきた方法で，自社だけが得して取引先が損をするというWin－Loseの関係ではなく，お互いがWin－Winになるために何ができるかという観点でコスト改善を行うのだ。たとえば数カ月分の調達スケジュールを事前に取引先へ提示すれば，取引先は安定的な生産が可能になり，トータルのコストは抑えることができる。また取引先に対して技術指導やコスト改善の提言を行うことによって，取引先を育成し，競争力をアップさせることも可能だ。このような取組みは，年間２～３％程度のコスト改善を狙う地道な作業ではあるが，日本の製造業を支えてきた貴重なノウハウの１つである。

新しい調達コスト削減の機会としては，ネット調達があげられる。日本においても，BtoBの電子市場（マーケットプレイス）は商社を中心に急速に増加してきており，大手企業もネット調達の比率を増やしてきている。オープンな電子市場では，価格は市場の需給で決まるため，従来の取引先との関係で決まっていた価格に比べて，価格メリットをとれるようになっている。

②　デマンドマネジメント（Demand Management）

調達コストの削減は，決して仕入先の管理だけで推進できるものではない。購買を要求する側，つまりデマンドサイドの管理も重要になってくる。設計や生産の要求条件によって，調達コストは大きな影響を受ける。たとえば設計段階における部品のモジュール化やユニット化は，調達する部品点数を減らし，調達ボリュームを上げることができる。また生産計画においても調達タイミングや調達ボリュームを調整することによって，調達コストの削減は可能となってくる。このように社内の要求部門を管理し，調達コストを削減するアプローチを購買のデマンドマネジメントと呼ぶ。

これは必ずしも購買部門の責任で実施可能な範囲ではない。技術部門や製造部門と協力してはじめて達成可能な事項も多い。したがって，購買部門が購買予算で行うべきことは，予算編成段階で各部門と年次計画を練り合わせることである。そして生産の調達から完成までのトータルコストを削減するために，予算プロセスを通じてデマンドサイドの改善努力を行わなくてはならない。

デマンドマネジメントとして購買部門がリーダーシップを発揮できる機会には次のような項目がある。

(a)　調達要件の標準化

調達要件には，スペック，納期，品質基準，価格，支払条件，納入場所，納入方法，検収基準，返品条件など数多くあるが，要求サイドのリクエストに個別に対応していては発注費用が膨れてしまう。購買部門として調達要件を標準化し，標準に合わせるよう要求部門をコントロールすることが全体の調達コストを低減することにつながる。

(b)　数量／頻度の変更

発注数量と頻度は，発注費用を含むトータルコストに大きく影響する。要求サイドは基本的に発注費用を考えずに要求するため，購買部門はトータルコスト削減の観点から発注方法について，よりよい方法を提案しなければいけない。

(c)　代替案の奨励

最近，調剤薬局では，単に処方箋に記載されている薬剤を処方するのではなく，価格の低いジェネリック医薬品を代替案として提案してくるようになった。購買部門も調達の専門家として，調達品に対する代替案を提案することが求められる。

(2)　4つの調達方針

調達コスト削減を戦略的に行うためには，調達品目をカテゴリーに分け，それぞれの領域に合わせた調達方針を策定することが重要となる。調達品目によっては，調達コストを優先してよいものと，調達コストよりも優先すべきものがあるからである。

図表3－11では調達品目別のマトリックスと基本方針を示した。この図では，調達品目を「事業への影響」と「調達市場の複雑性」で分類しており，①汎用的，②戦略的，③競争的，④制約的の4つに分けている。

①　汎用的

事業への影響が低く，調達市場の複雑性も低い「汎用的」の象限は，いわゆるコモディティの領域で，どこでも簡単に手に入る汎用品目だ。この象限に該当する品目の調達は，とにかくコストを最優先に考え，調達プロセスもできるだけ簡素化し，トータルコストの低減を徹底的に追求すべきである。たとえば

図表３－11　調達戦略の基本方針

事業への影響 ＼ 調達市場の複雑性	低	高
高	**競争的** ・事業への影響は大きいが，調達も容易。 ・集中購買などにより，安定的かつコストメリットを追求。	**戦略的** ・事業への影響が大きく調達も容易ではない。 ・サプライヤーと戦略的提携と維持が必要。
低	**汎用的** ・事業への影響は少なく，どこでも手に入る品目。 ・コストを最優先に考え，調達プロセスも簡素化する。	**制約的** ・事業への影響は少ないが調達環境は複雑。 ・調達コストは犠牲にしても確実なサプライヤーを確保することが必要。

事務用品が該当するが，調達部門が大量購入をして各部署に補充するか，文具のネット販売を利用し，各部署に自由に購入させるなどする。

②　戦略的

両軸とも「高」となる「戦略的」の象限は，事業にとって重要で，かつ簡単に他のサプライヤーからは調達ができない品目である。この象限の品目はコストを優先してはならず，むしろサプライヤーと戦略的提携関係を結び，関係の構築および維持を優先する。自社の基幹部品を独占的に供給しているようなサプライヤーが該当する。

③　競争的

「競争的」とは，事業への影響は大きいが，調達も比較的容易な領域だ。この象限に該当する品目は，競争のある調達市場が存在しているため，集中購買などによってサプライヤーとの関係を強化しつつ，安定的かつコストメリットをとる戦略が有効となる。この象限に該当する品目こそ，供給先を２社から３社に絞り込み，安定供給とボリュームディスカウントの両立を狙うべき対象となる。

④　制約的

最後の「制約的」とは，事業への影響は少ないものの，調達市場が複雑で，容易にはスイッチの効かない制約のある領域である。寡占となっている汎用部品や最新技術をベースとした特殊部品などが該当する。この領域の調達市場には価格競争がなく，購買部門が努力しても調達コスト削減の効果はあまり出ない。むしろ品質を重視し，コストが多少かかっても間違いのないサプライヤーと取引することが求められる。

調達コスト削減の戦略は，そのターゲットとする品目の性質によって方針を立てることが重要だ。一律にコスト削減というわけにはいかず，何を優先するかの基準と方針を明確化することが，全体としてのコスト削減を効果的に達成するカギである。

４．一般管理費予算の編成

一般管理費予算とは，製造原価と販売費以外の費用に関する予算で，経理部門や人事部門などの本社機能を担う各部門が作成する。主な費用科目は，役員報酬，本社の人件費，賃借料，旅費交通費，交際費，減価償却費，事務用消耗品費，水道光熱費などがある。

一般管理費の多くは役員報酬と本社の人件費となるため，一般管理費予算は人員計画からスタートする。全社として役員体制の決定，各部門の職位別人員計画の作成を行い，それぞれの人員にかかる費用を算出し，人件費計画へと落とし込む。人員にかかる主な費用は，給与，賞与，旅費交通費，法定福利費，退職金などである。

(1) 管理の観点

一般管理費は広告宣伝費と同じように売上と直接連動しないマネジドコストが多く，効率性では管理できない性質がある。また一般管理費のほとんどが固定費であるため，管理の目が行きわたりにくく，業務の必要性という観点だけで人員を計画すると，自然に肥大化する傾向がある。確かに仕事はあり，社員は忙しくしているが，本当に必要な仕事かどうか，本当に企業に価値を提供しているかどうかは判断しにくい。

昨今，日本の多くの企業では管理部門の費用削減へ努力を続けている。売上が伸びていた時代には販売と製造の管理が最優先であったが，売上が伸びない現在の成熟市場環境の中では，利益の源泉を固定費の削減に向けるようになってきている。

本社費用の妥当性を合理的に示すことは困難であるが，１つの簡易的な指標としては売上に対する本社費用の割合だ。過去にさかのぼって割合を確認し，本社機能の効率性が上がっているのかどうか分析してみる。かつての増収増益の時代には，売上増加にともなって本社も肥大化していった。しかし売上が下がってきたにもかかわらず，本社の人数は売上ピーク時と変わらないという例もある。日本的経営の美徳を堅持し，「人は絶対に切らない」という経営者の方針のもと，最近まで頑張ってきた日本企業も多い。人を切らないという経営姿勢は大変素晴らしいことではあるが，最近では大手企業でも方向転換を余儀なくされている。売上と利益に見合った本社費用への調整が不可欠になってきているのだ。

(2) 本社費用の削減

一般管理費予算の重要なテーマの１つは，本社費用をいかに削減するかである。ここでは本社費用の削減に向けた考え方を説明する。

本社費用の削減は，社外と社内に分けて大きく２つの観点がある。１つは会社の外に出ていくお金，つまりキャッシュアウトを抑制する方法だ。キャッシュアウト削減の基本的な手段は，今まで外部に委託していた作業を社内で賄うというものだ。外部に委託してきた作業とは，印刷業者への委託，外部機関への調査委託，旅行代理店への出張手配，業務のアウトソース，派遣社員への作業などである。また単に当たり前のように使っていた経費をいったん止めるという方法もある。ある企業では，本社で購読していた新聞や雑誌をすべて解約した。どの新聞が必要で，どの雑誌が不要かを検討しはじめたら結局全部必要となってしまうため，思い切ってすべてを止めたのだ。数万人の社員が働く本社が突然新聞の購読をすべて中止したため，近くの新聞配達店がつぶれたという。その会社にその後の影響を聞いてみると，新聞や雑誌がなくても，特に問題がないことがやってみてわかったという。

本社費用を削減するもう1つの方法は，社内の費用，つまり人件費を削減する方法だ。これには労働基準法に基づく多くの制約があるが，いくつかの方法について簡単にリストアップだけしておく。

・早期退職優遇制度
・新規採用の抑制
・管理職の一定期間一律数%給与カット
・販売部門，製造部門といったラインへの配置転換
・子会社への配置転換（それに伴い給与削減も）
・業績連動型給与（固定部分を減らし，変動部分を増やす）
・時間外労働時間の抑制（残業の厳格化，フレックスタイム導入）
・賃金以外の見直し（退職金給付額，各種手当）

ここで重要なことは，費用を単に削減することだけを考えるのではなく，固定的な費用を変動費化するということだ。変動費化されていれば，売上が上下しても利益に大きな影響はなく，企業としては安定するからだ。本社の人件費を変動費化する方法としては，業務をアウトソースする，パート／派遣・契約社員を活用するなどがある。

（3）一般管理費の配賦

販売部門や製造部門に対して管理コストの意識づけを行うために，一般管理

費を部門共通費として各部門に配賦するケースも多い。これは各部門がプロフィットセンターかコストセンターかにもよるが，販売部門や製造部門が社内取引などによって利益を管理している場合は，本社費用を部門へ配賦することが一般的である。また事業部制をとっている場合は特にそうである。

配賦の方法は，各部門の売上高に基づいて配賦する方法が一般的である。ただし部門によって利益に大きな格差があり，売上高では適当でない場合には売上総利益（粗利）によって配賦する方法もある。それ以外には，各部門の人員数や人件費，資産残高などに基づく配賦方法がある。もう１つ大切なことは，受益者負担という考え方だ。本社も何らかの形で部門に対してサービスを提供しているはずで，そのサービスの利益を受けている部門を特定し，なるべくそこへ負担をさせるという方法である。たとえば経営企画部であっても，主に販売部門のサポートとして営業戦略を担っているチームがあれば，その費用は本社共通費にまぜるのではなく，受益者である販売部門に負担させるなどである。

各部門に本社費用を負担させると，本社費用に対して牽制が効くというメリットもある。各部門からすると，本社の費用を一部負担するということは，それ相応の価値がなければ納得がいかない。本社費用には管理の目が行きわたりにくいという問題があったが，各部門に負担をさせることで，一定の説明責任が発生し，これが不要な肥大化を抑制する効果につながる。

5．資金予算の編成

資金予算とは，企業の資金の収入と支出を管理するための予算である。企業の取引の多くは信用取引となっており，売り買いのタイミングと実際の現金の受渡しは一致していない。また，会計処理は発生主義で行われるため，損益計算書予算や貸借対照表予算では，資金の動きを管理するには十分ではない。そこで現金主義的な収支の管理が必要となってくる。

(1) 資金予算の機能

資金は少なすぎると資金の不払いが発生し，銀行取引が停止され，黒字倒産にもなりかねない。しかし，資金が多すぎても余計な金利負担などにより非経済的である。したがって，多すぎず，少なすぎない適正な資金レベルを維持することが求められ，これを資金流動性の維持と呼ぶ。この資金流動性の維持を達成するためには，計画的に資金を調達し，必要に応じて余裕資金を投資することが求められ，これが資金予算を組む目的となる。資金予算の主な機能は次の3つである。

- 資金の収入と支出，必要な調達額，長期的な資金収支を総合的に把握し，適正な資金を維持する。
- 資金調達計画を作成し，最も有利な調達手段をとり，企業全体としての財務費用を最小化する。
- 余裕資金の発生を予測し，必要に応じて短期的な投資で利益を得る。

(2) 資金予算の分類

資金予算は，大きく現金収支予算，信用予算，運転資本予算に分類される。現金収支予算とは，現金の収入と支出を総合的に管理し，年間を通じて必要な現金の水準を維持するための予算である。信用予算とは，売掛金，受取手形，貸付金などの債権，および買掛金，支払手形，借入金などの債務といった信用取引に関する予算であり，現金収支予算の一部を構成する。運転資本予算とは，一般的に流動資産から流動負債を差し引いた運転資本の予算である。現金収支予算が短期的な現金の確保を対象にしているのに対し，運転資本予算では買掛金や売掛金といった流動資産，流動負債まで含めた少し広い財務流動性の維持を対象としている。この中で特に重要なのは現金収支予算で，ここでは現金収支予算について説明する。

(3) 現金収支予算

現金収支予算では現金の収入と支出の全体を管理し，適正な財務流動性を維持するための予算である。具体的には月別に現金の収入と支出を見積り，月末の現金残高が適正に維持されることを計画する（**図表3－12**）。

この現金収支の見積り方法は，各部門の作成する予算に基づいて行う。具体的には，売上高予算，販売費予算，製造原価予算などから，現金収支に関わるものを取り出し，その収入や費用の発生と，現金の動きのタイミングを過去のデータ等から見積る。たとえば売上については全体の何割が現金で取引され，何割が売掛金となるかは過去のデータから見積ることが可能であろう。また売

図表3－12　現金収支予算表

	4月	5月	6月	…	合計
現金収入					
売上代金入金					
前受金					
受取利息収入					
配当収入					
その他収入					
収入合計					
現金支出					
材料費支出					
人件費支出					
販売費支出					
その他経費支出					
支払利息支出					
税金等支出					
支出合計					
資金収支					
月次収支					
月初現金預金残高					
借入金					
借入返済					
月末現金預金残高					

掛金の回収期間についても過去のデータを参考に見積る。もし厳密に見積る場合には，販売部門には顧客別の売上代金回収計画を，製造部門には仕入先別の仕入代金支払計画を作成させるなど，管理部門も含めすべての部門に現金収支計画を用意させる。いずれにしても必要な現金収支の情報を集め，それらを月別に集計し，月別の現金収支を計算する。この収支の中には，配当や税金，固定資産の取得や売却など，営業活動以外で発生する現金の収支も含める。そのうえで，適正な資金水準を維持するために必要な資金額と時期を把握し，不足分については借入金などの調達手段を計画する。

現金収支の管理のポイントは，売掛金の回収時期と回収金額の予定精度を上げることである。この精度が低い場合，予定していた回収金額と実際の回収金額が異なり，資金ショートを起こすリスクが生じる。この予定と実際のブレが大きいほど，資金を多めに準備しておかなければならないため，効率的な資金流動性を確保するためには売掛金回収予定の精度向上が重要となってくる。

6．資本予算の編成

資本予算とは，資本支出，つまり投資に関する予算であり，主に設備投資や投融資がある。投資とは，将来的に資本を増加させるために，現在の資本を投じる活動のことで，企業では設備投資のように初期に大きな支出を行い，将来数年間にわたって投資分を回収する性格のものである。投資は金額が大きく，影響も長期にわたるものが多いため，企業としては重要な意思決定を必要とする。そのため，資本予算のメインテーマは，投資案件の評価，選定ということになる。

（1）投資分類と評価方法

企業では投資に回せる資金的余裕には限りがあるため，複数の投資案件がある場合には，投資の優先順位づけをする必要がある。投資の評価というと，一般的には投資対効果で選定すると思われがちだが，実際には投資案件の種類によって，その評価方法は異なる。したがって，まずは投資案件を投資タイプごとに分類することから始める（**図表３－13**）。

図表３－13　投資分類と評価の観点

	説　明	評価の観点
既存案件	過去に投資の意思決定がされている案件	評価の対象外
制度案件	法制度の変更などによって対応が必須となる案件	コストの妥当性
戦略案件	トップマネジメントの戦略的な意思によって実施する案件	投資規模の選択
通常案件	将来的に投資を上回る収入を得るために行う通常の案件	投資対効果

既存案件とは，過去にすでに投資の意思決定がされていて，本年度中に投資の執行が実施される予定の案件である。したがって，このタイプに該当する投資案件は確定であり，基本的に評価対象外となる。

制度案件とは，法制度の変更などによって対応が必須となる案件である。たとえば会計制度の変更によって，大規模な情報システムの改修が必要となるような場合だ。この象限にプロットされる案件は必須であり，評価方法はコストの妥当性ということになる。制度案件は通常，収益を生む投資ではないため，投資対効果では評価できず，むしろ最も低コストで収まるアプローチを検討，選定することになる。

戦略案件とは，トップマネジメントの戦略的な意思によって実施する案件である。戦略的な意思という意味は，単に経済合理性があるから実施するのではなく，トップマネジメント，親会社，オーナーなどによる「どうしてもやりたい」という「思い」のことだ。理屈というよりは天の声のようなものだ。企業のトップとしては，「儲かるから」という理由以外にも，「社会のため」，「夢として」といった，さまざまな思いで投資を意思決定するということはある。株主への説明責任はどうするのかは別として，この象限の案件は基本的には投資対効果で評価するのではなく，原則実施する前提で，どの程度のコストをかけるかが検討のポイントとなる。

最後の通常案件は，将来的に投資を上回る収入を得るために行う通常の投資案件である。このタイプに該当する案件は，基本的に投資対効果で優先順位づけをし，資金的余裕の範囲で選定を行う。つまり投資案件の評価，選定を行う対象とは，このタイプの案件に限定されるということだ。

（2）定量評価と定性評価

通常の投資案件は，基本的に投資対効果で投資の意思決定を行うが，一般的には定量的側面と定性的側面の両方から総合的に評価を行う。

①　定量評価

投資対効果の定量評価には一般的に**図表3－14**のような方法があり，それ

図表3－14　投資の定量評価手法

	説　明	メリット	デメリット
回収期間法 (PP: Payback Period)	初期投資額の回収期間の長さを評価の基準とする方法。短いほうが有利な投資とみなす。	・簡便的でわかりやすい ・長期に及ぶことのリスクを回避しやすい	・回収期間後の利益について無視される ・貨幣の時間的価値が考慮されていない
投資収益率 (ROI: Return on Investment)	平均回収額÷投資額で表される率。	・簡便的でわかりやすい	・貨幣の時間的価値が考慮されていない
正味現在価値 (NPV: Net Present Value)	将来得られる収入を一定の利率で割り引き（＝割引率），現在価値に換算した金額の合計から，初期投資額を差し引いた金額。正味現在価値の大きいほうが有利な投資とみなす。	・額で示すため，リターンの規模がわかる ・割引率に資本コストやリスクを織り込んでいる	・割引率を何%にするかによって結果が大きく変わってくる ・算出方法が難易
内部収益率法 (IRR: Internal Rate of Return)	NPV＝0となる場合の割引率。NPVが額であるのに対し，率で表す方法。率が高いほうが有利な投資とみなす。	・率で示すため，投資の効率性が分かる ・資本コストとの比較が可能	・投資の規模が考慮されていない ・算出方法が難易

ぞれメリット・デメリットがある。日本の伝統的企業では簡便的なPP（回収期間法）がよく用いられ，最近ではNPVも一般的だ。欧米ではIRRが用いられることが多い。

定量評価は，足切りの基準として使うケースも多い。たとえば回収期間法であれば，投資対象の条件として「５年以内であること」といった形で制約事項とし，短ければ短いほどよいというよりは，一定の期間で回収できることを前提条件とする考え方だ。

②　定性評価

定性評価では，定量的には拾いきれないいくつかの観点から評価するが，図のような評点法を用いると便利である。**図表３－15**では新規事業投資を例にしているが，設備や情報システムなど，投資目的に応じて評価項目を用意することが望ましい。

図表３－15　新規事業投資における定性評価

評価項目		評価点		
		2点	1点	0点
戦略整合性	基本戦略との関連性	強	中	弱
	コア／ノンコア事業	コア		ノンコア
	他事業とのシナジー	強	中	弱
競争優位性	技術・サービスの独自性	強	中	弱
	営業力・マーケティング力の強さ	強	中	弱
	価格競争力の強さ	強	中	弱
リスク	予定収益に対する不確実性の程度	低	中	高
	撤退の容易性	易	中	難
	リスク回避策の充実度	十分	中	不十分

③　総合評価

最終的には定量評価と定性評価を総合して評価を行う。総合評価の例として**図表３－16**のような優先順位づけの考え方がある。このようなシステマチックな評価方法は，場当たり的な投資判断を防止し，意思決定品質を高める効果

図表3－16　投資意思決定の総合評価

定量評価

	定量評価			
	A	B	C	D
IRR	～15%	15～10%	10～5%	5%～

定性評価

	定性評価			
	A	B	C	D
評点	～20	20～15	15～10	10～

総合評価

定性＼定量	A	B	C	D
A	○	○	△	×
B	○	△	△	×
C	△	△	×	×
D	×	×	×	×

○：最優先，△：再検討，
×：実施せず

はあるものの，すべてのケースに万能な評価ルールはそもそも作れないため，やはり最終的には企業のさまざまな状況を勘案して，総合的な意思決定をする必要がある。

（3）投資の意思決定プロセス

投資の意思決定には，予算編成時の評価と，予算執行時の評価がある。予算編成時は，あくまで予算枠を確保するための評価であり，評価に関しては概要レベルにとどめておき，予算執行時に最終判断することを前提に，投資の内容と投資額の妥当性をハイレベルで検討する。一方，予算執行時には投資の具体的内容，アプローチ，リスクなど詳細レベルで評価を行う。この段階では投資の実施可否を判断というよりは，よりよい投資にするために実現手段をブラッシュアップすることが主目的になる。

ただし昨今の不透明な経営環境下では，これまで以上に予算執行時の評価が厳しくなっているようだ。予算編成時のタイミングでは先の経営環境が読みにくいため，予算執行時に改めて経営環境や投資タイミングを再検討し，状況に応じて実施を見送ることも多いという。

7．総合予算の編成

各部門の予算が作成されると，総合予算の編成に入る。総合予算編成では，損益計算書予算，貸借対照表予算，キャッシュ・フロー計算書予算を作成する。まず予算部門が各部門からの予算を集計し，総合予算の編成を行うが，予算部門は単に集計作業をするのではなく，各部門と調整すべき事項を明らかにし，実際に調整を行いながら総合予算を作成する。総合予算編成に取りかかるまでに，前述した垂直調整，水平調整を行っているため，ここでは最終的な確認と調整をすることになる。また最終的な予算の決定に向けて，予算委員会で確認すべきテーマの洗出しや説明資料の作成などの準備作業も並行して行う。特に予算部門と各部門の間で調整がつかなかった課題については，経営陣に判断を仰ぐケースもあり，議論に必要な情報を各部門から収集しておくと同時に，予算部門の意見もまとめておく必要がある。

この最終化に向けた調整方法については，2つの意見に分かれる。従来の考え方は，事前に予算部門が中心となって各部門と調整するほうが効率的という立場である。未調整のままでは，経営陣の集まる予算委員会で再検討となり，忙しいトップマネジメントの時間が浪費されるという理由だ。一方，事前の調整は各部門と個別の協議を繰り返すため，非効率という意見もある。むしろ経営陣が一堂に会する場所にて，トップダウン的に決定するほうが効率的という考え方だ。これは企業風土や経営者のスタイルによるものと思われるが，もしトップダウン的な速い意思決定ができるのであれば有効な方法であろう。また，外国人経営者が日系企業のトップに就いた際，結論ありきの日本的会議のやり方を問題視し，いわゆる「根回し」をやめさせ，会議でオープンな議論をするやり方に変えたという話もある。トップマネジメント自らが課題に対して議論し，意思決定することは，予算においてもコミットメントを高める効果があるのかもしれない。

総合予算は最終的に予算委員会やトップマネジメントによって承認され，後は各部門へ確定予算を伝達し，すべての予算編成が完了となる。

■ 第4章

予算統制プロセス

1．予算統制の重要性

予算統制プロセスとは，予算に基づいた期中の管理であり，一般的には月次で実績を収集し，予算と実績に差異があった場合には改善策を作成，実行する月次の管理を指す。

(1) 予算統制の管理サイクル

一般的に予算を月次で管理をしている理由は，多くの企業が月次で会計の締めを行い，財務情報の集計サイクルが月次であるためだ。またビジネスの商慣習としても，月ごとにまとめて請求や支払いを行うことが多いため，管理サイクルとしては月次にするほうが都合がよい。しかし最近では市場の環境変化が激しいため，月次の管理では対応が間に合わないという声も多い。たとえばソフトバンクは日次決算を導入していることで有名だが，ハイテク業界のような変化の激しい産業では，より短い管理サイクルが要求されてきている。また流通業界や飲食業界では日次で財務情報を確認できるシステムを導入しているのが一般的で，いわば日次のPDCAサイクルが当たり前の業界である。ただし，このような日次の管理は日々の活動管理が目的であり，必ずしも予算管理としての位置づけではない。このように企業には予算統制以外にもさまざまな

PDCAサイクルがあるため，ここでは企業の管理の種類とサイクルについて整理をしておく。

図表４－１は，予算統制を取り巻くさまざまな管理サイクルを示している。

図表４－１ 管理サイクル

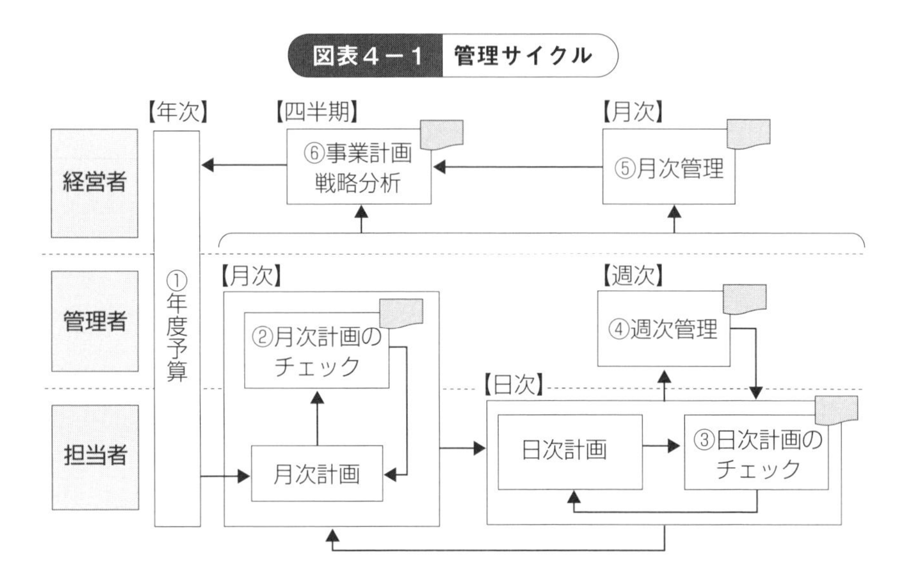

まず管理サイクルは組織階層のレベルによって変わってくる。経営者層のように事業をマクロ的に管理する人は管理サイクルも月次や四半期といった長めのものになり，逆に担当者レベルへ組織階層が下がれば下がるほど，より細かい管理が必要になるため，週次や日次といった短いサイクルとなってくる。

①の年度予算は年次サイクルで編成されるものであるが，当然のことながら各部門にて月次の計画に落とし込まれ，部門レベルで月次の予実管理を行う（②の月次計画のチェック）。一方，担当者レベルでは，日々の計画と実績確認を行い（③の日次計画のチェック），週次にて管理者との確認をする（④の週次管理）。たとえば営業マンであれば，一日の訪問計画を作り，夕方会社へ戻って実績の報告をするだろう（日次管理）。そして，たとえば月曜の朝などにセールスミーティングがあり，先週の実績の確認と今週の予定を確認する（週次管理）。

この部門内の管理とは別に，部門長が集まる経営会議にて月次の予実管理がある。これが⑤の月次管理である。部門内の日次や週次の管理が主に活動の管理であるのに対し，この月次の経営会議は財務情報を中心とした予算の管理である。日次や週次の管理も基本的には予算達成に向けた管理であるため，広義の意味では予算統制の１つと言えるが，狭義には月次の経営会議にて行われる予算と実績の確認が予算統制となる。ここでは予算統制の主な対象を，月次の経営会議における予実管理を中心として説明をしていく。なお⑥の事業計画戦略分析とは，四半期や半期のサイクルで事業環境のトレンドや戦略の有効性を再確認する管理を指している。事業環境の変化を月次より少し長めのスパンで俯瞰し，予算の目標値を見直したり，戦略の方向性を見直したりする管理である。

（2）予算統制の意義

予算統制プロセスは，予算に基づいたPDCAサイクルを回すための根幹であり，予算達成に向けた長い道のりを走り切るためのエンジンの役割を果たす。きちっとしたチェックがなされなければ予算に基づいた事業活動はおそらく実行されない。人はチェックされなければ動かない，といっては言い過ぎかもしれないが，少なくともチェックされたほうが動機づけされるだろう。したがって予算を達成するための基本的な手段が予算統制であり，企業にとって最も基本的かつ重要なマネジメントの仕組みである。

予算統制の中心は経営会議における予実差異の確認であるが，もし予実差異をチェックするだけであれば，別に経営会議など開かなくても，情報システムから自動的にレポートが出てくれば事足りる。しかし経営会議にて予算統制を行うことには，以下のような意義がある。

①　衆知を集める

経営会議は部門長が経営トップに報告するだけの場ではなく，そこに集まる多くの優秀な上級管理者が各部門の問題解決をサポートする場でもある。予実差異に対して，別の角度から分析的な示唆を与え，よりよい解決策を見出すために衆知を結集して事に当たる意味合いがある。

②　会社全体のトレンドの把握

経営会議は会社全体の課題やトレンドを理解する場でもある。自部門だけを見ていたらわからないマクロな動きを把握し，全体の視点から自部門の責任をまっとうすることができる。他の部門の動きや会社全体の状況によって，自部門の戦略や計画を修正する必要も出てくる。

③　協力，調整の場

経営会議は，他部門からの協力，あるいは他部門と調整をオフィシャルに行う貴重な場である。問題解決の種類によっては部門間が協力しなければ実施できないこともあるであろうし，当事者同士ではなかなか調整がつかない問題も，トップを含めた経営会議の場では迅速な意思決定がされることが期待できる。

④　信賞必罰

経営会議で実績を報告するということは，高い成果を出した者にとっては英雄になる場であり，低い成果の者にとっては人前で恥ずかしい思いをする場である。企業によっては信賞必罰を徹底しており，経営会議の席を成績順に並べ，部門長同士の競争心をあからさまにあおるような方法をとっている会社もあるようだ。程度の問題は別にしても，人前で実績を報告するという行為は，目標への達成意欲を刺激する効果は確実にある。

⑤　一体感の醸成

トップマネジメントが一堂に会し，１つの目標に向かって議論することは，企業が一体感を醸成する重要な機会となる。各部門長が社長の考え方や思いを理解，確認する場であり，また社長や各部門長同士がお互いの思いや状況を共有する場でもある。

このように予算統制とは，単に予実差異を確認，対応するという機械的なプロセスではなく，人が動機づけされ，目標達成意欲を高めるという極めて人間的なプロセスなのである。

2．予算差異分析の流れ

予算差異分析は，予算と実績の差異に対して改善策を講じるために行う分析プロセスであり，基本的には差異の把握，発生箇所の特定，原因分析・責任分析の３つのステップに分かれる。

（1）差異の把握

最初は予算差異を把握するステップであり，特に差異の大きいところに着目する。ここではあまり細部に入り込まず，まずは全体の予算に大きな影響を与えている部分をマクロ的に把握することが重要だ。

（2）発生箇所の特定

次に差異の大きな部分について，その発生箇所の特定を行う。たとえばA製品の売上が予算よりも大幅に低かった場合，A製品の売上を構成するどの部分が発生箇所なのかを特定するために，顧客別の売上や地域別売上を確認するといったイメージだ。注意すべきことは，「発生箇所の特定」と「原因の特定」は別だということである。たとえばA製品について，顧客Xの売上が著しく低いことがわかった場合，発生箇所は顧客Xの売上減と特定できるが，これは原因を特定できたわけではない。原因としては，たとえば顧客Xが製品に不満を持って取引をキャンセルした，といったような真の原因があるはずだからだ。

発生箇所の特定方法は，基本的に差異の部分をブレークダウンしていく方法をとる。一般的には数量差異と価格差異に分ける，あるいは顧客別や組織別といった構成要素に分解して，発生箇所を絞り込む。

（3）原因分析・責任分析

原因分析とは，差異が発生した本質的な原因を追及する作業である。前述したとおり，差異を特定しただけでは原因を突き止めたことにはならない。その特定された差異がなぜ起きたかを分析しなければ，本質的な解決策は出てこない。一般的には，なぜ，なぜという質問を繰り返し，原因を深掘りする。表面的な現象だけを捉えて解決策に走ると，対症療法的な解決しか出てこない。たとえば，売上が下がったという問題に対して，「売上を上げろ！」と指示するだけでは，単に問題の裏返しにすぎない。なぜ売上が下がったのかの原因を追及すべきである。よく「なぜ，なぜを５回繰り返せば本質的な原因にたどり着く」と言われるが，これ以上なぜの質問に答えられなくなるまで徹底的に考え抜くことが重要となる。

次に責任分析についてである。よく原因追究と責任追及を混同するケースがあるため注意が必要だ。原因を特定するために始めた分析が，いつの間にか責任の追及になってしまい，結局のところ真の原因がわからないままになってしまう場合がある。ここは原因追究と責任追及をはっきりと分け，まずは原因を特定し，そのうえで責任者の特定をするという「順番性」を守らなくてはいけない。言いかえれば，真の原因が特定できない限り，真の責任者は特定できないということだ。たとえば売上の減少は一見，営業担当の責任に見えるが，実は製品の品質に問題があれば，設計者の責任かもしれない。しかし，その品質が実はある特定の購入部品にあったとすれば，それは購買担当の責任かもしれない。このように，まずは原因の特定が重要となるわけだ。

ちなみに責任分析は決して悪者探しではない。責任をもって問題に対応する人を選任することが目的であるため，冷静に分析することが重要となる。

図表４－２　予算差異分析の流れ

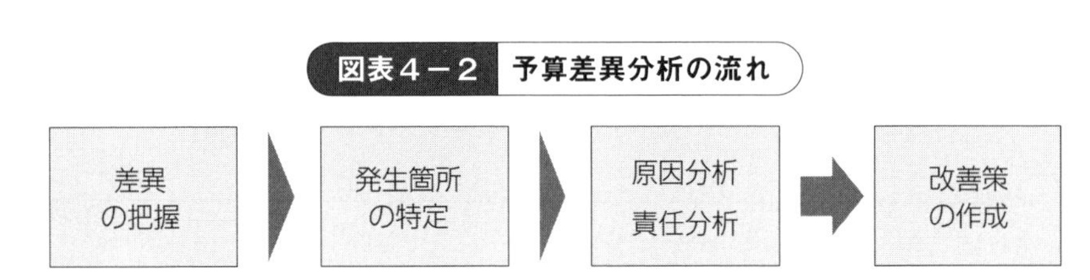

3．予算差異分析のやり方

分析とは，もともと「分けて折る」ことを意味しており，分けることが分析の本質だ。基本的には，２つの要素へ分解することから始める。この要素分解の切り口は数多くある。たとえば売上高についても，**図表４－３**にあるようにさまざまな切り口で要素分解することが可能だ。ただし問題の切分けにつながらなければ意味がないため，いくつかの切り口で試し，最も感度のよい切り口を見極める必要がある（**図表４－４**）。

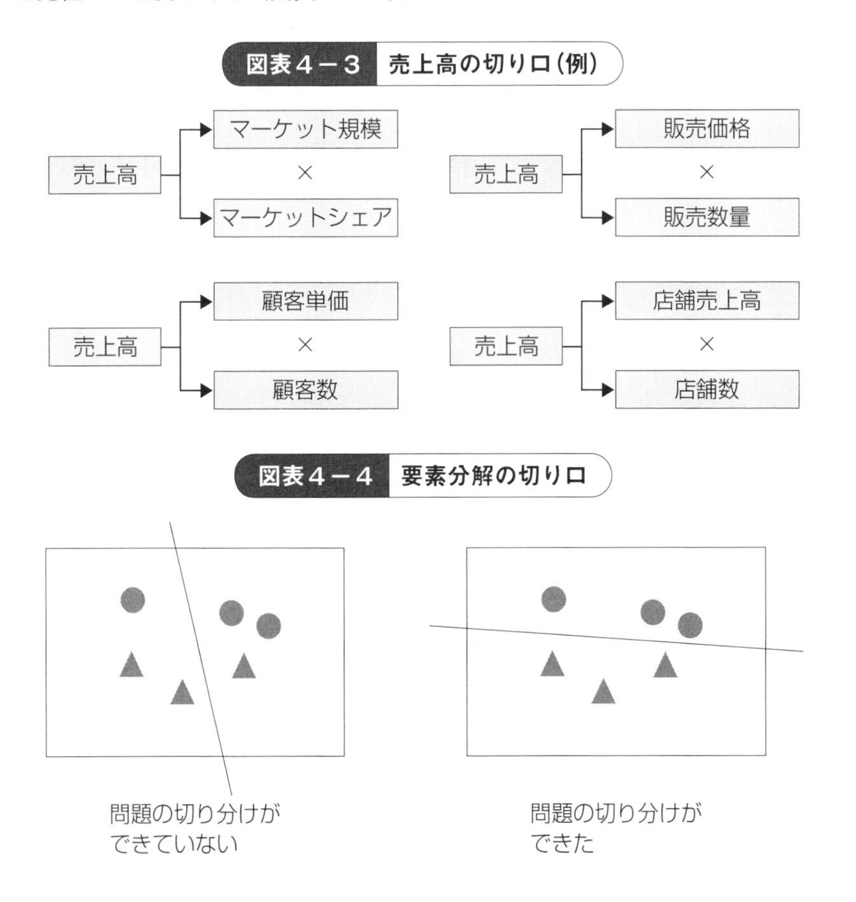

図表４－３　売上高の切り口（例）

図表４－４　要素分解の切り口

この分析に必要なスキルは，切り口の「引出し」を数多く持っていること，そして，どの切り口が最も効果的かを短時間で嗅ぎわける「センス」である。実際に分析に慣れてしまえば，直観的に最適な切り口を見極めることができるようになる。

要素分解で大切なことは「正しく分ける」ということだが，これに不可欠な技術がMECE（ミッシー）という考え方だ。MECEとはMutually Exclusive and Collectively Exhaustiveの略で，もれがなく，重複がないという状態を示す。たとえば**図表４－５**のように，男と女はMECEである。人間には（基本的に）男と女しかいないため，男と女以外にもれている人はいなく，男と女にダブっている人もいない。

図表４－５ MECE

一方，食べ物の要素分解として豚肉と鶏肉では，他にもれている食べ物がたくさんあるため，これはMECEではない。また果物とバナナはダブりがあり，果物以外の食べ物がもれているため，これもMECEではない。

以上の基本的な分析の考えに基づいて，主な分析手法を解説する。

（1）価格差異と数量差異

最も古典的な手法が価格差異と数量差異に分ける方法である。**図表４－６**にあるように，たとえば売上高に20,000円の予実差異が発生した場合，価格と数量のそれぞれの差異に分けることで，価格による影響と数量による影響を切り分けることができる。このケースでは，当初の予算で100円と設定した価格が実際には90円になってしまったことと，販売数量が当初1,100個の予算に対して実際は1,000個しか売れなかったという状況を示している。これにより，価格による差異が11,000円，数量による差異が9,000円とわかり，それぞれの影響の大きさを把握できる。

図表４－６　価格差異と数量差異の分析

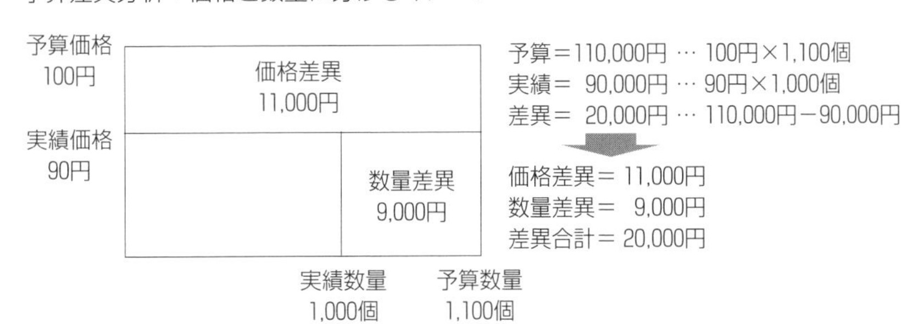

このような分析によって，もし価格差異が大きければ価格に対する対応をすべきであり，数量差異が問題であれば数量に対する対応をとるべきということがわかる。価格と数量を分ける理由は，販売価格を上げるという活動と，販売数量を増やすという活動がそれぞれ異なるからである。また販売部門において価格をコントロールできる人と，数量をコントロールできる人が異なる場合，責任の所在を切り分ける意味もある。たとえば価格は本社の判断で決定し，数量は営業担当の腕次第という場合，それぞれの責任の所在は明らかに異なってくる。

価格差異と数量差異を分ける差異分析は，売上高だけではなく，コストの分析にも活用できる。一方，現代の市場環境では，価格差異と数量差異に分けただけで解決の糸口が見えてくるほど単純な課題は少なく，特に売上差異については，より深い分析が必要になってきている。次に紹介するのがロジックツリーという比較的新しい分析手法だ。

（2）問題を絞り込むロジックツリー

ロジックツリーとは，問題を絞り込む場合や，解決案を探る場合に役に立つ分析ツールである。文字どおり，ロジック（論理）をツリー構造で分解していき，考えを分解，整理する技法である。

図表４－７は，売上差異（＝売上減）を例にしたロジックツリーである。売上差異を単に数量差異と価格差異で分解しても本質的な原因が見えてこない場合，別の切り口で深堀りをしてみる必要がある。ここではまず市場とシェアに分け，対象商品の市場規模が縮小したのか，あるいは自社のシェアが減少したのかを疑っている。仮に市場規模が縮小していたとしたら，さらになぜ市場規模が縮小したのかを考えてみる。このように考えられる要因（仮説）をあげ，データの確認（検証）を繰り返し，真の原因を特定する。

売上差異には影響する要因は数多くあるため，これらの要因を一度に考えても，なかなか頭が整理できず，真の原因までたどり着かない。ロジックツリーは全体像を捉えながら，１つ１つの事象を順番に考えることができるため，短時間に効果的な分析が可能となる。

ロジックツリーで注意すべきことは，まず分解した要素がMECEになっていることを確認することである。例えば図表４－７の例では，「市場規模の縮小」を「高価格帯市場の縮小」と「低価格帯市場の縮小」に分解しているが，市場全体を高価格帯と低価格帯の２つに分けているので，これはMECEである。もっとも，中価格帯もあるのではないか，あるいは超低価格帯もあるのではないかと疑う人もいるかもしれないが，市場全体を３つ，あるいは５つに分けることも可能であるため，分け方を検討してみる価値はある。いずれにしても，モレやダブりがないことを必ず確認する習慣が重要だ。ロジックツリーを使う目的の１つは，重要な視点をもらさないことにある。他にもれている要素はないかという意識を常に持ち続けることがポイントだ。

もう1つロジックツリーを作成する上で注意すべきことは，分解した要素の粒度を合わせることである。たとえば成年男子，成年女子，未成年の3つに分けた場合，これはMECEではあるが粒度が合っていない。成年と未成年，男子と女子が同一の粒度であり，成年男子と未成年は粒度が異なる。粒度が合っていないと検討の視点が見過ごされる危険性がある。成年については男子と女子を分けて考えたにもかかわらず，未成年は分けずに考えたとすれば，検討の視点がもれている。MECEになったからといって安心するのではなく，粒度を合わせることも忘れてはならない。

図表4－7　問題を絞り込むロジックツリー（収束思考）

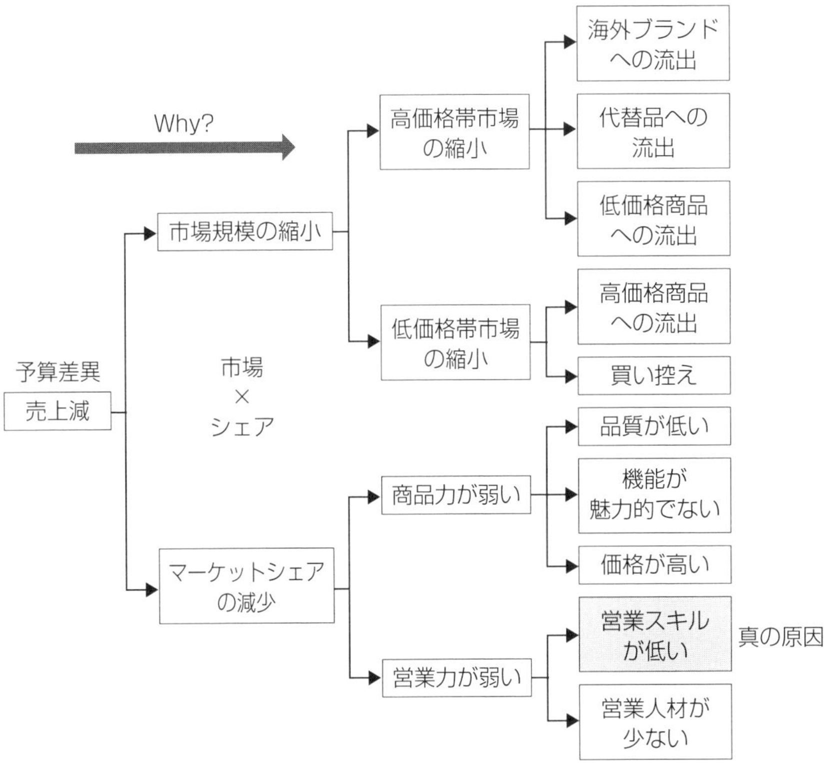

Why?

予算差異
売上減
市場×シェア
市場規模の縮小
高価格帯市場の縮小
海外ブランドへの流出
代替品への流出
低価格商品への流出
低価格帯市場の縮小
高価格商品への流出
買い控え
マーケットシェアの減少
商品力が弱い
品質が低い
機能が魅力的でない
価格が高い
営業力が弱い
営業スキルが低い
真の原因
営業人材が少ない

(3) 解決策を導き出すロジックツリー

ロジックツリーは解決策を導き出す場合にも便利なツールである。たとえば，原因を絞り込むロジックツリーによって「営業力の弱さ」が問題であると特定できた場合，今度は「営業力を高めるにはどうすればよいか」という課題からロジックツリーを作成する（**図表４－８**）。

原因を絞り込むロジックツリーがWhyを繰り返すのに対し，解決策を導き出すロジックツリーはHowを繰り返す。

図表４－８ 解決策を導き出すロジックツリー（発散思考）

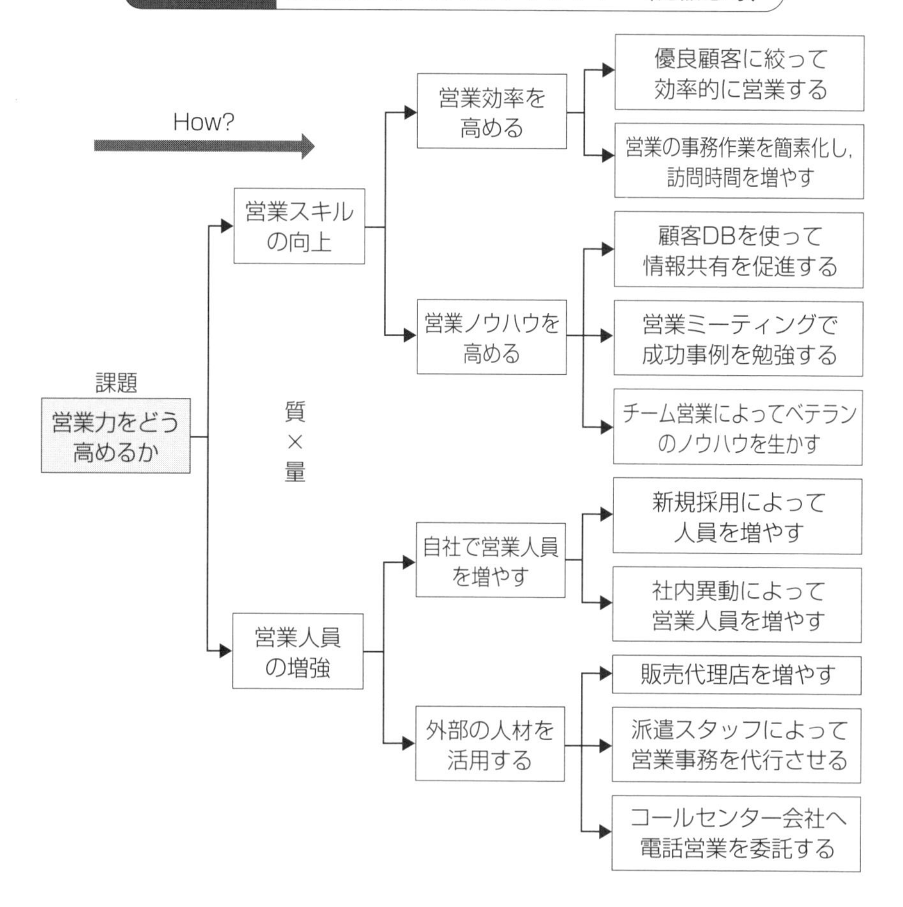

ロジックツリーの手法は，金魚すくいのコツとよく似ている。金魚すくいのコツは，まず水槽の全体をよく見渡してどの金魚をすくうかを決め，仕切り板を使って金魚を隅に追い込み，追い込まれて身動きのとれなくなった金魚をさっとすくい上げることである。問題解決もこれと同じで，答えを考える（金魚をすくう）ことよりも先に，答えを出すための「構造」を考えることがコツである（**図表４－９**）。

また解決案を導き出すロジックツリーで注意すべきことは「正しい質問をする」ことである。図表４－７のロジックツリーでは，問題点を絞り込むロジックツリーによって「営業力を高めるにはどうすればよいか」という「答えるべき問い」を導き出しているが，この質問自体が問題の本質でなかった場合，正しい答えは決して出てこない。

ビジネスにおける課題解決でよくあるミスは，正しい質問に間違った答えを出してしまうことよりも，間違った質問に正しく答えてしまうことのほうが圧倒的に多い。答えを急ぐあまり，問題の本質へせまる作業を怠り，表面的な問題点を解決しにかかってしまうのだ。したがって解決策を導き出すロジックツリーで最も重要なことは，「答えるべき問いは何か」を徹底的に考え，正しい質問をすることである。

図表４－９　金魚すくいのコツ

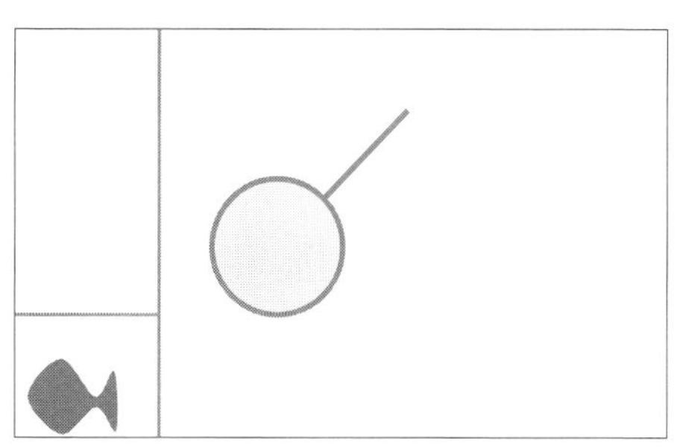

仕切り板を使って隅に追い込み，
身動きのとれなくなった金魚をさっとすくう

4．分析レポートの例

予算統制の運営方法は，一般的に定期的な経営会議にて，予算の予実を確認するレポートを使い，部門責任者がトップに対して報告する形がとられる。用いられるレポートの様式は企業や業種によってさまざまであるが，ここでは企業の実例をベースに代表的な分析レポートを紹介する。

分析レポートは大きく２つに分かれ，月次などの短期的サイクルで進捗状況を確認するレポートと，四半期や半期などの中期的サイクルで大きなトレンドを確認するレポートがある。もちろん業種業態によっては，短期的サイクルは月次ではなく，週次や日次の場合もあるが，ここでは一般的な月次管理を例に解説する。

月次のレポートは，主に日常のオペレーションを確認し，必要に応じてオペレーションレベルの改善策を打つために用いられる。一方，四半期や半期のレポートは，戦略レベルの仮説検証に用いられ，必要に応じて戦略や施策の修正や，予算の目標設定を軌道修正することが目的となる。

図表４－10　売上／利益情報

	当月										
	計画			実績			差異		計画		
	売上	粗利益	粗利率	売上	粗利益	粗利率	売上	粗利益	売上	粗利益	粗利率
第一営業部	300	100	33.3%	400	120	30.0%	100	20	900	300	33.3%
第二営業部	800	200	25.0%	1,000	450	45.0%	200	250	2,400	600	25.0%
第三営業部	800	150	18.8%	800	-100	-12.5%	0	-250	2,400	450	18.8%
第四営業部	700	150	21.4%	600	50	8.3%	-100	-100	2,000	450	22.5%
第五営業部	500	100	20.0%	500	100	20.0%	0	0	1,500	300	20.0%
合計	3,100	700	22.6%	3,300	620	18.8%	200	-80	9,200	2,100	22.8%

●分析のポイント

・全体：全体的に大きな差異がある部分はどこか

・売上と粗利益：売上の達成に追われ，利益を犠牲にしていないか

(1) 月次のレポート例

月次のレポートは，月別に立てた予算に対して実績を確認するもので，主に日常活動のチェックと修正のために用いられる。月次でチェックする項目は図表2－14で示したように，基本的に予算で立てた目標すべてであるが，固定費や金額の小さい費目など，あまり重要でない項目が混在してしまうと，レポートが見づらくなってしまう。そこで経営会議用に，重要な情報に絞ったフォーマットを用いるケースも多い。企業にとって特に重要な情報とは，売上，利益，受注，在庫，売掛金回収，資金繰りである。

①　売上・利益情報

図表4－10は，売上と利益を確認するレポート例で，当月，累積，年間見込みに分けて確認する典型的な例である。この中で特に重要なのは累計で，累計が予算を達成していれば当月の差異はそれほど問題にはならない。逆に累計が未達成であった場合は，仮に当月が目標をクリアしていても十分ではなく，過去のマイナス分を挽回するためのさらなる努力や改善が必要になってくる。

着地見込みについては，ここまで管理していない企業もあると思われるが，将来的な見通しを確認するための重要な項目である。我々が何か対処できるのは，過去ではなく，将来の見通しに対してだけだからだ。着地見込みの算出方

累積					年間							
実績			差異		計画			着地見込み			差異	
売上	粗利益	粗利率	売上	粗利益	売上	粗利益	粗利率	売上	粗利益	粗利率	売上	粗利益
1,100	320	29.1%	200	20	3,600	1,200	33.3%	3,500	1,000	28.6%	-100	-200
1,800	1,000	55.6%	-600	400	9,600	2,400	25.0%	9,800	2,800	28.6%	200	400
2,500	-300	-12.0%	100	-750	9,600	1,800	18.8%	9,900	1,900	19.2%	300	100
2,100	400	19.0%	100	-50	8,400	1,800	21.4%	8,300	1,700	20.5%	-100	-100
1,400	350	25.0%	-100	50	6,000	1,200	20.0%	6,100	1,300	21.3%	100	100
8,900	1,770	19.9%	-300	-330	37,200	8,400	22.6%	37,600	8,700	23.1%	400	300

・当月と累積：当月だけではなく，累積でも順調か
・年間：直近の動きだけではなく，年度末の着地見込みもある程度目途が立っているか

法は企業によってさまざまであるが，単に部門長の判断，あるいは営業担当の見通しを合算して立てる場合もあれば，受注見通しの情報をシステムで管理し，受注確度と受注予定額のデータから自動算出しているケースもある。

分析のポイントとしては，まず全体的に大きな差異がある部分に着目することが基本となる。そして差異に何らかの法則性がないかを分析する。大きな差異が発生した原因は，特定部門のパフォーマンスの問題なのか，あるいは市場環境に見過ごせない変化が表れているのか，マクロ，ミクロの観点から数字の

図表4－11　収支情報

			当月			累積		
			計画	実績	差異	計画	実績	差異
売上			1,900	2,200	300	5,700	5,400	-300
		第一営業部	300	400	100	900	1,100	200
		第二営業部	800	1,000	200	2,400	1,800	-600
		第三営業部	800	800	0	2,400	2,500	100
売上原価			1,450	1,730	280	4,350	5,190	840
		第一営業部	200	280	80	600	840	240
		第二営業部	600	550	-50	1,800	1,650	-150
		第三営業部	650	900	250	1,950	2,700	750
売上総利益			450	470	20	1,350	1,020	-330
		第一営業部	100	120	20	300	320	20
		第二営業部	200	450	250	600	1,000	400
		第三営業部	150	-100	-250	450	-300	-750
販売費および一般管理費			175	160	-15	525	480	-45
	販売費		75	60	-15	225	180	-45
		第一営業部	20	20	0	60	60	0
		第二営業部	30	20	-10	90	60	-30
		第三営業部	20	15	-5	60	45	-15
		その他	5	5	0	15	15	0
	一般管理費		100	100	0	300	300	0
営業利益			275	310	35	825	540	-285

●分析のポイント
- 全体：全体的に大きな差異がある部分はどこか
- 着地見込みの受注済と未受注を含む：着地見込みのうち，受注済以外の不確定部分はどの程度か
- 着地見込みの受注済と未受注を含む：現在までの累積状況から，着地見込みは本当に実現しそうか

意味合いを洞察する。重要なことは，単に問題点を探すことではなく，ビジネス機会も探すことである。実績が予算を大幅に上回っているところには，商機が隠れている可能性が高い。目標を上方修正し，思い切ったリソースのシフトを検討すべきかもしれない。予実管理では未達成の部分だけに目が行き，責任追及に走りがちであるが，少しマクロ的な観点から内部環境や外部環境の変化を読み解くことも重要となる。

②　収支情報

図表４－11は収支を確認する例で，売上総利益，営業利益の収支状況を俯

年間						
計画	着地見込み（受注済）	着地見込み差異（受注済）	進捗率	着地見込み（未受注を含）	着地見込み差異（未受注を含）	進捗率
22,800	13,800	-9,000	61%	23,200	400	102%
3,600	2,800	-800	78%	3,500	-100	97%
9,600	6,000	-3,600	63%	9,800	200	102%
9,600	5,000	-4,600	52%	9,900	300	103%
17,400	11,200	-6,200	64%	17,500	100	101%
2,400	1,900	-500	79%	2,500	100	104%
7,200	4,800	-2,400	67%	7,000	-200	97%
7,800	4,500	-3,300	58%	8,000	200	103%
5,400	2,600	-2,800	48%	5,700	300	106%
1,200	900	-300	75%	1,000	-200	83%
2,400	1,200	-1,200	50%	2,800	400	117%
1,800	500	-1,300	28%	1,900	100	106%
2,100	1,460	-640	70%	2,150	50	102%
900	660	-240	73%	950	50	106%
240	120	-120	50%	250	10	104%
360	300	-60	83%	380	20	106%
240	200	-40	83%	230	-10	96%
60	40	-20	67%	90	30	150%
1,200	800	-400	67%	1,200	0	100%
3,300	1,140	-2,160	35%	3,550	250	108%

・販売費：販売費の使い方に異常は見られないか。売上が厳しい場合には販売費を抑制し，利益の確保を優先すべきか
・営業利益：利益まで見渡したとき，異常値はないか。予算の見直しも含めて修正は必要ないか

瞰できるレポートである。この例の特徴は，収支の各段階を部門ごとに管理している点と，着地見込みについて受注済み（つまり確定分）と未受注（不確定分）を分けて管理している点だ。

着地見込みを分けている理由は，見通しの不確定部分を明確化することによって，目標が達成しないリスクを数字的に把握するためである。年度末の見通し（進捗率）が同じ100%であっても，未受注分が多ければ，それだけ達成しないリスクが高いとわかる。

収支を各段階で確認する理由は，売上と費用の各段階のバランスを見て，経営判断が必要になる場合があるからだ。たとえば，もし売上の達成見込みが極めて低い場合には，売上目標をあきらめて，利益目標だけでも達成するように経営の舵をきる必要も出てくる。昨今の不確実性の高い経営環境下では，売上が想定外に低くなるケースも容易に発生しうるため，売上だけでなく，各段階の利益も見ながら経営判断をすることが重要となってきている。

③　売掛金回収状況

図表４－12は売掛金の遅延発生と回収状況を確認する例である。売掛金は現金収支管理の中でも特に重要で，もし業績好調な企業でも黒字倒産する可能性があるとすれば，この売掛金回収ができなかった瞬間であろう。したがってトップマネジメントが日常のオペレーション上で常に注意を払うためにも，レポートとして見えるようにしておくことが重要となる。

このレポート例では営業部別に回収状況を管理しているが，回収責任が営業部門にある場合には，部門責任者に注意を喚起するために有効である。営業部門では売上の達成が最優先事項となり，売掛金回収がおろそかになりがちであるため，営業部門ごとに状況を確認し，組織としてしっかり回収に取り組む必要がある。

（2）四半期，半期のレポート例

四半期や半期に一度，月次よりも少し長いスパンで状況を分析すると，月次の管理だけでは見えてこなかった大きなトレンドが確認できる。この中期的サイクルのレポートは，日常のオペレーションの対応ではなく，戦略，施策レベ

図表4－12　売掛金回収状況

	前月以前発生分		当月発生分		当月残	遅延月数別			
	前月末残	回収実績	当月発生	回収実績		1カ月以内	2カ月以内	3カ月以内	3カ月超
第一営業部	60,000	10,000	20,000	5,000	65,000	15,000	5,000	5,000	40,000
第二営業部	0	0	0	0	0	0	0	0	0
第三営業部	0	0	0	0	0	0	0	0	0
第四営業部	250,000	40,000	90,000	80,000	220,000	10,000	15,000	40,000	155,000
第五営業部	0	0	0	0	0	0	0	0	0
全社合計	310,000	50,000	110,000	85,000	285,000	25,000	20,000	45,000	195,000

●分析のポイント

- 回収実績：未回収分について自社の問題か，取引先の問題か。自社の場合，誰の責任か。
- 回収実績：取引先の問題の場合，単なる手続きの問題か，与信の問題か。場合によっては他の取引も停止すべきか。
- 当月残：特定部門で回収が滞っていないか。部門固有のプロセスや意識の問題ではないか。
- 遅延月数別：3カ月超は実質回収不能とすべきか。
- 全社合計：全社的に未回収金が多い場合，与信プロセスや基準の見直しが必要か。

ルの軌道修正のために使うものだ。分析方法は，企業の戦略や施策の数だけバリエーションがあると思われるが，ここでは比較的応用がききそうな基本形を紹介する。

①　受注分析

図表4－13は，営業部門の受注状況を利益率と受注金額でマッピングした例である。営業で成果を出しているチームとそうでないチームを俯瞰し，そこから成功法則を導き出したり，うまくやっているチームをベストプラクティスとして，他のチームへ応用するなどの用い方をする。もちろん取り扱う商材や対象顧客が異なるため，一律の比較が適当でないケースもあると思われるが，単に予算の達成度だけからでは見えてこない示唆が得られる可能性もあり，定期的にいろいろな角度から分析してみることは有益であろう。

各営業チームは何らかの戦略や施策を持って取り組んでいるはずのため，この分析では各チームの戦略や施策の有効性を部門同士の比較によって明らかにすることができる。うまくやっているチームは，どのような戦略，施策をとっ

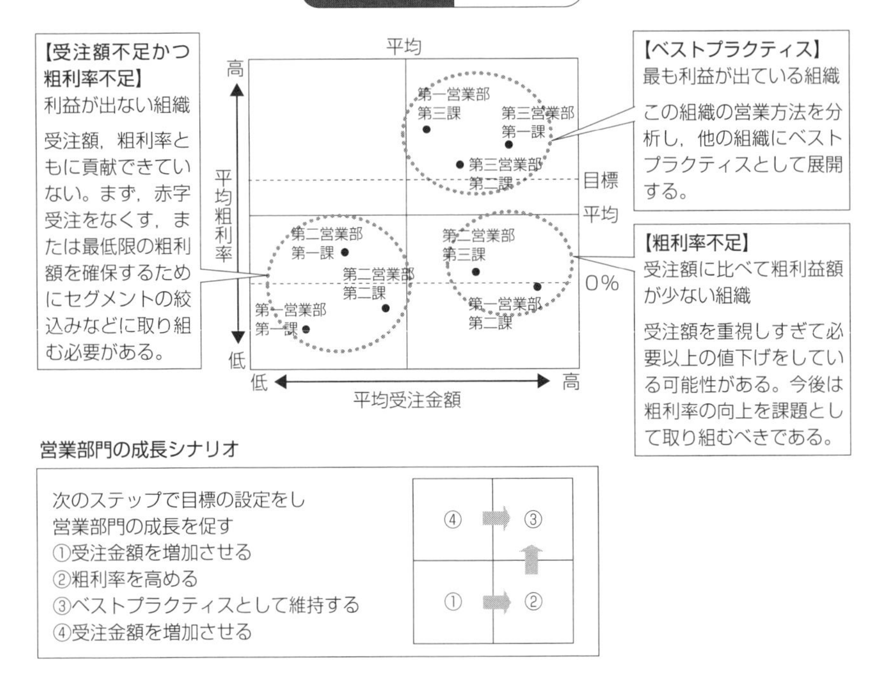

ているのか，あるいは自分たちのチームの戦略や施策は，どのように軌道修正するべきかという観点で分析をする。

マトリックスを用いた分析は，一般的な数字の一覧表とは異なり，視覚的に意味合いを見出しやすいという特徴がある。4つの象限に分けた場合に，それぞれの象限にどのような意味合いがあるのかを考えてみる。すると，グルーピングしたことによって初めて何らかの共通項や法則性が見えてくることがあり，マクロ的な視点で対応案を考えることができる。

この図の例では利益率と受注金額を軸にとっているが，それ以外にもさまざまなパラメータで応用することができる。たとえば訪問回数と受注金額を軸に取り，そこに正の相関関係が具体的に出ると面白いだろう。受注が伸びないのは訪問活動がしっかりやれていないためであり，まずは愚直に顧客訪問を増やすべきではないかという示唆を与えるからだ。それ以外にも，販売費と受注金額，利益率と受注単価，営業員数と受注金額，上司同伴訪問回数と受注率，残業時間と予算達成率など，いくつかの仮説をベースに軸をかえて分析してみるとよいのではないか。

②　顧客生涯価値分析

顧客生涯価値とは，顧客が取引を始めてから終わりまでの期間，つまり顧客の生涯を通じて自社にもたらす損益の累計を指す。顧客生涯価値が注目されるのは，新規の顧客を獲得するためには，既存の顧客を維持するコストの５倍が必要だとされるからである。したがって一時的な売上よりも，長期的な関係性を重視し，自社にとって本当に大切な顧客を理解することが重要となるのだ。

図表４－14は，顧客生涯価値の分析例で，過去３年間の累積営業利益額のトップ10を一覧にしたものだ。ここでは自社にとって重要な顧客を理解することが１つのポイントであるが，生涯価値の経年変化を見て，価値が上がっているか，下がっているかによって対応を検討することもポイントとなる。

企業が顧客と安定的にお付き合いするためには，顧客生涯価値を順調に高めていく必要がある。そのためには定期的に顧客生涯価値をモニタリングし，その傾向に問題があれば早めの対処をしなければいけない。またベストプラクティスがあれば，それを他の顧客へ応用するなどして，営業戦略へ展開することも肝要だ。

図の例では，顧客生涯価値を４つのパターンに分け，その対応方法の例をあげている。たとえばパターン②のように，優良顧客の収支が悪化傾向にある場合は，何か現場で問題が起きていると考えられ，早急に手を打たなければ大切な優良顧客を失うことになりかねない。またパターン④のように常に生涯収支がマイナスで，かつ悪化傾向にある場合には，その顧客との付き合い方を根本的に見直すべき段階に来ていると考えられる。

このような戦略的なPDCAを回すには，通常の予算統制の管理だけでは不十分である。月次レベルの短期的管理はもちろん必要であるが，四半期や半期ごとに戦略レベルの分析も行い，適宜，軌道修正していくことが必要だ。

図表４－14　顧客生涯価値分析

顧客別生涯価値一覧　累積営業利益額トップ10

顧客名	営業担当	収支	前々年度実績			前年度実績			当年度実績		
			売上	営利益	営利率	売上	営利益	営利率	売上	営利益	営利率
○○自動車	鈴木	単年度	32,000	4,000	12.5%	30,000	3,800	12.7%	28,000	3,600	12.9%
		累積	32,000	4,000	12.5%	62,000	7,800	12.6%	90,000	11,400	12.7%
○○製作所	高橋	単年度	17,000	2,800	16.5%	19,000	2,600	13.7%	21,000	2,400	11.4%
		累積	17,000	2,800	16.5%	36,000	5,400	15.0%	57,000	7,800	13.7%
○○テック	山本	単年度	20,000	2,400	12.0%	22,000	2,200	10.0%	24,000	2,000	8.3%
		累積	20,000	2,400	12.0%	42,000	4,600	11.0%	66,000	6,600	10.0%
○○商社	佐藤	単年度	18,000	2,000	11.1%	20,000	1,800	9.0%	22,000	1,600	7.3%
		累積	18,000	2,000	11.1%	38,000	3,800	10.0%	60,000	5,400	9.0%
○○食品	上田	単年度	12,000	1,500	12.5%	14,000	1,300	9.3%	16,000	1,100	6.9%
		累積	12,000	1,500	12.5%	26,000	2,800	10.8%	42,000	3,900	9.3%
○○大学	松本	単年度	11,000	1,300	11.8%	13,000	1,100	8.5%	15,000	900	6.0%
		累積	11,000	1,300	11.8%	24,000	2,400	10.0%	39,000	3,300	8.5%
○○商店	吉岡	単年度	13,000	1,100	8.5%	15,000	900	6.0%	17,000	700	4.1%
		累積	13,000	1,100	8.5%	28,000	2,000	7.1%	45,000	2,700	6.0%
○○運輸	清水	単年度	14,000	1,000	7.1%	12,000	800	6.7%	11,000	700	6.4%
		累積	14,000	1,000	7.1%	26,000	1,800	6.9%	37,000	2,500	6.8%
○○電気	鈴木	単年度	9,000	1,000	11.1%	7,000	800	11.4%	5,000	600	12.0%
		累積	9,000	1,000	11.1%	16,000	1,800	11.3%	21,000	2,400	11.4%
○○ハウス	上田	単年度	8,000	700	8.8%	10,000	500	5.0%	12,000	300	2.5%
		累積	8,000	700	8.8%	18,000	1,200	6.7%	30,000	1,500	5.0%

顧客生涯価値のパターン

（過去３年間）

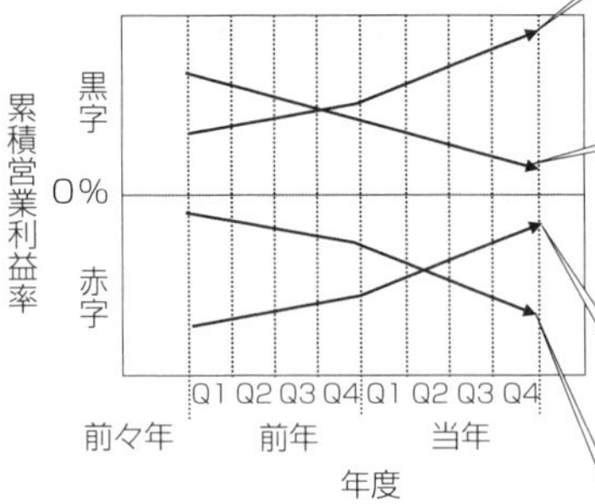

【パターン①ベストプラクティス】
累積営業利益率：上昇傾向かつ黒字
- なぜこの顧客が利益をあげやすいのか分析し，他の顧客に展開する。

【パターン②要注意先】
累積営業利益率：低下傾向かつ黒字
- 受注時の決裁権限を上位者に移す。
- 優秀な人材を営業担当に切り替える。
- 月次などで定期的に状況をモニタリングする。

【パターン③要管理先】
累積営業利益率：改善傾向かつ赤字
- 月次などで定期的に状況をモニタリングし，黒字化できそうか判断する。

【パターン④撤退候補】
累積営業利益率：悪化傾向かつ赤字
- なぜこの顧客の生涯収支が下がっているのかを分析する。
- 撤退することも含めてリカバリープランを作成する。

<ケーススタディ１>
管理のための管理に翻弄される人々

大手ハイテク企業のA社は，各事業の収支を正確に捉えるために，本社費用をどのように各事業部へ配分するかを悩んでいた。A社では，経理部や経営企画部などのいわゆる本社費用を，各事業部に配賦して事業部収支を算出していた。しかし，数百名のスタッフを抱える本社の費用は大きく，事業部収支に与える影響も無視できないことから，事業部からは不満の声があがっていた。問題点は２つあり，１つは費用の配賦ロジックが不明瞭であり納得感がないこと，もう１つはそもそも本社費用がブラックボックス化しており無駄が多いのではないかという疑念であった（**図表４－15**）。

そこでA社では「ホワイトカラーの生産性向上」と題して，本社部門に対してABC（Activity Based Costing）的な手法を取り入れることにした。具体的には，各担当が自分の業務について，活動と時間を日々入力するというものだ。たとえば，伝票チェックに30分，資料作成に１時間，会議に20分といった形で，何にどれだけの時間を使用したかをシステムへ入力するのだ。これによってブラックボックス化されていたバックオフィス業務が可視化される。また活動の

図表４－15　本社費用の配賦

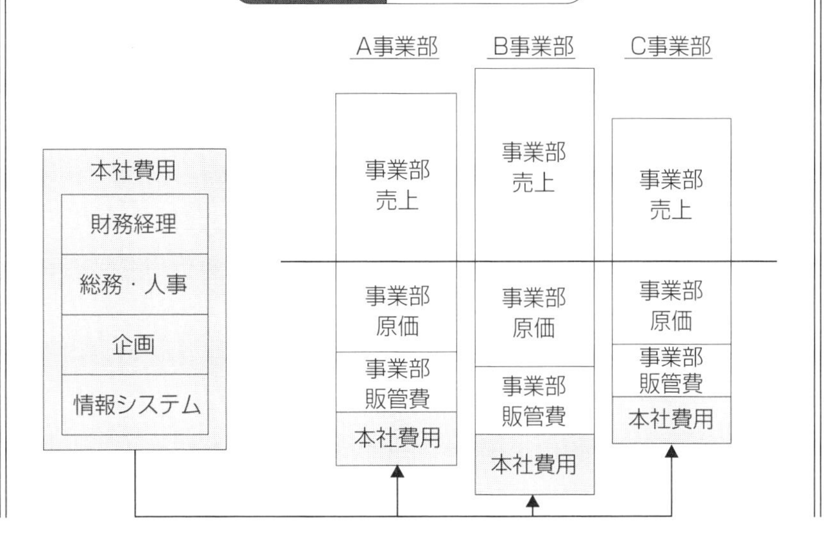

性質によって，費用をどの事業部に配賦すべきかを決めることができ，事業部からすれば費用の明細を確認できることになる。

ABC導入の狙いは，各事業部の納得感を高めることとともに，本社業務の生産性向上であった。バックオフィス業務の実態が可視化されることによって，無駄な業務の発見や是正がやりやすくなる。また事業部からも牽制機能が働き，コストに見合ったサービスが提供されなければ，業務レベルで文句が出てくるようになる。このABCの導入は，理論的には本社業務にコスト意識とサービス意識を持たせる実に真っ当な施策であった。ところが実際には失敗の始まりにすぎなかった。

1つの大きな問題は，活動の入力項目が細かすぎることであった。たとえば会議1つをとっても，その会議の種類によって部門会議，チームミーティング，連絡会議など，10数種類の項目に分かれていた。業務担当者は，システムの入力画面から，まず大項目を選び，プルダウンメニューを何度もたどって特定の活動項目を選択する。1日に10も20も活動を入力しなければならず，業務担当者は1日分を入力するだけで30分もかかった。手間がかかることと不慣れなこともあって，多くの担当者はしっかりと入力をしなかった。管理職も，この入力作業に価値があるとは考えず，しばらく放置された。

状況が一変したのは，経営会議でこの集計レポートが報告された時だった。システムにデータがきちっと入力されていなかったため，本社部門の社員がほとんど仕事をしていないような活動報告がされたのだ。本社部門の責任者は凍りついた。データ不備とはいえ，ブラックボックスを開けてみたら「実にいい加減な仕事をしていた」とトップマネジメントの面前で公表されたからだ。その後，本社部門の責任者は自部門の担当へシステム入力の徹底を図った。それはまるで，突然ABCが部門の最重要事項となったかのようであった。

ようやくデータが正しく反映されるようになった頃，次の事件が起きた。経営会議にて，業務の付加価値分析の資料が提出されたのだ。このレポートでは，活動項目を付加価値のある業務とない業務に分け，その割合を示していた。付加価値のある業務とは，本社業務は事業部へのサービス提供がミッションとの考えから，事業部への直接的な業務を付加価値のある業務，それ以外を付加価値のない業務とした。そのためレポートでは，本社業務の大半が付加価値のない業務と分析されてしまった。本社部門の責任者はまた凍りついた。その後，本社部門の責任者は自部門の担当へ，なるべく付加価値のある業務へ入力するよう指導の徹底を図った。その結果，翌月には付加価値業務の割合がぐっと高まった。

いったいこの入力作業に何の意味があるのだろうと皆は思ったが，部門長の直接の指示であったため，何よりも優先して日々入力作業が行われていった。かくして，膨大な時間とコストが費やされていったのだ。

そのうちABCに対する経営陣の関心がなくなっていき，このレポートも報告されなくなった。しかしABCの廃止を決定したわけではないため，担当者は入力作業を続けていった。そして本社スタッフは，もはや誰も見ていないレポートのために，その後何年もの間，膨大な入力作業を続けるはめとなった。

この件を通じてA社は2つの教訓を得た。まずABCなどの経営管理の扱いには，現場の業務負担を常に考えなければいけないという点だ。経営陣や企画スタッフは，わりと安易に新しい経営管理を導入したり，管理の視点を変えたりすることがあるが，これにより現場が大混乱することがあるのだ。もう1つの教訓は，不要な管理は明確に廃止を宣言すべきということだ。管理というものは始めるのは簡単だが，やめるのは難しい。マネジメントにおいて「何をすべきか」は重要であるが，「何をやめるべきか」も同じくらい重要となる。

■ 第5章

予算管理の高度化

1．予算不要論という考え方

予算不要論という言葉は，1990年代の終わりごろから聞かれるようになり，「脱予算経営」や「Beyond Budgeting」という言い方もされる。1997年に国際的な研究団体であるCAM－I（Consortium for Advanced Manufacturing International）の協力のもと，BBRT（Beyond Budgeting Round Table）が発足した。その後60社以上の企業がBBRTへ参加し，予算管理に代わる新しいマネジメントモデルとして予算不要論が提唱された。予算不要論では，従来の予算管理に関わるさまざまな弊害や問題へ対処するため，むしろ予算管理を廃止して，他の管理手法で代替することを提案している。

（1）従来の予算管理の課題

予算不要論で指摘する予算管理の課題は，本書の第1章で説明してきた課題と概ね同じであるが，主な課題は下記のとおりである。

① 予算編成や予算統制に膨大な時間とコストを浪費している
② 予算により計画が固定化され，経営環境の変化に対応できない
③ 目標設定のための社内の駆け引きが最優先されている

予算不要論では，このなかでも特に予算の目標設定と業績評価の課題を問題視している。予算不要論の提唱者であるジェレミー・ホープとロビン・フレーザーは，従来の予算管理と業績評価によって形成された社員の典型的な考え方を次のようにあげている。

① 報酬を最大化するためには，最低の目標値になるように交渉すべきだ

仕事で頑張って高い目標を達成するよりも，社内の政治的な交渉で頑張ったほうが得だと考えてしまう。

② どのような手段を使っても高い報酬を目指すべきだ

報酬を最大化するための活動は正当化されてしまい，押込み営業などの不正まがいな営業活動が横行してしまう。

③ 必要以上に顧客のことを考えるべきでない

顧客満足は報酬体系に入っていないため，顧客のためではなく，目標達成のために自社製品を売ろうとする。

④ 他のチームは競争相手であり，情報を共有すべきでない

競合他社に勝つことを考えるよりも，社内の敵を打ち負かすことを考えてしまう。チームのリーダー同士も，本社からの予算配分を奪い合う関係にあるため，情報を遮断して協力しようとしない。

⑤ 予算のリソースは必要以上に要求すべきだ

最終的な調整でリソース配分はカットされるため，最初から必要以上に要求しておこうとする。

⑥ 予算は使い切るべきだ

予算を使い切らなければ，過度に要求したことへの責任が追及され，次年度の予算がカットされてしまう。

⑦ 目標の未達を説明できるようにしておくこと

予実差異でマイナスが出た場合，うまく説明ができなければいけない。そのため，うまく言い逃れができる説明スキルが重要となってくる。

⑧ 不利な情報を報告すべきでない

目標を下回る業績を報告すると上司から叱責され，上回る業績では目標を吊り上げられるかもしれない。当たり障りのない情報を報告しようとする。

⑨　目標数値の達成は絶対であり，実績の操作も仕方がない

行き過ぎた目標達成意欲は会計操作を生み出す。実績に余裕があれば隠しておき，足りない時に実績へ紛れ込ませる方法がとられる。

⑩　予算どおりにやるべきで，リスクをとるべきでない

予算に含まれていない計画は，仮にビジネスチャンスであってもやらない。リスクをとって成功しても独断だとして責められ，失敗したらクビになるかもしれないからだ。

（2）予算不要論の基本的な考え方

ホープとフレーザーによると新しいマネジメントモデルには，変化適応型プロセスによるマネジメントの6原則があるという。変化適応型プロセスとは，従来の予算管理が社内交渉によって目標設定し，固定的な業績評価をする方法であるのに対して，顧客や市場の変化に適応する代替的な管理のプロセスを指す。6原則とは，以下のとおりである。

①　相対的改善を狙ったストレッチな目標設定

内部の交渉によって目標設定をするのではなく，競合他社との比較によって目標設定をする。従来の目標設定では，いかに低い目標設定を交渉できるかが重視され，ストレッチな目標設定を阻んでいた。野球を例にとると，ゲームに勝つためには相手チームより点数を多く取らなければいけない。3点取ればよいという固定的な目標ではなく，相対的である。そのため各プレーヤーはよりよいプレーをするために全力を尽くすことになる。

競合他社との比較以外では，社内の競争相手に対する相対的な業績改善に基づいて設定する方法もある。たとえば地域，支店，工場ごとに競争させ，上位に入ることを目標とするなどである。このような相対的な目標設定は，目標値を下げるという無駄な交渉をなくし，また目標をクリアすればそれ以上努力しないという弊害を取り去り，よりストレッチな意欲を引き出すことができる。

②　相対的な高さに基づいて事後的に評価する

事前に合意された固定的な目標に対する達成度で評価するのではなく，他社や前年実績などと比較した相対的な高さによって評価をする。考え方は①の相対的な目標設定と同じで，相対的な高さに基づいて報酬を決めるという方法だ。相対的に評価するため，事後的にしか評価結果はわからない。

また個人ではなく，チーム全体を評価することも効果がある。チーム単位で相対評価を行い，個人ではなくチームに対して報酬を決定することによって，多くの組織に蔓延している「自分の縄張りを守る」という意識を取り除く効果がある。

評価の計算方法は企業によってさまざまであるが，１つの方法は**図表５－１**のような業績評価計算表を作成し，対競合他社，対競合チーム，対前年実績などの複数のパラメータをウェイト付けし，総合得点を付ける方法だ。このウェイト付けとは，パラメータによって難易度や重要度を考慮するためのものである。

図表５－１　相対評価の業績評価計算表イメージ

業務評価指標	ウェイト	得点	評価
対競合他社	40%	80	32
対競合チーム	30%	120	36
対前年実績	30%	60	18
総合評価			86

③　アクションプランの策定を継続的かつ包括的なプロセスにする

予算を中心に事業を行うと，計画が会計年度の１年という単位に縛られてしまい，向こう１年の行動を決定してしまう。しかし経営環境は常に変化しているため，アクションプランは継続的に作成し，修正することが望ましい。また戦略的な事項については，１年という単位は適切ではなく，むしろ３年，５年単位で計画の策定と修正を行うべきである。これによって，管理職は数字の交渉や決められた計画を実行するよりも，変化への対応と，顧客や株主の価値を創造することに専念するようになる。

また戦略策定プロセスは各部門に移譲することも重要となる。変化に適応するためには，市場に一番近いところで戦略策定と修正を行える権限が必要となるからだ。

④ 必要となる経営資源を利用可能にする

必要となる経営資源は予算に基づいて事前に配分するのではなく，ルールに基づいて必要な時に必要なだけの資源を利用可能にする。ここでいうルールとは，一般的には投資対効果を表すKPIと一定のガイドラインを指す。このルールに基づいて事業部門でかなりの権限をもって承認できるようにする。

従来の予算では，予算編成時に１年に１度のサイクルで承認手続きが行われていたが，必要な時に柔軟な意思決定をすべきである。

⑤ 顧客ニーズに対応する社内横断的行動の調整

部門横断的な調整は年次予算で行うのではなく，顧客ニーズに基づいて社内横断的行動をダイナミックに行う。販売部門と製造部門といった部門横断的な調整は，従来は予算編成の調整機能でまかなってきた。しかし予算を用いないマネジメントではこのような計画が存在しないため，顧客ニーズの変化に合わせて社内横断的な行動を調整することが必要となる。

固定的な計画では製造部門が生産能力を最大化しようとし，在庫の積み増しによって廃棄損が発生したり，顧客のニーズへ正確に応えることが後回しになるなどした。予算を廃止した企業では，顧客ニーズに応えることを組織の共通の目的にし，各部門が協力して対応しようとする風土を生み出している。

⑥ 効果的なガバナンスと相対的な評価指標によって管理する

予算に対する固定的なレビューではなく，相対的な評価基準による効果的なガバナンスによって管理する。従来の予算管理では，予算と実績の対比で管理するのが一般的だが，予算を廃止した企業では複数のツールを併用して管理を行っている。その１つはローリングフォーキャストであり，将来の業績を迅速かつ正確に見通すことに役立てている。バランス・スコアカードのようなKPI

を用いた管理も主流で，過去の業績や将来の予測を確認している。また業績のランキング一覧表を作成し，マネージャーが自分の相対的順位を確認できるようにしているケースもある。

(3) 組織の分権化

新しいマネジメントモデルでは，組織を本社中心ではなく，徹底的に分権化することを提唱している。分権化とは，現場へ権限を委譲すると同時に，責任も移譲することである。重要なことは，戦略的思考と意思決定に関する責任を，本社から顧客に一番近いところにいる従業員に移すことだ。従業員に十分な責任と権限が与えられると，従業員は自ら業績を改善することに動機づけされる。また従業員にとって一定の業務方針と評価基準は必要であるが，詳細な予算は不要である。

ホープとフレーザーは，徹底的な分権化のために実施すべきことを6原則としてまとめた。

①　明確な原則と境界を示すガバナンスを規定する

組織において従業員は，自分のできることとできないことを知るために，明確なガイドラインを必要としている。しかし予算に基づく細かなガイドラインを規定するのではなく，最低限の原則，価値および境界だけを規定すべきである。またリーダーは命令者ではなく，コーチやメンターといった「支援者」としてリーダーシップをとるべきである。

②　相対的な好業績をあげる組織文化を醸成する

競合他社よりも高い業績を出し続けることができれば，企業は成功し，存続することができる。したがって目標は社内の絶対的な数値ではなく，市場における相対的な数値である。そこにおけるリーダーの役割は，従業員の意欲をかき立てることであり，そのために多くの時間を割かなければならない。

③　現場で意思決定できる権限を付与する

現場では戦略的な方向性は必要とするが，詳細な計画は必要としていない。

会社に依存する文化ではなく，会社に責任を持つ文化を育むためには，現場の従業員にリスクへ挑戦させ，戦略に関与させ，現場で意思決定できる権限と責任を移譲することが必要となる。

④　顧客価値を創造する小さなチームの組織を作る

コスト競争力を求めるとビジネスユニットは拡大する傾向があるが，顧客価値の創造を重視するとビジネスユニットは小さくなる傾向がある。小さなチームの組織は，より起業家精神にあふれたビジネスの創造を促し，若いマネージャーに顧客価値を創造する機会を与える。

⑤　顧客ニーズを満たす責任を現場に付与する

本社が販売目標や奨励商品を決めるのではなく，現場の従業員が顧客ニーズに基づいて意思決定する。一定の収益性があれば，現場で商品の選択や価格の調整をできるようにする。また現場が事業全体にわたる情報を共有できる仕組みを作り，アイデアやベストプラクティスを横展開できるようにする。

⑥　組織全体にオープンな情報システムを提供する

権限のある一部のリーダーだけが情報にアクセスできる仕組みではなく，組織の全員がタイムリーに同じ情報を取得できる環境を整える。情報をオープンにすることによって，情報が一瞬にして競合相手に渡るかもしれない。しかし権限移譲された組織では，陳腐化した予算に基づいて行動するのではなく，従業員を信頼し，従業員が顧客や競合他社の動きをいち早く察知し，対応することを奨励しなければいけない。

（4）予算管理を廃止した企業事例

予算管理を廃止した企業はヨーロッパを中心に多く存在する。予算を廃止した企業は，決してBBRTや研究者の指導によって廃止したわけではなく，BBRTの発足よりも前から予算をとりやめ，そしてうまく管理を行っている。BBRTや研究者はそれらの企業を研究し，体系化しているにすぎない。

①　銀行の事例

予算管理をやめた企業事例としてホープとフレーザーが紹介している企業に，スウェーデンのスベンスカ・ハンデルスバンケンという銀行がある。この銀行は北欧４カ国とイギリスに550の支店を持ち，1970年の初めに予算管理を廃止して以降，好業績を維持している。

組織はフラットであり，CEO，地域ブロックマネージャー，支店長の三階層しかない。社員にオーナーシップを持たせるため，約600に及ぶプロフィットセンターを設けている。下部組織への権限移譲が進んでおり，たとえば各支店は自由に手数料や値引きを設定でき，どの商品を販売するかも決定できる。支店長にはスタッフを採用する権限や給与を決定する権限が与えられており，設備や不動産リースを交渉するなどの裁量も与えられている。

支店はコスト削減，顧客満足，売上増に責任を持つが，売上目標は存在しない。評価は支店同士の相対順位で決まる。支店は11の地域ブロックに分けられ，スポーツのリーグ戦のように各支店が競い合う。支店同士は費用対収益比や行員１人当たりの利益で争い，リーグ成績表と呼ばれる一覧表に各支店の順位が公表される。

しかしリーグ成績表によって報酬が決まるわけではない。好成績により得られるものは，同僚や他支店から称賛されるという精神的な報償だ。これではモチベーションが上がらないのではと心配になるが，実際には支店同士のプレッシャーにより，リーグ成績表の下位で低迷するわけにはいかず，いい意味で社内競争が機能しているという。

経営管理の観点では情報システムがかなり充実している。過剰な割引き，他行に鞍替えする顧客，異常な取引高のパターンなどを本社が監視できる仕組みを整えている。また四半期ベースのローリングフォーキャストを導入しており，キャッシュ・フローが改善しているのか，悪化しているのかをモニタリングしている。

②　卸売企業の事例

もう１つはスウェーデンの卸売企業であるアールセルだ。予算管理を1995年に廃止して以来，家電，暖房機器，配管器具など基幹商品の収益性で高い業績を出し続けている。

同社は権限移譲を進めるため，当時14拠点であったプロフィットセンターを200以上に独立させた。地域ブロックに所属する暖房担当チーム，排水担当チームといった商品分野別のプロフィットセンターは，お互いに熾烈な競争を繰り広げている。

本社は詳細な販売計画を作成せず，指針だけを発表する。各チームには権限が移譲されており，給与水準や値引率の設定のみならず，雇用や解雇の権限も与えられている。

経営管理の観点では，同社は予算管理の代わりにKPIを活用している。たとえば営業部門の主要なKPIは，利益成長，売上高利益率，粗利対人件費比率，マーケットシェアなどである。またローリングフォーキャストも活用しており，四半期単位でローリングさせながら予測を作成している。この情報は，あらゆる職位の社員が利用できるようにしている。そして業績評価は相対的基準をとっており，対前年度の売上高利益率に応じてボーナスを支給している。

（5）日本における予算不要論

ホープとフレーザーの共著書『脱予算経営』が2005年に出版され，日本でも予算不要論が注目を集めた。しかし，この新しいマネジメントモデルは，これまでのところ日本では浸透していない。

日本でも予算を作らないという企業もある。たとえば京セラでは予算を作成しておらず，アメーバ経営と呼ばれる独自の管理手法を採用している。しかし京セラは予算不要論との関連で取り上げられている形跡はなく，BBRTの動きとは関係がない。

予算不要論が浸透しない１つの課題は，相対的な業績評価が現実的に困難な点があげられる。競合他社との比較といっても，比較対象となるデータをタイムリーに取得することは難しい。企業全体の売上や利益などは公表されるが，組織の評価に用いるセグメント別のデータなどは企業によって定義がばらばらであるし，業種業態によっては公開情報が存在しない場合も多い。

また社内の競合チーム間での比較による評価にも問題がある。支店や工場ごとに企業内で競わせるといっても，担当する顧客の種類や取り扱う製品の性質が異なり，売上や利益を一律に比較することが馴染まないケースも多い。たとえば首都圏と地方の営業支店を売上で比較しても意味がないし，新規開拓のステージにある支店と成熟した支店を同じ物差しで比較することにも違和感があるようだ。

予算不要論の着眼点は興味深いものであり，共感できる部分も多い。また多くの研究者のテーマにもなっている。しかし実際の日本企業において予算を廃止するという発想は，まだまだハードルが高すぎるようである。

(6) 予算管理に代替するツール

予算を廃止した企業の多くは，いくつかの代替する管理ツールを活用している。その代表的なツールは，バランス・スコアカード，ABC／ABM，ローリングフォーキャストなどである。これらのツールについては，本章の中で後述したい。

2. バランス・スコアカードと予算管理

バランス・スコアカードの登場は，ハーバード・ビジネス・スクール教授のロバート S. キャプラン氏と，経営コンサルタントのデビット P. ノートン氏が，1992年に「新しい経営指標：バランス・スコアカード」と題して，ハーバード・ビジネス・レビュー誌で発表した論文が最初である。

それまでの工業化社会においては，経営の評価は財務諸表が中心であり，資産を効率的に配分して資産効率を図ることによって，十分にマネジメントができていた。ところが，現代の情報化社会では，財務上の資産を適正配分するだけでは競争優位性を確保することができなくなり，目に見えない資産，つまり顧客との深い関係性や社内の技術力，有能な社員など，財務諸表上には表れない資産こそが，競争の源泉となるようになってきた。この財務諸表には表れない非財務的な企業価値を，どのように評価するというテーマをキャプランとノートンは研究し，財務と非財務をバランスよく評価すべきであるという研究成果を発表した。

（1）バランス・スコアカードとは

バランス・スコアカードとは，財務諸表のように「財務の視点」だけではなく，それを達成するために必要となる「顧客の視点」，「内部ビジネス・プロセスの視点」，「学習と成長の視点」という4つの観点からバランスよく評価する管理手法である。バランス・スコアカードの「バランス」という意味合いは，財務と非財務，内部と外部，短期と長期の3つのバランスのことを指している。

従来の業績評価は，売上や利益といった財務へ偏重していたため，経営者の志向が短期的になりやすく，目先の利益のために品質や技術といった非財務の側面が犠牲になることが問題視されていた。

たとえばコストカットによって品質を落としても，短期的には財務の評価はよく見えてしまう。しかし長期的には顧客からの評判が悪くなり，じんわりと売上が下がってくるだろう。また従業員をリストラした場合，短期的には利益を押し上げることができるだろうが，それにより長期的な技術力やノウハウ，従業員のモチベーションを失うことになりかねない。

このように財務に偏重した業績評価には数々の問題点があるため，財務だけを評価するのではなく，将来の財務を生み出すプロセスや組織の価値も評価に入れるべきだというのがバランス・スコアカードの考え方だ。

ここで疑問として浮かび上がるのは，もともと日本は顧客重視であり，またTQM（総合的品質管理；Total Quality Management）にみられるように，業務プロセスを重視していたではないかという点である。実は，キャプランとノートンはかなり日本の競争力を意識して，ある面では日本を1つのモデルとしてバランス・スコアカードを体系化した経緯がある。しかし日本的経営にも問題がある。業務改善などが1つの活動として独立してしまい，財務や経営戦略とのリンクがとれていないことが多い。財務目標や経営戦略がどうであれ，それとは別に業務改善活動に取り組んでいたのである（**図表5－2**）。

バランス・スコアカードは，日本の良さと欧米の合理性を併せ持っている。財務目標が引き続き重要であることを強調しつつ，それを実現させるための非財務的要因を財務目標や経営戦略とリンクさせて，企業全体の営みを体系化し

図表5－2　従来の経営志向とバランス・スコアカードの違い

●欧米の志向：財務中心／株主価値を強く意識

財務　｜　顧客／プロセス／従業員

・短期的な視野に陥りやすい
・顧客や従業員がしばしば犠牲に

●日本の志向：顧客・品質主義／業務改善を強く意識

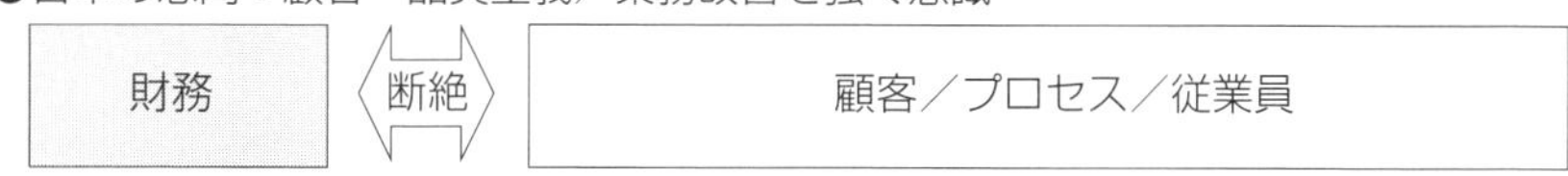

・株主軽視，非効率に陥りやすい
・戦略性がなく，目標も不明瞭に（結果オーライ型）

●バランス・スコアカード：財務・非財務のバランスとリンケージを強く意識

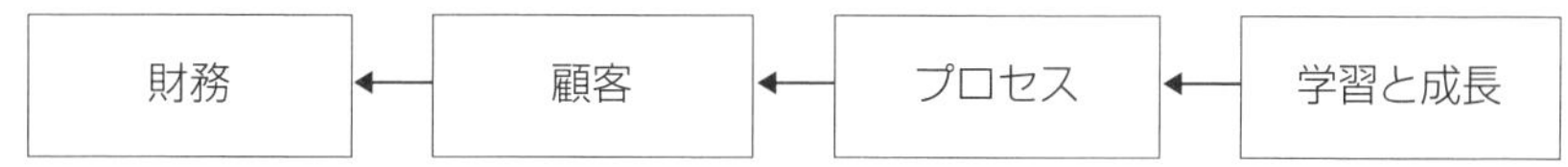

・短期的成果と長期的競争力の両方を評価
・最終目標の達成にすべてがリンク

たところに大きな功績があったわけだ。

（2）バランス・スコアカードの視点

前述したようにバランス・スコアカードは基本的に４つの視点で構成される。ただし，視点については必ずしも４つと決まっているわけではなく，企業によっては５つ，あるいは６つに設定しているところもある。ここでは基本的な４つの視点について簡単に説明する。

財務の視点は，いわゆる従来の財務諸表を中心とした評価である。バランス・スコアカードでは財務のみの評価では不十分としているものの，結果を表す重要な要素として引き続き評価に含めている。主な評価指標としては売上高，利益率，ROA，FCFなどがある。

顧客の視点は，市場における顧客からの評価を表す。よく言われる顧客重視，お客様第一主義といった取組みがこの顧客の視点に含まれ，単なる掛け声ではなく，その結果を数値として評価する。主な評価指標として，顧客満足度，市場占有率，新規顧客獲得率，既存顧客維持率，顧客クレーム発生率などがある。
内部ビジネス・プロセスの視点は，競合他社に対して優位性を確保するために重視するビジネス・プロセスを評価する。顧客の満足を勝ち取るためには，魅力的な商品やサービスを提供する必要があり，それはまさに，社内のビジネス・プロセスの優劣から生まれる。また，株主を満足させる高い財務力も同様にビジネス・プロセスの効率性にかかってくる。主な評価指標として，新商品投入件数，新商品売上高割合，設備稼働率，品質改善率，在庫効率などがある。
学習と成長の視点は，長期的に見た企業の成長と改善を表す。社内のビジネス・プロセスの向上を下支えする長期的な視点が，この学習と成長の視点であり，特に人や組織，情報システムといった成長に比較的時間のかかるインフラ的な要素が中心となる。主な評価指標として，従業員満足度，研修受講時間，離職率，情報システム活用度，ナレッジマネジメント活用度などがある。

（3）戦略マップとスコアカード

バランス・スコアカードは「戦略マップ」と「スコアカード」と呼ばれる2つのツールを活用する。戦略マップとは，**図表5－3**のように，各視点の戦略目標を1枚の因果関係図にまとめたものである。戦略マップは，個々の戦略目標の位置づけと，ビジョン達成までの道筋を明確化できるツールだ。
バランス・スコアカードは，戦略のコミュニケーションツールとして高い評価を得ている。その理由は，この戦略マップのわかりやすさに起因する。これまで，戦略を記述する標準的なフォーマットというものはなく，さまざまな表現方法で戦略が表されてきた。したがって，受け取る人によって解釈は異なり，戦略という言葉自体も，何を指し示しているのか不明確であった。この戦略の表現方法に，一定の共通フォーマットを提供したのが戦略マップである。少なくとも以前に比べ，戦略目標，業績評価指標，視点，因果関係といった用語が，何を示しているかが統一され，コミュニケーションがスムーズになったと言われている。
この戦略マップに基づいて，具体的なKPIと目標設定をしたものをスコアカードと呼ぶ（**図表5－4**）。ゴルフのスコアカードと同じように，ビジネスの成績を表すカードである。

図表５－３　戦略マップのイメージ

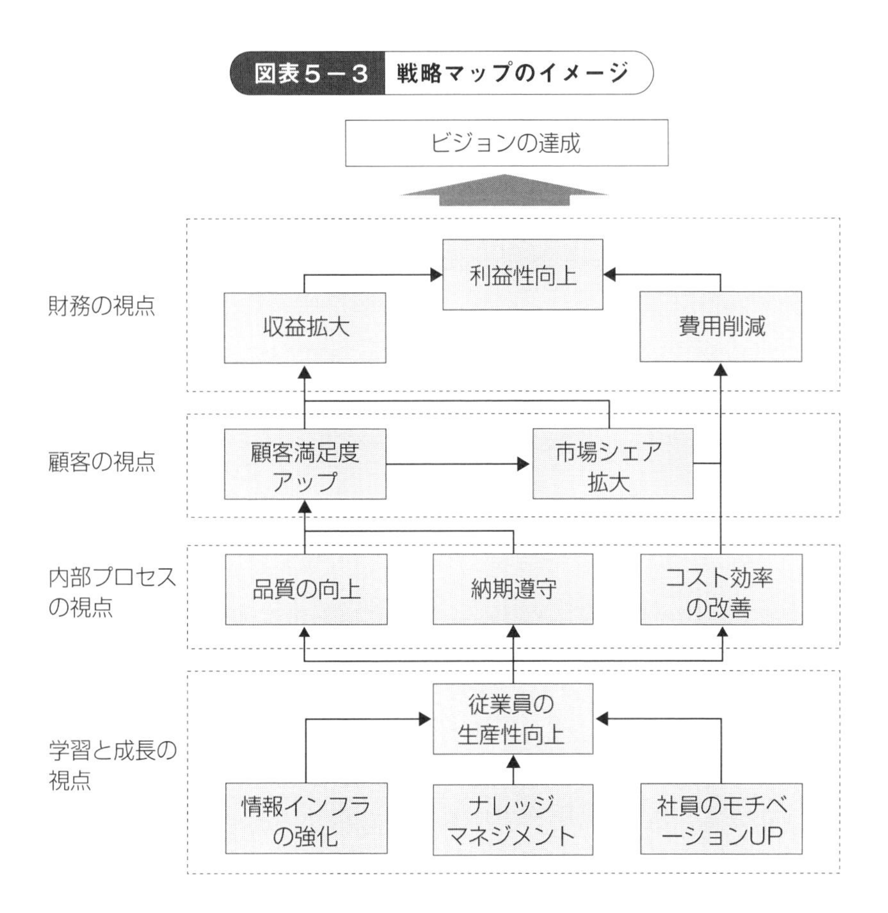

各戦略目標に対して，その目標の達成度合いを測定するKPIを設定する。図表の中の「ウェイト」という項目は，視点あるいは指標ごとの「重みづけ」を表している。視点や指標の重要性を評価の合計に反映させているのだ。

スコアの算出は，各KPIの達成率とウェイトによって行う。ただし図のスコアカードはあくまで一例で，評価の計算にはさまざまな方法がある。たとえば図のケースでは，達成度を100％以上も含めて計算しているが，100％を上限にして計算する場合もある。あるいは60％以下の達成率は０点にするなど，達成率と点数に傾斜をつけるケースもある。

図表5－4 スコアカードのイメージ

視点	ウェイト	戦略目標	業務評価指数	目標値	実績値	達成率	ウェイト	評価
財務	40%	利益性向上	営業利益率	14 %	13 %	93%	20%	18.6 点
		収益拡大	売上高	2,400 億円	2,300 億円	96%	10%	9.6 点
		費用低減	費用低減率	15 %	10 %	67%	10%	6.7 点
顧客	20%	顧客満足度アップ	顧客満足度	60 %	70 %	117%	10%	11.7 点
		市場シェア拡大	市場シェア	28 %	25 %	89%	10%	8.9 点
内部プロセス	20%	新商品の投入	新商品売上比率	30 %	35 %	117%	10%	11.7 点
		生産リードタイムの短縮	生産リードタイム	14 日	17 日	82%	5%	4.1 点
		コスト効率の改善	コスト効率	10 %	8 %	80%	5%	4.0 点
学習と成長	20%	従業員の生産性向上	従業員1名当たり売上高	5,500 万円	5,200 万円	95%	5%	4.7 点
		情報インフラの強化	情報化投資額	33 億円	33 億円	100%	5%	5.0 点
		従業員満足度の向上	従業員満足度	70 %	65 %	93%	5%	4.6 点
		社員研修	研修受講率	90 %	95 %	106%	5%	5.3 点
							合計	94.8 点

＜評価のバリエーション＞

目標値と実績値

目標値（累積）				実績値（累計）			
1Q	2Q	3Q	4Q	1Q	2Q	3Q	4Q

達成率

達成率					
～100%	～95%	～90%	～80%	～60%	60%未満
100点	90点	80点	60点	30点	0点

(4) バランス・スコアカードと予算管理との関係性

バランス・スコアカードは中期的な戦略を管理する手法であるのに対して，予算は単年度の業務を管理する手法である。この２つの手法をリンクすることで，さらに強力なマネジメントが可能となる。つまりバランス・スコアカードの中期的な目標を，単年度予算の目標に落とし込み，戦略的な観点を含めて予算管理を行うのだ。

バランス・スコアカードの予算への統合は，以下の４つのステップで行う。

①戦略をバランス・スコアカードへ落とし込み，戦略目標とKPIを明らかにする。
②KPIへ中期的な目標値を設定し，現在と将来のギャップを確認する。
③ギャップを埋めて目標を達成するために，必要となる戦略的実施項目を策定する。また，実施に必要となる財務的資源と人的資源を見積る。
④これらの財務的資源と人的資源を承認する。そして，必要な資源を単年度予算へ組み込む。

なお予算では戦略予算と業務予算の２つの構成とする。戦略予算とは，戦略的な施策を管理するものである。業務予算とは，部門，機能，費目の能率を管理するものである。

バランス・スコアカードと予算の統合は，これまで予算が短期的で，財務中心であった課題に対して一定の解決案を提示している。本来，予算も中期経営計画などの戦略レベルから落とし込むべきであるが，実際には戦略とはあまり関係のない予算となってしまう場合が多い。この４つのステップでは，バランス・スコアカードを活用して明確な戦略目標と目標値を設定し，戦略的実施項目の必要資源量を明らかにしている。これによって，戦略と予算が定量的にリンクされ，より統合性の高い予算管理が可能となる。

3．将来重視のローリングフォーキャスト

（1）ローリングフォーキャストとは

最近では欧米企業を中心にローリングフォーキャストを利用する企業が増えてきている。ある調査によると，欧米では約４割の企業がすでにローリングフォーキャストを導入している。

ローリングフォーキャストとは，年度単位で作成した予算や業績予測を１年間固定するのではなく，経営環境の変化に合わせて半期あるいは四半期などの短いタイミングで更新（ローリング）していく手法である。中には月次でローリングをかけている企業もあるが，一般的には四半期ごとの財務諸表の開示に合わせて，四半期単位でローリングをかけている企業が多い。

たとえば**図表５－５**のように，2024年４月に５四半期分の予測を行った場合，最初の四半期が終わった時点で，そこから先の５四半期分の予測を行う。最初の３カ月分の実績をベースに，当初４月に作成した残り４四半期分についても

図表５－５　ローリングフォーキャストのイメージ

（現在）	4月	7月	10月	1月	4月	7月	10月	1月
24年４月	第１四半期	第２四半期	第３四半期	第４四半期	第１四半期			
24年７月		第２四半期	第３四半期	第４四半期	第１四半期	第２四半期		
24年10月			第３四半期	第４四半期	第１四半期	第２四半期	第３四半期	
25年１月				第４四半期	第１四半期	第２四半期	第３四半期	第４四半期

4月　7月　10月　1月　4月　7月　10月　1月　4月
（将来）

見直しをかけ，５四半期目の３カ月については，ここで初めて予測を立てることになる。このように，四半期ごとに直近の実績をベースにして，予測の見直しを繰り返していく。

（2）ローリングフォーキャストの意義

経営環境の変化が激しい中では，１年先の予測は困難なことも多く，また環境変化に合わせて計画を修正しなければ実態と合わなくなるケースも出てくる。たとえば第１四半期で当初目標を大きく下回った場合，第２四半期以降の目標に現実感がなくなり，達成意欲を喪失させてしまう危険がある。また逆に第１四半期が予想以上に好調な場合，企業としてはストレッチな目標へ切り替えなければビジネスチャンスを逸してしまう。ローリングフォーキャストでは，従来の固定的な計画ではなく，より現実的な計画と予測に基づいて事業を展開することを狙いとしている。

また通常の予算では，年度末が近づくにつれて計画の対象期間が短くなっていき，年末近くになると１～２カ月先までの計画しかない中で事業を行うことになる。このローリングフォーキャストでは常に同じ長さの将来期間を対象としているため，一定の中期的な観点をもって事業を運営することができる。これは継続的な計画作りを習慣づける意味合いもある。従来の予算管理に慣れてしまうと，事業の計画は年に一度の行事となってしまう。しかし現在の市場環境変化が激しい状況では，継続的な計画作りと見直しが必要になってくる。年度末とは投資家への報告のためには重要なタイミングであるが，継続的な事業の運営のためにはあまり意味がない。

（3）ローリングフォーキャストの課題

ローリングフォーキャストについては課題もある。そもそも四半期ごとに計画を変更していいのであれば，４～５四半期先の予測に対する責任はどうなるかという問題だ。従来の予算管理では１年先の目標にコミットしているため，仮に第１四半期が計画を下回っても，残りの期間で挽回するチャンスがあり，責任もある。投資家からすれば，正確な予測を開示してもらうことも重要であるが，年初に約束した計画を実現してもらい，約束した配当を出してもらわないと困る。

また年度末にこだわらず，常に１年程度の一定先を見て活動するという概念は大切なことであるが，実際には世の中は年度単位で動いているため，どうしても年度に引きずられてしまう。いくらローリングフォーキャストで四半期単位の管理をしていても，決算は年に一度，年度末に行わざるを得ない。そしてボーナスの評価や昇給昇格も年度単位で行われ，また投資家は企業の業績を年度単位で評価する。必然的に社長を含め従業員は年度末を意識して活動をせざるを得ない。世の中が年度で動いている以上，ローリングフォーキャストにはおのずと限界が出てくるようだ。

いくつか課題はあるものの，欧米企業の多くがローリングフォーキャストを採用しており，その導入も進んでいる状況を見ると，課題を克服する余地は十分にあると考えられる。たとえば予測の変更に対しても，変更の履歴を見えるようにすることで，当初の責任を曖昧にしないという対応がとれる。また投資家に対する予測の開示と，社内の目標を使い分け，社内ではストレッチな目標を設定することによって，安易な妥協をさせない方法もある。

４．ABC／ABMと予算管理

ABC（Activity Based Costing）とは，「活動」に着目した原価計算手法であり，日本語では活動基準原価計算と呼ばれている。従来の原価計算では，製造間接費をいったん製造部門に集計し，それを何らかの配賦基準（機械稼働時間や直接作業時間）に基づいて各製品などへ配賦するのが一般的であった。それに対して，ABCでは部門に集計するのではなく，活動に集計する。そして，活動単位ごとに適切な配賦基準で各製品へ配賦するという考え方だ。

ABCが注目されるようになった大きな理由は，間接費の占める割合が以前よりも大きくなってきたことがあげられる。これは多品種少量生産の時代になったことや，工場がオートメーション化したことにより，製造原価全体に占める直接労務費の割合が低くなり，間接労務費の割合が高くなってきたからである。直接費が大部分を占めている場合であれば，間接費を大まかに配賦しても影響は軽微であったが，間接費の割合が大きくなると，むしろ間接費を適切にマネジメントすることが重要になってくる。

（１）ABCの考え方

ABCの基本的な考え方は，すべてのコストは活動によって消費されるということだ。この考え方に基づいてABCでは費用（リソース）を活動に割り当て，活動を割当て対象（コストオブジェクト）へ配賦するという方法をとる。直接費は割当て対象が明確なので，活動には割り当てず，そのまま直課する。ABCの対象は基本的に間接費である。

図表５－６は製品原価の割当て例であるが，まず製造間接費（リソース）の発生する要因となる活動を特定する。製造の場合では段取，運搬，検査などがあるだろう。次に，間接費を最も関連の深い活動に割り当てる。さらに，各活動のコストを配賦するのに最適な配賦基準（アクティビティドライバー）を設定し，製品原価（コストオブジェクト）へ配賦する。このような活動に応じた間接費の配賦をすることにより，従来の原価計算よりも実態を反映した原価の

図表５－６　ABCのコスト割当て方法

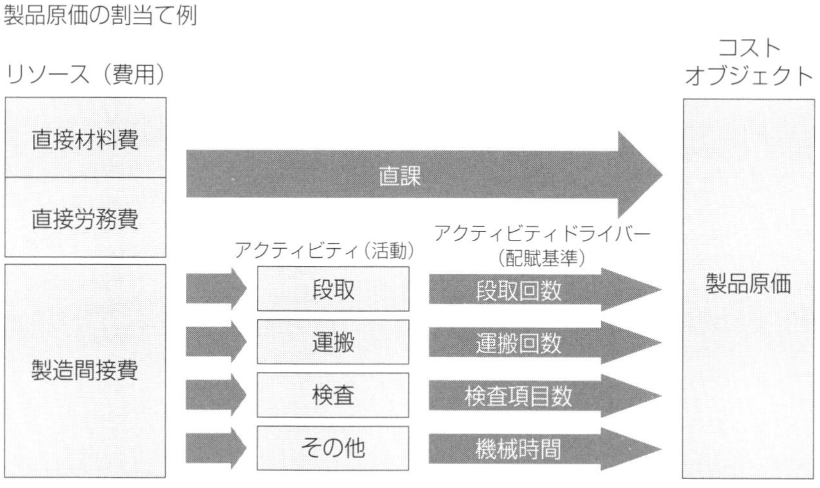

算出が可能になる。

簡単な例を**図表５－７**に示した。この例では，従来の原価計算として，製造間接費を直接労務費（時間）に基づいて配賦している。この場合，製品Aが製品１個当たり5,400円，製品Bが１個当たり7,200円となる。

次にABCによる原価計算であるが，まず活動として段取，運搬，検査に分類し，それぞれの配賦基準とコストを算出する。また，各製品の製造特性として，それぞれの製品にどのような間接的な活動が行われたかを明らかにし，活動回数や時間ごとの製造間接費を算出する。なおこの例では，製品Aが４回に分けて製造されたと想定している。

ここまでの情報をもとにABCによる製造間接費を計算すると，製造間接費の合計は製品Aが331,000円，製品Bが89,000円となった。これは製品Aのほうが間接的な手間がかなり多くかかっていたことを示している。最終的にすべてを合計して製品原価を計算すると，製品Aが１個当たり6,910円，製品Bが5,690円となり，従来の原価計算とは反対に，製品Aの原価のほうが製品Bよりも高くなった。非常に単純化した例ではあるが，ABCのイメージを理解いただけただろうか。

（２）ABMの基本的な考え方

ABM（Activity Based Management）とは，ABCの考え方をさらにマネジメントに活用する手法である。これは，ABCの分析結果を利用して，業務の改善や付加価値の向上を目指すものだ。

ABCは原価計算の１つであるため，主に製造部門の製品原価の計算と改善が対象であるが，ABCの考え方は製造以外の分野へも応用が可能となる。たとえばサービス業，さらにはバックオフィス（本社部門）の業務へも適用できる。これは正確な原価計算が目的というよりは，活動に集計されたコストやアクティビティドライバーなどを分析し，業務改善へ活用するのが目的だ。このように単に原価計算のためではなく，企業の利益改善にABCを活用する考え方がABMである。

たとえばサービス業での例として，ある銀行では顧客企業への融資にかかるコストをABCによって計算し，融資案件の収支を算出してみた。これまで同

図表５－７　ABCによる原価計算の例

●従来の原価計算

	製品A	製品B
直接材料費	300,000円	400,000円
直接労務費	60,000円	80,000円
製造間接費	180,000円	240,000円
トータルコスト	540,000円	720,000円
製品数	100個	100個
製品１個の原価	5,400円	7,200円

●ABCによる原価計算

製造間接費の活動とコスト

活動	配賦基準	コスト
段取	段取回数	24,000円／段取回数
運搬	運搬回数	40,000円／運搬回数
検査	検査時間	1,000円／検査時間

各製品の製造特性

	製品A	製品B
段取	4回	1回
運搬	4回	1回
検査	75時間	25時間

※製品Aは４回に分けて製造されたと想定

ABCによる製造間接費

	製品A	製品B
段取	96,000円	24,000円
運搬	160,000円	40,000円
検査	75,000円	25,000円
製造間接費合計	331,000円	89,000円

ABCによる製品原価

	製品A	製品B
直接材料費	300,000円	400,000円
直接労務費	60,000円	80,000円
製造間接費	331,000円	89,000円
トータルコスト	691,000円	569,000円
製品数	100個	100個
製品１個の原価	6,910円	5,690円

行では，営業やバックオフィス業務のコストがどんぶり勘定で，融資１件にかかる本当のコストが把握できていなかったからだ。するとこれまで大手企業に対する大型融資が最も儲かると考えられていたのだが，実際には大手企業は販売コストや管理コストがかかるわりに利ざやがとれず，むしろ利益の大部分が中小企業から得られていることがわかった。この結果を受けて同行では営業戦略を見直し，利益に応じた営業活動とサービス提供を戦略的に行うようになった。

次に，製造部門以外への適用例として営業部門のABMを紹介する。**図表５－８**は営業部門の活動を，「顧客への付加価値」と「活動のコスト」の関係性で分析したイメージ図である。顧客への付加価値とは，その活動が顧客にとってどれほどの価値があるかの度合いを示す。たとえば営業活動において，顧客に対する提案活動は価値が高いと考えられる。なぜならば，これは顧客が受け取る価値を直接的に高めている活動であるからだ。一方，勤怠管理や事務処理は，顧客にとって何の関係もない活動のため顧客への付加価値が低い。

図表５－８　ABCによる付加価値分析の例

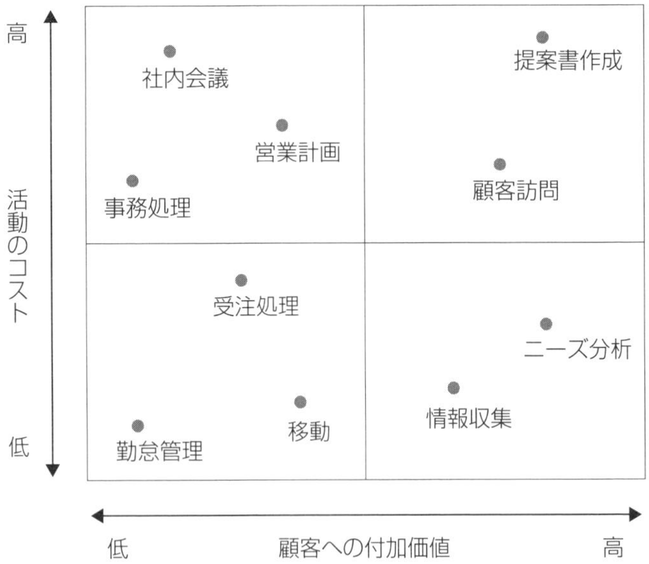

高
活動のコスト
低
社内会議
営業計画
事務処理
提案書作成
顧客訪問
受注処理
勤怠管理
移動
ニーズ分析
情報収集
低
顧客への付加価値
高

顧客への付加価値を客観的にレーティングすることは難しいが，いくつかの方法がある。たとえば，複数の営業管理者にアンケートを行い，活動の付加価値について点数を付けてもらうというやり方が1つだ。あるいは，数名のメンバーで議論を尽くして付加価値の度合いを決めるというやり方もあるだろう。また，実際の顧客にヒアリングを行い，顧客の立場からレーティングしてもらう方法もある。

このようなABC分析の結果をもとに業務改善を行う。特に，顧客への付加価値が低く，それでいて活動コストの高いものは最優先の改善対象となる。基本的な考え方は，付加価値の低い活動を少なくして，付加価値の高い活動にリソースをシフトすることだ。付加価値の低い活動を効率化する例としては，それらの活動をシステム化する，アウトソースする，シェアードサービス化する，活動自体を廃止する，などが考えられる。

なお業務の付加価値について，先のケースでは「顧客への付加価値」としているが，それ以外にも**図表5－9**のように戦略的な観点で分けることができる。

図表5－9　業務の付加価値を決める戦略的な観点

- 自社の経営方針，戦略との関係性
- 自社の競争力の源泉
- コア／ノンコアビジネス，コアスキル／ノンコアスキル
- 他社でやっていないこと，他社とは違うこと（差別化）

ABMの導入方法には，定常的な導入と，ワンタイムの実施の2種類がある。定常的な導入とは，これまでの原価計算やコストマネジメントをABMに移行し，ABMをベースに月次，年次のマネジメントを実施することを指す。一方，ワンタイムの実施とは，期間を限定した業務改革を目的として，業務のABC分析を一度だけ実施し，業務改善に活用する方法を指す。業務変革プロジェクトや営業戦略立案プロジェクトといったように，数年に一度実施するようなイベントにおいても，ABMの活用は示唆に富んだ改善の糸口を提供してくれる。

(3) ABBによる予算管理への活用

ABCを予算管理に活用する手法がABB (Activity Based Budgeting) である。ABCは活動を集計単位とした原価計算の手法であるが，ABBは活動を集計単位に予算を編成し，統制を行う手法である。たとえば製造間接費の「運搬」という活動をABCによって集計すると，運搬1回あたりのコストが算出できる。この運搬コストを予算に組み込み，運搬という活動単位の予算差異分析を行い，活動のコスト改善へ役立てるのだ。

予算管理へABBを組み込むということは，これまでの予算管理に加えて「活動」という切り口の管理が追加されることになるため，予算管理にかかる業務負担が増えることが懸念される。しかし原価計算でABCを導入している企業であれば，すでに活動の定義やコストの割り当て方法が確立されているため，予算管理へ組み込む追加負担は大きくはないと考えられる。ただし本格的にABBを導入する場合は，管理によるメリットと管理負担によるデメリットをよく勘案し，どれくらい精緻に活動やコストの割当てを行うかを決める必要がある。特に改善可能性の高い活動，つまり改善余地が多分にあり，管理することによって改善が期待できる活動にフォーカスすることである。

ABBの活用は，本社部門の生産性を向上させるためにも役立つ。本社部門(経理部門，財務部門，経営企画部門，人事部門，総務部門，法務部門，購買部門，情報システム部門など) の業務は，業務内容が見えづらく，製造部門に比べて原価管理がしっかりとできないのが特徴である。ABBを導入することによって，本社部門の活動とコストが見えるようになる。見えるようになれば，コストの妥当性の検証や改善が可能となる。このような活用方法は一般的に「ホワイトカラーの生産性向上」と呼ばれている。

ABBによる予算管理のイメージは，たとえば経理業務であれば，請求書発行，入金確認，支払処理などの活動単位でコストを予算化し，予算差異分析を行い，業務の改善を行うような形だ。

たとえば「予算編成」という活動のコストを把握している企業がどれほどあるだろうか。予算編成には膨大な時間とコストがかかると言われているが，このコストを実際に把握できている企業は少ない。把握できていなければ，これを改善することは難しい。そもそも改善しても，改善したかどうか確認ができないだろう。もし予算編成のコストとして，たとえば「100億円」という予算を計上したならば，すんなり予算が通るだろうか。おそらく他の予算と同じように，予算の検討段階から厳しい目が入ることになるだろう。ABBとは，このような活動に対して，予算の検討段階で「コストに見合った成果があるかどうか，コスト削減余地はないのかどうか」という視点を提供する。

この予算編成の例と同じように，本社部門の業務には目に見えない業務が数多く存在する。したがって業務とコストを見えるようにし，予算に組み込むことが改善の出発点となるわけだ。

（４）日本におけるABCの導入

予算不要論のなかでも触れたが，予算を廃止した企業の多くは，コスト管理にABCを活用している。そもそもABCは，1980年代の中ごろに米国にて考案された原価計算の手法で，日本でも1990年代後半あたりから注目されはじめ，物流，金融などのサービス業を中心に導入が進められた。しかし現在までに，日本企業の導入状況は限定的である。また今後，ABCの導入が大幅に増加するとは考えにくい。

一方，ABCの導入方法に関しては，定常的な原価計算方法として採用しているケースよりも，ワンタイムの業務改善目的でABC分析を活用している例のほうが多いと思われる。おそらくABCの定常的な利用には，管理負担が大きいと考える企業が多いからではないか。

ABCの管理負担と実施効果を確認するには，まずABCをワインタイムで実施してみるのがよい。その上で，定常的な実施に移すか，あるいは活用範囲を絞って実施するかなど，いくつか適用オプションを検討してみるのがよいのではないだろうか。

5．シリコンバレー流OKR

OKRとは，Objectives and Key Resultsの頭文字をとった略称で，目標管理手法の１つである。米国のインテル社で生まれ，グーグルやFacebookといったシリコンバレーの有名企業が取り入れていることから注目を集めている。OKRの特徴は，チームや個人の目標をメンバーで共有し，毎週のようにコミュニケーションしながら目標達成のモチベーションを維持するところにある。

（1）OKRの構成

OKRは基本的に**図表５－10**のように１つのObjective（目標）と３つ程度のKey Result（主な結果）で構成される。

図表５－10　OKRの基本構成（例）

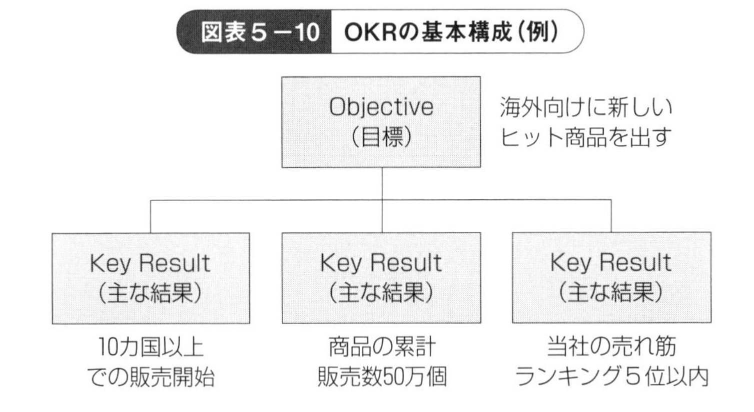

① Objective（目標）

Objectiveは次の条件を満たす１つの文とする。

・定性的でメンバーを鼓舞するような内容

・１～３カ月で実現できるもの

・チームで独立して実行できること

②　Key Result（主な結果）

Key Resultは次の条件を満たすようにする。

・Objectiveの感覚的な言葉を定量化した指標（数は３つ程度）
・難しいが不可能ではないストレッチな目標値（達成できる自信が半分）
・60～70％の達成度で成功とする

③　自信度を設定

Key Resultには目標達成に対する「自信度」を設定する。１～10のスケールで示し，自信度１は「絶対できない」，10は「絶対できる」とし，それぞれのKey Resultに「5/10」，「8/10」といった形で，感覚的な自信度を設定する。

④　スコアリング

OKRで設定した期間が終了した後，達成度をスコアリングする。それぞれのKey Resultの達成度を平均して，Objectiveのスコアとする。スコアは社員の人事評価と結びつけることはなく，次回のOKRへのフィードバックに利用する。

（２）OKRの運用方法

運用方法に厳格なルールがあるわけではないが，推奨される運用には①チェックイン・ミーティング，②ウィン・セッション，③レビューの３つがある。

①　チェックイン・ミーティング

毎週月曜日に会議を開き，OKRの進捗チェックを行う。また今週やるべき重要な作業を話し合い，優先順位を確認する。その他，OKR自信度の変化を確認するなど，今週１週間をよりよく活動するための準備を行う。この週初めの定例会議のことをチェックイン・ミーティングと呼ぶ。

②　ウィン・セッション

金曜日は１週間の成果を共有する会議を開く。この週末の定例会議のことをウィン・セッションと呼ぶ。見せられるものは何でも見せ合い，勝者を讃えるようにメンバーを盛り上げる。ビールやケーキなどの飲食物を提供するのもよいとされている。

③　レビュー

全体的なレビューとして，期間３カ月のOKRであれば1.5カ月後に中間レビュー，３カ月後にOKRのスコアリングと最終レビューを行う。また，最終レビューをもとにして，次の期間のOKRを設定する。

（3）MBOとの違い

類似する目標管理手法の１つにMBOがある。MBOとはManagement By Objectiveの略称で，人事評価のツールとして多くの企業で利用されている。OKRとMBOの違いは，その目的にある。OKRは「社員とチームのモチベーションを維持，向上させ，高い目標を達成すること」を目的としており，MBOは「目標達成度合いに基づいて社員を評価し，社員のスキル向上を図ること」を目的としている。簡単に言えば人事評価に使われるかどうかだ。

MBOは人事評価と連動するため，達成度の評価は人事評価のタイミング，つまり半年～１年ごとに実施することになる。評価の間隔が長いため，日々の業務で意識されることが少ない。一方，OKRは人事評価には用いない。社員およびチームのモチベーションの維持，向上のため，毎週のように達成状況をチェックし，日常業務でも目標を強く意識するようにしている。

また目標達成度が人事評価に連動するとなると，社員は確実に達成できる目標を設定し，確実にクリアしようとする。しかしOKRは達成不可能なことにチャレンジすることを是とするため，60～70%の達成度で成功とし，人事評価にも反映させない。

（4）予算管理との関係性

OKRは予算管理と必ずしも連動するものではない。OKRは比較的小さなチーム単位に活用することが一般的で，会社全体あるいは部門全体で設定する予算とはレイヤーが異なる。ただし小さなチームであっても，会社や部門と無関係に活動するはずはないため，目標や方向性はゆるやかに連動するはずだ。

ここで注意すべきことは，予算とOKRを無理に連動させないことである。連動させようとすると，定性的であるべきOKRのObjectiveに予算の数値目標が設定されてしまい，OKRの基本概念を壊しかねないからだ。OKRの特徴は「達成困難なことへのチャレンジ」であり，「確実に達成すべき予算」とは相容れない部分があることに留意すべきである。

6．VUCA時代のOODAループ

近年，VUCA（ブーカ）という言葉がよく使われるようになった。VUCAとは，Volatility（変動性），Uncertainty（不確実性），Complexity（複雑性），Ambiguity（曖昧性）という４つの単語の頭文字をとった略語だ。もともとは1990年代後半に軍事用語として使われ始めた言葉であるが，最近はビジネスの世界でも使われるようになっている。

図表５−11　VUCA

V	Volatility（変動性）
U	Uncertainty（不確実性）
C	Complexity（複雑性）
A	Ambiguity（曖昧性）

ビジネスにおけるVUCAを一言でいうと「先行き不透明な経営環境」である。新型コロナウイルスの出現やロシアによるウクライナの侵略をはじめ，円安や物価高など経営環境がますます不透明となっている現在，まさにVUCA時代という言葉がふさわしい状況といえよう。

（1）VUCA時代の経営環境とは

予算管理は通常，一定の経営環境を前提としているが，VUCA時代にはこの前提となる経営環境に対して「想定外」のことが次々に起こる。実際に新型コロナウイルス出現の際にも，想定外のことが次々に起こった。飲食業や観光業がこれほどリスクの高い業界とは誰も想定していなかった。また東京オリンピックが無観客開催となり，期待していた需要は蒸発してしまった。

一方，新しいビジネスは次々と生まれてくる。リモートワークや巣ごもり需要などによって働き方や生活様式が一変したため，それに呼応するように「ワーケーション」や「ゴーストレストラン」などの新しいビジネスモデルが登場してきた。これにより，これまで想定していなかった業種のプレーヤーと競合したり，知らない間に原因不明の売上不振に陥ったりする。業界の線引きが曖昧（Ambiguity）になり，「自分たちは何と戦っているのか見えない」という事態が起こる。

（2）VUCA時代に求められること

VUCA時代に企業が求められることは，企業の「インテリジェンス」を高めることである。つまり市場動向，顧客動向，競合動向に対して常にアンテナをはり，情報を積極的にインプットすることが重要となる。

これまでも予算編成の際には，市場動向や顧客動向などの環境分析を行い，その上で次年度の予算を組んでいたはずだ。しかしVUCA時代は環境が刻々と変化するため，環境分析は年に一度の行事ではなく，期中における日常的なルーチンとし，高いレベルのインテリジェンスをキープしておくことが重要となる。

（3）インテリジェンスが足りているか

現代は「情報戦」である。孫子の「敵を知り，己を知れば……」の話を持ち出すまでもなく，実際の戦いの前に情報戦があるということは今も昔も同じだ。重要なことは，情報戦の重要度がVUCA時代には，ますます高まっているということだ。マーケットの変化をいち早くキャッチし，いかに早く自社の戦略に反映できるかがポイントとなる。

まずは自分たちの会社にインテリジェンスが足りているか確認したほうがよいだろう。インテリジェンスが不足していれば，当然，誤った戦略，誤った判断に至る確率が高くなるからだ。

（４）OODAループによるマネジメント

VUCA時代のマネジメントとして，OODA（ウーダ）ループという管理手法がある。この手法は，企業のインテリジェンスを高めることに役立ち，予算管理をダイナミックに運用することに効果的だ。

図表５−12　OODAループ

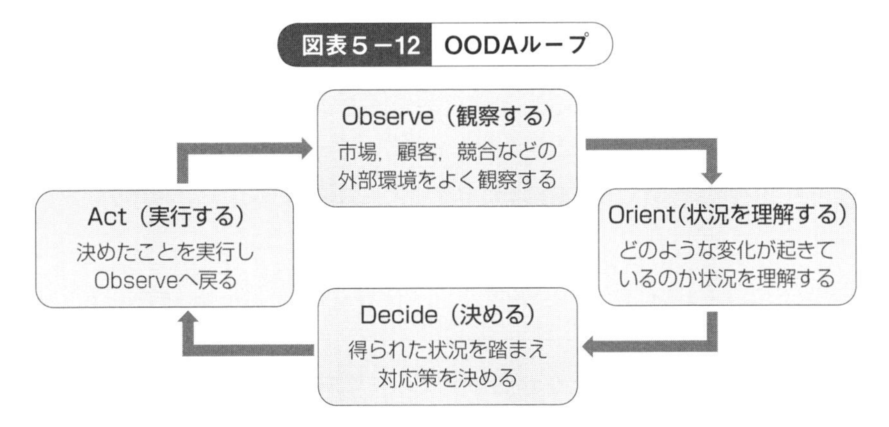

OODAとは，Observe（観察する），Orient（状況を理解する），Decide（決める），Act（実行する）の頭文字をとった言葉である。OODAループも軍事用語として発生したものであるが，ビジネスやスポーツなどでも応用できるのではないかという研究が進み，現在はビジネスで注目を集めている。予算管理では，経営環境の変化に合わせて予算の軌道修正を行うことにOODAループは役に立つ。具体的なステップは次のとおりだ。

①　Observe（観察する）

まず市場，顧客，競合などの外部環境をよく観察する。社会／市場の状況，人々の動き，競合環境の変化，代替品や新しいビジネスモデルの登場など，変化に関する「生データ」を収集する。

② Orient（状況を理解する）

収集した情報から，どのような変化が起きているのか状況を理解する。自社のビジネスへの影響，考えられるリスク，新しいビジネスチャンスなど，状況から意味合いを見出す。

③ Decide（決める）

状況の理解に基づき，対応策を決める。予算管理では，予算にどのような修正を加えるか，あるいは現状維持で進むかを決める。たとえば想定外のリスクをキャッチした場合は，費用抑制の予算に切り替えたり，投資予算を縮小したりするなど，新たな指針を決める必要があるかもしれない。

④ Act（実行する）

決めたことを実行に移す。予算管理では，修正予算を施行することであり，事業部門は修正予算に基づく新しい活動を実行に移すことである。重要なことは，実行して終わりではなく，Observe（観察する）へ戻ることだ。そして軌道修正を加えながら目標にたどり着けるようにOODAループをぐるぐる回す。このような循環型の予算統制システムを築きあげることがポイントとなる。

（5）PDCAとOODAループの違い

OODAループはPDCAと似ているが，何が違うのだろうか。大きな違いは，PDCAが「社内の計画」から始まるのに対し，OODAループは「外部の観察」から始まるところである。

経営環境が安定している状況であれば，当初の予算を着実に実行することが重要であった。しかし経営環境が期中に大きく変化する状況では，当初予算との差異を確認するだけでは不十分であり，外部環境の変化に気をつけなければならない。そこでOODAループの「外部観察の視点」が重要となってくる。つまりPDCAの代わりにOODAループを用いるのではなく，PDCAにプラスして，OODAループを回す必要があるということだ。

予算は売上高や利益といった財務的な指標であるため，経営環境の変化が予算に表れるまでに，かなりの「タイムラグ」が発生する。通常，受注残や契約残があり，また進行中の案件も突然ストップはしないからだ。しかし環境変化は少しずつ顧客に行動変容を起こし，数カ月経ってようやく予算に表れてくる。気がついた頃には「時すでに遅し」となりかねない。したがってOODAループのような観察機能，つまりインテリジェンスが重要となる。

（6）OODAループの運用

ここまで説明してきたとおり，VOCA時代の予算管理はOODAループなどの状況観察によって，インテリジェンス機能を拡充することが効果的である。その際，予算統制プロセスとOODAループを仕組みとしてうまく融合させなければならない。

具体的には経営会議にて予実のチェックをするだけではなく，OODAループからのインプットを報告し，自社に与える影響や今後の方針について月次あるいは四半期レベルで議論するようなプロセスを確立する。要するに，OODAループを予算とは別に行うのではなく，予算統制プロセスの１つとして実施することだ。なぜならばインテリジェンスをインプットとすると，そのアウトプットは必ず予算に跳ね返ってくるためだ。最新のインテリジェンスを常に予算へ反映できる仕組み作りがポイントとなる。

■ 第6章

予算管理の効率化

1．予算管理プロセスのBPR

予算管理の課題の１つが，予算管理にかかる膨大な時間とコストである。予算管理のプロセスは毎年同じようにやっていても，マネジメントからの要求で多少の追加作業が付け加えられるなどして，知らず知らずのうちに業務が肥大化する傾向がある。したがって何年かに一度は業務の棚卸しをし，BPR (Business Process Reengineering) を実施してみるとよい。

(1) BPRの基本的な考え方

BPRとは端的にはプロセスの大幅改善である。プロセス改善の狙いは**図表6－1**のように主に３つある。品質の向上とは，予算管理上のミスやエラーを減らし，予算の精度を高めることを指す。コストの低減とは，言葉のとおり予算管理にかかるコスト，特に人件費を削減することを指す。スピードのアップとは，予算編成プロセスの期間を圧縮し，予算統制プロセスの実績集計および分析にかかる時間を速めることである。予算管理の主要な課題は，この中でも特にコストと時間であるため，ここではコストとスピードの２点に絞って説明する。

図表6－1　プロセス改善のQCD

	改善の狙い	主な内容
Quality（品質）	品質を向上させる	・ミス，エラーを減らす ・予算精度の向上
Cost（コスト）	費用を低減する	・予算管理にかかる労力（人件費）の削減
Delivery（スピード）	スピードを上げる	・予算編成の期間短縮 ・タイムリーな実績集計

予算管理においてコスト削減とスピードアップは重なる点が多い。結局のところ，予算管理にかかる作業を削減すれば，人件費が下がり，プロセスにかかる期間も短縮される。もちろん高価な情報システムを導入し，スピードアップを重視したことによってコストがかかるという場合もある。しかし作業の削減の多くはスピードの向上にもつながるため，予算管理プロセスのBPRでは，いかに予算管理の作業を削減するかを徹底的に考えることが重要となる。

（2）プロセス改善の5つの観点

予算管理プロセスを改善するための主な観点は，①簡略化，②共通化，③平準化，④移管，⑤システム化の5つである（**図表6－2**）。

①　簡略化

簡略化とは，作業を重要な部分に絞り，それ以外は簡略化することを指す。事業の中には必ず重要な部分と重要でない部分があり，重要でない部分にいくら時間を使っても，あまり効果が出ないことが多い。したがって時間の使い方にメリハリをつけることがプロセス改善の第一歩となる。

ここでいう重要な部分とは，「金額が大きいところ」，「改善度合いが大きいところ」，「戦略的重要性の高いところ」の3つである。

図表６－２　プロセス改善の観点

簡略化	予算管理の重要な部分にフォーカスし，あまり重要でない部分は大胆に簡略化する。
共通化	類似する複数の作業は共通化する。フォーマット，会議体，承認プロセスなどを極力一本化する。
平準化	ピーク時の作業を分散させ，業務負荷を平準化する。 部門横断で企業全体の作業を平準化させる。
移管	高度な業務は専門家へ集中させ，単純な業務は人件費の安い人材へ移管，あるいはアウトソースする。
システム化	定型で大量処理の伴うプロセスはシステム化を検討する。 予算管理ソフト，表計算ソフト，手作業の最適バランスをとる。

「金額が大きいところ」とは，たとえば予算の費用について，金額の大きい主要原材料はしっかりと時間をかけて予算を組み，金額の小さい副資材などは一律に前年同額を使用するなど簡略化するということだ。

「改善度合いが大きいところ」とは，たとえば物流費に大幅なコスト低減が見込める場合には詳細な予算を作成し，乾いたぞうきんのようにコスト低減がほとんど期待できない費用については仮に金額が大きくても簡略化するということである。

「戦略的重要性の高いところ」とは，その会社にとって重要テーマとして掲げている部分を指す。たとえば業績不振の会社における社員のリストラや，社運をかけた事業などである。このような戦略的重要性の高いテーマに関わる予算については，当然しっかりと時間をかけるべきであろう。

②　共通化

共通化とは，類似する複数の作業を共通にすることである。典型的な例がフォーマットの一本化である。予算ではExcelシートなどでさまざまなフォーマットが作成される。そのフォーマットの数だけ作業が発生しているのだ。しかし，よく見ると似て非なるフォーマットが数多く存在することに気がつく。たとえば製品在庫表であれば，販売部門と製造部門の間では数量ベースの在庫表になっており，製造部門と管理部門の間では金額ベースであったりする。同じフォーマットに数量と金額を載せれば１つで済む場合もある。

ある企業の管理部門では，関連する複数の部署ごとに別々のフォーマットを使用していた。これは相手先の部署の要求に応じて項目やタイミングが多少異なっていたからである。しかし共通化に着手したことによって，フォーマットの数を３分の１にまで減らすことができたという。

フォーマットだけでなく，会議体や承認手続きなど，これまでバラバラにやっていた活動を共通化できないか検討してみるとよい。また企業買収などによって別々の管理プロセスが残っている企業では，共通化の機会は非常に多い。

③　平準化

平準化とは，業務のピーク時とそうでない時の差を埋め合わせ，全体として業務の山を平坦にすることである。業務に大きな山があると，ピーク時に合わせて人員を配置するか，残業で補うことになる。どちらにしてもコストに跳ね返るため，平準化をするということはコスト削減になる。

電力不足の際にピーク時の使用電力を低く抑えることをピークカットと呼ぶが，いかにピークカットをするかという問題は予算管理プロセスでも共通だ。業務プロセスの改善で実施すべきことは，まず業務のピークを把握することと，その発生要因を特定することである。そのうえで改善機会を分析する。

たとえば経理部門でも，経験的に月のピーク時，オフピーク時を理解し，業務の平準化を行っていると思われる。日常の改善活動として，なるべく残業にならないように工夫をしているであろう。しかし部門内に閉じてできるピークカットには限界がある。なぜならば他部門の業務とのタイミングに依存することも多いからだ。部門内に閉じて可能なピークカットはおそらくすでに行われており，ここに改善の余地が残っていることはまずない。着目すべきは，部門横断で対応可能なピークカットである。たとえば月次の締め処理のピークを緩和するために販売部門に伝票の入力期限を早めてもらうなど，他部門と協力しなければできない平準化の機会を探ることがポイントだ。

④　移　管

移管とは，より専門性の高い人へ業務を集中させたり，人件費の安い人へ業務を移すことでコスト削減することを指す。業務の中には難しい業務と単純な業務が存在し，これを同じ人が行っているとコスト高になりやすい。たとえば予算統制プロセスの中で予実の差異分析をする作業を考えた場合，データ集計や部門調整などの単純な作業もあれば，高度な分析技術を必要とする作業もある。仮に同じ人がすべて行っていたら効率が悪い。このため単純作業はまとめて切り出し，新入社員や派遣社員など人件費の安い人に移管する。場合によってはアウトソーシング会社へ業務委託する。また専門性の高い業務は，ある特定の人に集中させて効率化する（**図表６－３**）。

図表６－３　業務移管のイメージ

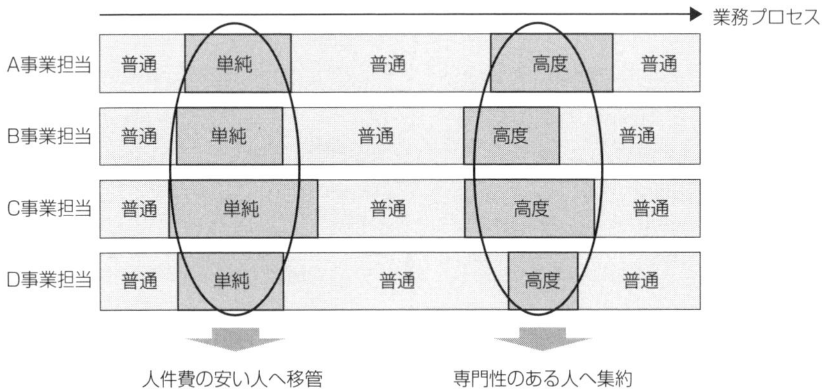

業務プロセス →

A事業担当	普通	単純	普通	高度	普通
B事業担当	普通	単純	普通	高度	普通
C事業担当	普通	単純	普通	高度	普通
D事業担当	普通	単純	普通	高度	普通

人件費の安い人へ移管　　専門性のある人へ集約

これはアルバイトを１人雇ってコピー取りやお茶くみをやらせているのとは異なる。これまで社員でしかできないと思われていた業務を，あえて簡素化し，標準化し，マニュアル化して，単純業務に仕立てて切り出すのだ。ファミリーレストランでアルバイトでもプロ並みの食事を提供できるのと同じように，ある程度のノウハウを標準化するのである。

この移管という手法はBPRではオーソドックスなアプローチである。もし社内を見渡して，すべて社員だけで業務を行っていたとしたら，改善機会は十分にあると考えてよい。

⑤　システム化

予算管理は情報システム化が最も進んでいないプロセスの1つであり，多くの企業ではExcelなどの表計算ソフトを使い，手作業で管理しているのが実態だ。最近ではERPの予算管理モジュールや予算管理専用アプリケーションも充実してきており，これまでパソコンと手作業で行っていたプロセスを効率化できる機会が増えてきた。

しかし情報システムに過度に期待することは注意が必要である。特に予算管理は企業によって，また業種業態によっても管理の方法がさまざまであり，必ずしも現状の予算管理プロセスをシステム化できるとは限らない。また組織変更が頻繁に行われる企業では，それに伴って予算管理の方法も変わり，逆にシステムの変更に時間とコストがかかってしまう可能性もある。いまだに多くの企業で表計算ソフトが使われている理由は，予算管理の方法や組織の変更に柔軟に対応する必要があるからである。予算管理のシステム化にあたっては，自社の予算管理プロセスとの適合性や柔軟性を見極めることが重要だ。

システム化で注意すべきことは，予算管理プロセスをBPRしてからシステム化に着手することである。業務が煩雑のままシステムに置き換えるとシステム構築コストが大きくなるばかりでなく，プロセスの改善機会があるにもかかわらず，システム化されているために改善できないという本末転倒な状況になりかねない。なお，システム化については，予算管理システムやRPAなどの活用を本章の中で後述する。

（3）BPRのステップ

BPRの実施に際しては社内にプロジェクトチームを作り，3～6カ月間の計画立案プロジェクトを実施するのがよい。ここは必ずプロジェクト化しなければならない。関係者が定期的にミーティングをしているだけではおそらく検討は進まない。プロジェクト化するということは，責任者，締切り，成果物を規定することであり，プロジェクト化されてはじめて実行の強制力が生まれる。できれば専任のプロジェクトメンバーが中心となって，短期間に集中的に検討することが望ましい。

標準的なBPRのステップは**図表６－４**のとおりで，大きくは計画フェーズ，導入フェーズ，運用フェーズの３つに分かれる。計画フェーズは，改善策をまとめ，実行計画を作成するフェーズである。実行フェーズは，前フェーズの実行計画をもとに，詳細なプロセスの設計や情報システムの導入など，新しいプロセスを運用するまでに必要な計画を具体的に実行するフェーズである。運用フェーズは，新たな予算管理プロセスの運用を開始し，必要に応じて不具合の調整や継続的な改善を行うフェーズだ。

図表６－４　予算管理BPRのステップ

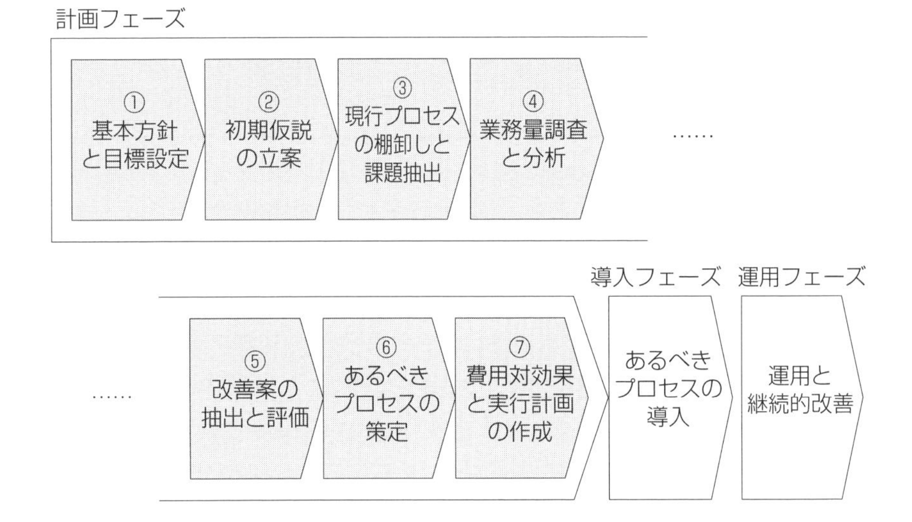

ここでは特に，計画フェーズについて簡単に説明する。

①　基本方針と目標設定

まずプロジェクトは，基本方針を明確化するところからスタートする。基本方針とは，検討の前提となる事項をまとめたものであり，具体的には取組みの目的，改善する方向性，基本コンセプトなどで構成される。

できればこの段階で達成目標も設定できるとよい。予算編成にかかるコストを20%削減するのと，50%削減するのでは，やるべき施策が違ってくるからだ。また目標がコスト削減なのか，スピードアップなのか，予算精度の向上なのかによっても施策が変わってくる。この段階で妥当な数値目標を設定するのは困難かもしれないが，仮に設定するだけでも方向性が明確になってくる。

②　初期仮説の立案

プロジェクトがスタートして，いきなり現状分析に入るのではなく，いったん初期仮説を抽出しておくと全体が効率的に進められる。初期仮説とは，詳細な調査を行う前の初期段階で，経験的に推論できる課題と解決策のことである。プロジェクトメンバーがブレインストーミングなどのディスカッションによって，現時点で考えられる課題と改善策を洗い出し，ある程度整理したうえで初期仮説としてまとめておく。

このような整理によって課題や改善策にあたりをつけておくと，その後の調査や分析が効率的にできるようになる。現状調査の中で，初期仮説が正しいかどうか検証しながら進め，重要な仮説については詳細に調査，分析をする。やみくもに調査を始めると，あまり重要でないことに時間を使い，本当は重要なことを見過ごしたりするからだ。

③　現行プロセスの棚卸しと課題抽出

ここからが本番であるが，まずは現行の予算管理プロセスをフローチャート形式で紙へ書き下ろす。プロジェクトメンバーが各担当者へヒアリングを行い，作業とフローを紙に落としながら現行の業務プロセスを把握する。また課題があれば該当する作業やフローに追記しておく。これによって，現行のプロセスの業務内容と課題を棚卸しできる。課題を聞く観点としては，負担のかかっている業務，考えられる原因，考えられる改善策などである。

④　業務量調査と分析

次に現行プロセスの主要業務について，業務量の調査を行う。業務量の少ない業務をいくら改善しても効果が小さいため，業務量の多い部分を特定して効率的に改善するためである。

簡便的な業務量調査は，数名の担当者にアンケートを記入してもらう方法だ。各担当が予算管理プロセスにおいて，どの業務へ，どのくらいの時間を使っているかを回答してもらう。これは③で作成した業務フローに基づいて，それぞれの作業項目ごとに時間を記入してもらうと漏れがない。

もう少し詳細な調査方法としては，担当者に実際にかかった時間を記録してもらう方法だ。複数の担当者に１カ月間程度，かかった時間を毎日記録してもらい，これを集計，平均して業務量を調べる。予算統制プロセスの実績集計やデータ分析など，月次のルーチンワークであればこの方法も可能である。一方，予算編成プロセスのように，年に１回しか回らないプロセスでは記録に数カ月もかかるため現実的でない。必要に応じて，簡便的な調査と詳細な調査を組み合わせてもよいだろう。

業務量調査などしなくても，負荷の高い業務はだいたいわかると思われる方もいるかもしれない。その場合は調査をしなくても構わないが，定量データの裏づけ情報があると，この後に作成する改善計画書の信頼性が全然違ってくる。裏づけデータがあると社内での説得力がグッと高まるのだ。

⑤　改善案の抽出と評価

改善案の策定は，前述した(２)のプロセス改善の観点（143頁）をベースに検討を行う。改善案には通常いくつかのオプションが出てくるため，オプションの抽出と評価を分けて行う。改善案のオプションごとに，それぞれメリットとデメリットを比較し，ベストなオプションを選択する。

説得力のある改善案を作るコツは，課題から解決策へすぐに飛びつかず，まずオプションを抽出し，評価するというステップを踏むことである。たとえば「会議が長すぎる」という課題に対して「会議を１時間までとルール化する」という１：１の構図では検討が浅いとみえる。他に解決方法はないだろうかと疑いたくなる。そうではなく，「参加者を絞る」，「事前に論点を明確化しておく」,「そもそも会議をやめる」など，いくつかのオプションをあげたうえで選択すると，検討に深みが出てくる。単に見え方の問題だけでなく，実際にそうであろう。ただし小さな改善までいちいちオプションを出していたらキリがないため，メリハリをつけることも肝要だ。

⑥　あるべきプロセスの策定

あるべきプロセスとは，最終的にすべての改善案が盛り込まれた新しい業務プロセスのことだ。ここでのアウトプットのイメージとしては，現行プロセス，新しいプロセス，そのギャップを埋める施策群の3つの構成となる（**図表6－5**）。

図表6－5　あるべきプロセス案のイメージ

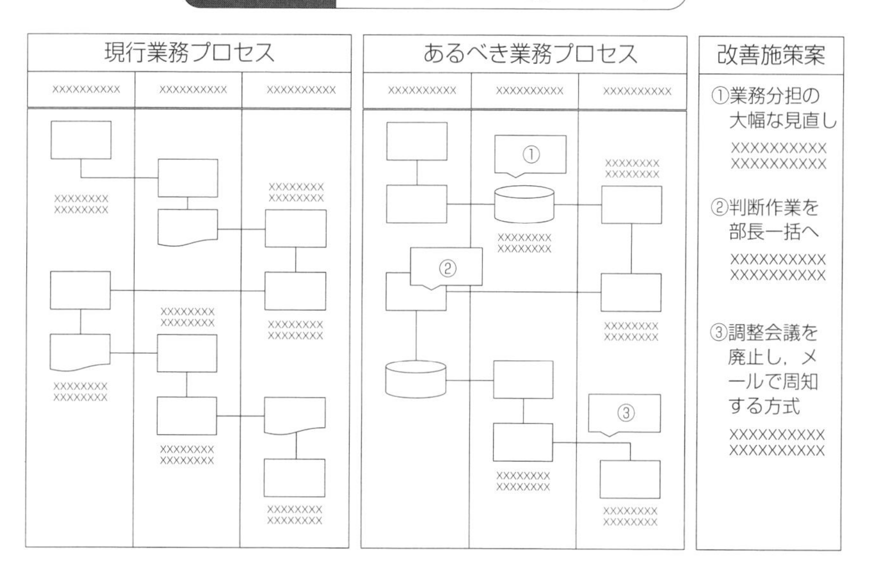

ちなみに，⑤と⑥の順番を逆にした考え方もある。あるべきプロセスと現行プロセスのギャップを埋めるのが改善案であるという発想で，先にあるべきプロセスが定義され，その後に改善案を作るという考えだ。これは世の中にベストプラクティスが存在する場合に可能なアプローチである。現行のプロセスや

課題がどうであれ，最初からあるべきプロセスを定義できるからだ。しかし予算管理は企業によってかなり違いがあり，世の中にベストプラクティスが確立されていないため，通常は課題解決型のアプローチになる。

⑦　費用対効果と実行計画の作成

計画フェーズの最後は，全体としての費用対効果と，今後の進め方を示す実行計画の作成である。計画フェーズの終了時には，次の導入フェーズに進めてよいかどうか，通常トップマネジメントの承認を得ることとなる。そのためには，全体としての定量および定性的な効果を示し，それに伴うコストを示す必要が出てくる。この定量的な効果を算定する際に，④の実施した業務量調査が生きてくる。この調査をベースに，定量的な業務削減工数と削減費用がある程度示せるからだ。

改善策をまとめてみると，限られたリソース，費用，時間のなかでは，全部の施策を実施できない場合もある。この場合は改善策に優先順位づけを行う必要が出てくる。**図表６－６**は，施策の優先順位づけの一般的な考え方を示している。この方法は，費用対効果と難易度で施策をマッピングし，それぞれの象限ごとに優先順位を決めるという考え方だ。

参考までにトップマネジメントの承認が下りるかどうか微妙な時には，A案，B案といったような選択肢を示すと効果的だ。これは心理的なテクニックの１つであるが，「実施するか，しないか」をトップマネジメントへ問うと，「しない」という判断が下るリスクがある。しかし「A案か，B案か」を問うと，どちらかに決まる可能性が高まる。人は選択肢がないと迷う。選択肢があると「どちらがベターか」という論点に意識が傾くようだ。

次にあるべきプロセスを実現するための実行計画の作成である。施策によっては，すぐに実行でき，すぐに小さな効果を得られるものもあるため（これをクイックヒットと呼ぶ），必要であれば運用フェーズを待たずに導入フェーズで並行して実行すればよい。また実行体制についても忘れずに触れておく。

図表6－6　改善策の優先順位付け

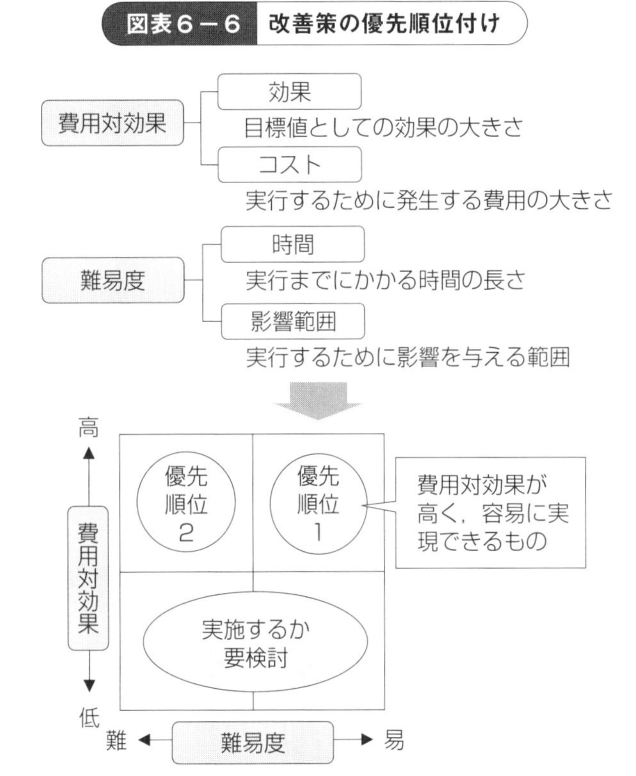

2．予算管理システム

予算管理の分野では，いまだにExcelなどの表計算ソフトを使用している企業が多いと説明したが，大手企業ではパッケージソフトを活用しているところも少なくない。これは企業規模がある程度大きくなると，Excelでの管理に限界が出てくるからだ。ここでは予算管理のパッケージソフト，いわゆる「予算管理システム」について解説する。

（1）予算管理システムとは

予算管理システムとは，各部署で独自に管理・散在しがちな予算管理データをサーバーで一元的に管理し，専用のソフトウエアで処理するシステムである。市販の予算管理システムは，一般的に**図表６−７**のような６つの機能を有している。

図表６−７　予算管理システムの主な機能

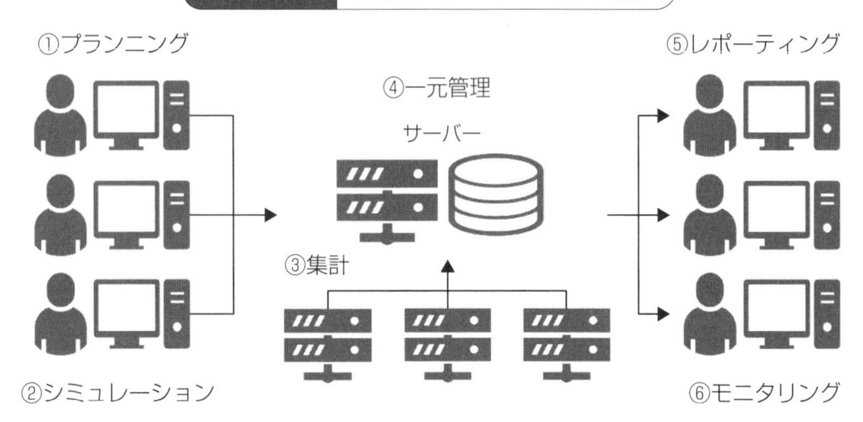

①　プランニング

プランニングとは，予算編成時の計画作業をサポートする機能である。カスタマイズされた専用フォーマットを用い，データ入力時の整合性をチェックしたり，各部門からのデータを集約したりする。

②　シミュレーション

シミュレーションとは，いくつかの仮定に基づいて予算を模擬的に算出する機能である。たとえば楽観ケースや悲観ケースによるシナリオ分析を行ったり，市場環境変化による予算への影響を予測，分析したりできる。

③　集　計

集計とは，予算統制における実績データを複数のシステムから集める機能である。システム間の互換性がない場合は，CSV形式などの中間ファイルを通じて，予算管理システムへ取り込む。

④　一元管理

予算管理システムでは，すべてのデータがサーバーで一元的に管理される。これにより常に最新のデータを，整合性を保ちながら維持，管理できる。

⑤　レポーティング

レポーティングとは，予算統制における予実管理表や分析資料などを自動的に作成する機能である。また画面上のレポートから特定のデータをクリックすることで，詳細なデータへドリルダウンできるなど，Excelにはない機能も含まれる。

⑥　モニタリング

モニタリングとは，システムから最新のデータをリアルタイムで見ることができる機能である。日々更新されるデータでは，月次のレポートを待つことなく，最新情報にアクセスできる。

（2）予算管理システムのメリット

予算管理システムには大きく5つのメリットがある。

①　一元管理によりデータの信頼性を担保

Excelなどでバラバラにデータを管理すると，どのデータが正しくて，どのデータが最新なのかがわからなくなりがちだ。予算管理システムはデータをサーバーで一元管理するため，サーバー上のデータが常に「正」となり，またバージョン管理によって変更履歴を残すこともできる。

②　エラーチェック機能によりヒューマンエラーを排除

予算管理システムの入力画面は，一般的にエラーチェック機能が施されており，入力ミスの多くを未然に防ぐことができる。たとえば入力必須の項目が未入力であったり，誤ったデータが入力されたりするとエラーが表示され，保存ができない仕組みとなっている。

一方，Excelは通常どんなデータでも入力できてしまうため，最後の最後になって未入力や誤入力が見つかり，大きな手戻りになりやすい。

③　処理作業の効率化，高速化

予算管理システムでは，データとレポートが連動しているため，一元管理されたデータからタイムリーにレポートを出力することができる。Excelではさまざまな集計作業を経てようやくレポートに仕上がるため，非常に時間がかかる上，データに修正が入ると集計作業をやり直さなければならない。予算管理システムは，そういった作業負荷を削減できるだけでなく，鮮度の高い情報を活用できるようになる。

④　多様な分析機能

予算管理システムには，さまざまな分析機能，レポート機能が装備されている。このような機能を駆使することで，これまで気づかなかった問題点がわかるようになったり，多次元分析やドリルダウン機能などによって深い分析ができるようになる。

⑤　セキュリティ対策

Excelファイルで予算管理を行う場合は，ファイルをメールや共有フォルダを使ってやりとりすることになる。しかし予算管理では経営に関する機密情報を扱うため，誤送信やウイルスによる情報の漏洩リスクが懸念される。一方，予算管理システムでは，システム内で情報のやりとりが完結するため，高いセキュリティを確保できる。

（3）予算管理システムのデメリット

予算管理システムには主に4つのデメリットもある。

①　システムの費用

Excelであれば追加費用はかからないが，予算管理システムの導入は追加費用がかかる。予算管理の業務量がそれほど大きくない中小企業などでは，費用対効果が出ないかもしれない。ただ最近は中小企業向けの安価なクラウドサービスも出ているので，幅広く調査してみる価値はあるだろう。

②　変更の柔軟性が低い

予算管理は，組織や管理方法の変更によって，フォーマットや計算方法に変更が起きやすい業務である。予算管理システムも頻繁に修正が必要となるが，Excelのように業務担当者が簡単に対応できるわけではない。スタートアップ企業や変化の激しい業種では，システムのメンテナンスのほうが大変になるかもしれない。導入コストだけでなく，システムの修正負荷やランニングコストについても考慮が必要だ。

③　実現へのシステム的な制約

予算管理の方法は企業によってさまざまだが，自社特有の管理が予算管理システムで実現できないこともある。その場合，自社の方法をある程度あきらめ，システムに合わせざるを得ない。Excelのように何でもできるわけではないことに留意すべきである。

④　操作方法の習得

新しく予算管理システムを導入した場合，当然のことながら操作方法を習得する手間と時間がかかる。場合によってはマニュアルを作成したり，トレーニングを実施したりする必要もでてくる。操作に慣れるまでは以前よりも非効率になるかもしれない。

以上のように予算管理システムにはメリットとデメリットがあるため，予算管理システムが必ずしもExcelより優れているとは言えず，自社の状況に適したツールを選定するしかない。一方，次に説明するRPAの活用は第三の選択肢となるかもしれない。

3．ロボット／RPAの活用

近年，デスクワーク業務にロボットを導入する企業が増えている。ロボットとはRPAというソフトウエアのことで，定型業務の自動化に幅広く利用されている。

RPAとはRobotic Process Automationの略で，パソコンで行うデスクワーク業務をロボットが人間に代わって行うソフトウエアである。ソフトウエアにもかかわらず，なぜロボットと呼ばれているかというと，人間と同じ作業を代替しているからだ。

予算管理はRPAが活用できる業務の１つである。ここでは予算管理におけるRPAの活用方法について解説する。

（1）RPAが適している理由

予算管理にRPAが適している理由は主に２つある。１つ目は，RPAの特徴であるプログラミングが不要なところだ。一般のシステムでは技術者でなければ開発や修正ができないが，RPAの場合はユーザー自身でロボットの作成や修正ができる。したがって予算管理のように変更が頻繁に発生する業務では，ユーザー向けのPRAが適している。なおユーザーがRPAを使えるようになるには，一定のトレーニングが必要となる。

RPAが適している２つ目の理由は，企業固有の業務を自由に自動化できるからである。予算管理は企業によってやり方にかなりばらつきがあるため，自社に適した予算管理システムを探すことは簡単ではない。しかし，RPAであれば現行業務をほとんどそのままロボットに代行させることができるため，パッケージソフトに比べて適合性が圧倒的に高い。

（2）RPAに代替可能な業務

RPAが得意な領域は，「手順が決まっていること」と，「繰り返し業務であること」の２条件を満たす業務である。ロボットなので業務の手順がはっきりと決まっていなければ動けない。また何度も繰り返す業務でないとコスト削減効果が出ない。このことから考えると，予算管理でRPAが活躍できる領域は「月次の予算統制業務」となる。

典型的な例としては，**図表６－８**のように①データ入力作業，②問い合わせ作業，③レポート作成作業の３業務があげられる。なお予算編成業務は年に１度しかないため，繰り返し業務といっても頻度が低すぎ，投資対効果はあまり期待できないであろう。

予算管理のやり方は企業によってさまざまで，利用しているシステムも異なることから，一概にRPAの活用方法を示すことは難しいが，一例としてイメージを説明していきたい。

図表６－８　予算管理業務におけるRPAの活用

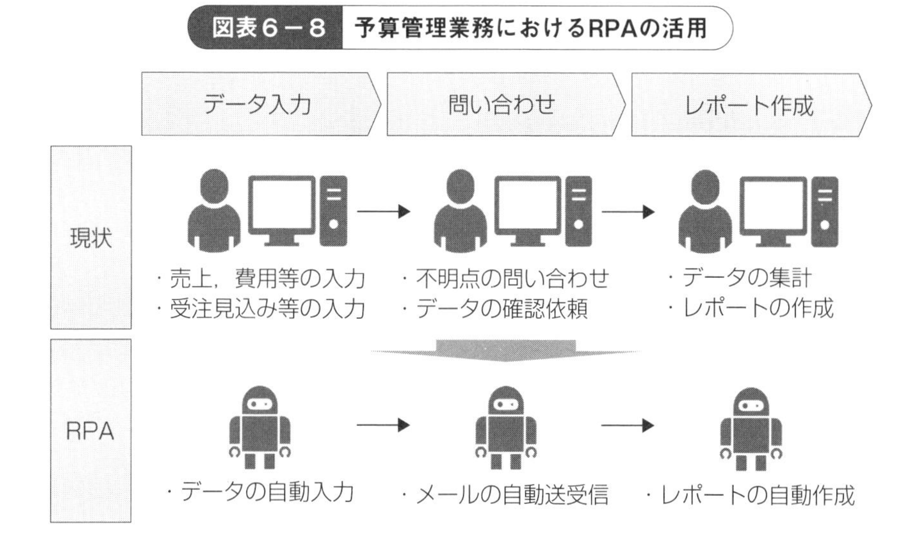

①　データ入力作業

まず予算統制の前段の業務として伝票入力作業がある。売上や費用などのデータを販売管理システムや原価管理システムなどに入力する業務のことだ。通常は事務員が伝票やExcel表を見ながら，パソコンでデータを手入力するが，このような入力作業はRPA活用の典型例である。

ただしRPAが処理できるのはデジタルデータだけなので，紙の伝票を見てシステムに入力することはできない。特に中小企業などでは，いまだに手書きの伝票やFAXを使用しているところも多く，ただちにRPAを活用できる状況にはないかもしれない。その場合は，まずデジタル化やペーパーレス化を進めることから着手する必要がある。

筆者も中小企業に対してRPAによる業務効率化のコンサルティングを数多く行っているが，たとえばFAXで注文を受けているクライアントに対しては，元のExcelやPDFファイルをメールで送ってもらうように取引先と交渉してもらい，少しずつデジタル化を進めていただいている。もちろんAI-OCRなどを使って紙の情報をデジタル化する方法もあるが，これは一時しのぎにすぎず，根本的な解決にはなっていない。最初からデジタルデータで取引することのほうが，結局のところ手間も費用も省くことになるからだ。

そもそもRPAはパソコン上で動くソフトウエアのため，デジタル化が前提となっている。逆に言えば，デジタル化が遅れている企業であれば，RPAの導入を１つの契機として，デジタル化を推し進めるというのも１つの考え方ではないだろうか。

②　問い合わせ作業

月次の締め日が近づくと，入力データの確認作業に入る。通常，経理部門は，未入力の部署に催促の連絡をしたり，データの入力ミスと思われる部分について担当部署に確認したり，確定の前にデータの最終確認を依頼したり，さまざまな問い合わせ作業を行う。このような問い合わせ作業の多くはルーチン業務のため，RPAに代替することができる。

RPAの動きを理解するために，未入力の部署に催促する作業を例にとって説明する。**図表６－９**がそのイメージである。まずRPAは自分でシステムにログインし，未入力の項目を検索する。ログインIDやパスワード，未入力の定義は，あらかじめRPAに設定しておく。

RPAは未入力項目を見つけると，催促のメールを送る作業に入る。まず担当者のメールアドレスを調べ，メールソフトを起動し，メールに定型の文書を書き込み，催促メールを送信する。その後，RPAはシステムの入力状況を定期的にチェックし，対応状況をExcelの一覧表にまとめる。未入力のまま放置されている場合は，リマインドのメールを送る。RPAは未入力がなくなるまで，何度でも担当者へメールを送り続ける。

この例からわかるとおり，RPAは人間と同じように，パソコン上でシステムにログインし，検索し，メールを送り，管理資料を作成する。RPAの特徴は，パッケージソフト，メールソフト，Excelなど，異なる複数のアプリケーションをまたいで作業ができるところにある。

図表６－９　未入力に対するRPAの作業イメージ

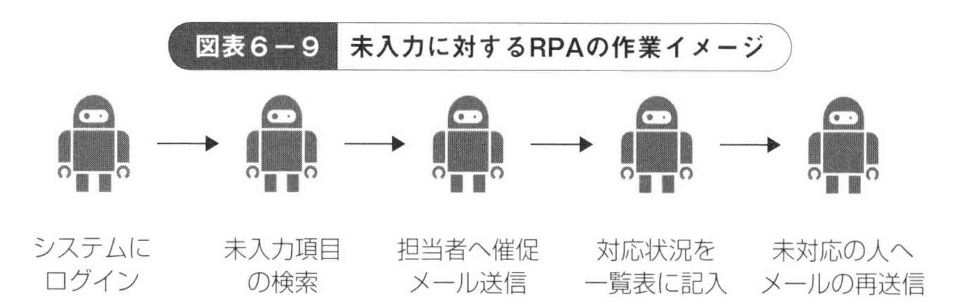

③　レポート作成作業

月次の締め処理が終わると予実管理レポートの作成に入る。通常，レポートの作成には，さまざまなシステムからデータをダウンロードし，集計する必要がある。たとえば財務データは会計ソフトから，受注データは販売システムから，営業データはSFAからといったように，データの収集や集計にはかなりの手間がかかる。これらの作業もルーチン業務のため，RPAに代替することが効果的だ。

（３）RPAの導入判断

RPAの導入には当然のことながら費用がかかるため，その導入判断は投資対効果で行うべきである。システム導入の投資対効果は一般的に「５～10年の累積」で評価する。これは費用が初期に大きくかかり，効果は数年続くからだ。

①　効果算定の考え方

改善効果は，基本的にRPA導入による業務の削減時間を金額換算する。削減時間を正確に見積ることは困難であろうが，現在かかっている作業時間をベースに，自動化された場合の削減時間を業務担当者に見積ってもらうしかない。ざっくりと「半分くらい」とか，「３分の１くらい」でかまわない。削減時間がわかれば，あとは賃金単価をかけて金額換算する。

なお効果には定性的効果もある。たとえば「レポートが早く仕上がることにより意思決定スピードが上がる」，「残業が減ることにより社員のモチベーションがアップする」など，これらを評価の一部に加えてもよいだろう。

② 費用算定の考え方

費用は「初期コスト」と「ランニングコスト」に分かれる。初期コストの主な内訳は，外注委託費，RPAライセンス料，サーバー／パソコン購入費，トレーニング費である。外注委託費は，外部ベンダーに開発を委託した場合にかかるが，社内だけで進めれば委託費はかからない。

ランニングコストの主な内訳は，RPAライセンス料と保守費である。RPAライセンス料については製品によって料金体系は異なるが，多くは年間ライセンスとして一定の年間費用がかかる。

４．AI（人工知能）の活用

AIとはArtificial Intelligenceの略称で，米国の計算機科学研究者ジョン・マッカーシーがはじめて使った言葉である。AIは，人間の思考プロセスと同じような働きで動作するプログラムや技術のことを指す。

人間の脳は複雑な物事から規則性を見つけたり，将来起こりうる物事を予測したりできるが，この人間特有の脳の働きをシステムで再現したものがAIである。人間が過去の経験から法則を見つけるように，AIも大量のデータを学習して法則にそった結果を出すことができる。このデータを読み込むことを機械学習（Machine Learning）と呼ぶ。

（1）予算管理における活用領域

予算管理にAIを活用している事例はまだ多くはないが，業績予測の分野に効果を発揮すると言われている。具体的には，予算編成プロセスにおける「売上予測」，予算統制プロセスにける「着地見込み」である。

人間が予算編成で売上予測を行う際，過去の売上データや市場データ，見込みデータなど，数多くのデータを分析して見積りをしているはずだ。これら膨大なデータを人間が分析するには限界があるが，AIであれば正確な分析と予測が可能となる。

着地見込みも同じように活用できる。予算統制プロセスにおける予実管理では，期中において期末の業績予測，いわゆる着地見込み管理することが多い。従来は人間がさまざまな仮定を置いて着地見込みを出していただろうが，AIは現在までのトレンドや見込みデータなどから規則性を見出し，最も妥当な傾向値を算出できる。

（2）AI活用のメリット

AI活用の主なメリットは次の５つである。

①　高い予測精度

AIの特徴は，過去に蓄積した膨大なデータから規則性を見つけ，それを踏まえて理論的な予測を行うことができる点である。人間が頭で予測するよりも高い精度が期待できる。

②　細かい単位での管理

多種多様な商品を抱えている企業の場合，商品単位で予測を立てることは作業量的に困難なため，ある程度グルーピングした単位で管理せざるを得ない。しかし，AIであれば作業量が問題にならないため，より細かな単位での管理が可能となる。

③　業務の効率化

膨大なデータ分析作業をAIが行うため，社員の業務負荷は当然，軽減される。また業務時間が減ることにより，管理レポートができあがるまでの時間も短縮される。

④　ヒューマンエラーの防止

業務の一部をAIによってシステム化することから，ヒューマンエラーのリスクは低減される。

⑤　属人化の防止

売上予測や着地見込みの分析業務は，一部の担当者に依存してしまうケースが多い。担当者によって予測にばらつきが出たり，担当者不在によって業務が停滞したりするリスクがあるが，AIによって業務の属人化を防止できる。

（３）AI活用に向けた課題

これからAI活用を考える企業は，次の３つの課題を考慮すべきである。

①　AI人材の確保

AIを十分に活用するためにはAI人材の確保が重要となる。単にシステムに強いというだけではなく，AIの仕組みを理解し，データ分析ができるスキルを必要とする。安定的かつ継続的な成果を出すためには，専門的な人材の確保と育成が不可欠だ。

②　データの蓄積

AIの機械学習では，継続的に学習することで予測精度が向上していく。データが不足していたり，データの精度が低かったりすると予測も不正確になってしまう。予測に必要な幅広いデータと信頼度の高いデータを長期に蓄積することがAI成功のポイントとなる。

③　導入コスト／ランニングコスト

AIの導入には当然，一定の費用がかかる。クラウド型の安価なAIソフトや無料の試用版の活用など，最初から多大なコストをかけないよう工夫した上で，費用対効果を見極めることが重要だ。

第7章

環境変化に対応した予算管理

1．環境変化に対応するということ

予算管理の難しさの１つに，不透明な経営環境があることは第１章で述べたとおりだ。特に現在のように為替や原材料価格の変動が激しい経営環境下では，予算編成の前提を置くこと自体が困難であり，予算管理の最も大きな課題となっている。いくら精緻な予算編成を行ったとしても，これだけ前提条件が揺れ動くと一体何のための予算だったのかと思えてくる。そこで本章では，経営環境の激しい変化にどう対応するかについて解説する。

（1）環境変化への対応能力

経営環境の激しい変化が今後も続くとなると，企業としては環境変化をいち早く捉え，予算や計画を機動的に修正する対応能力が重要となってくる。では企業として環境変化をどの程度捉えることができるだろうか。

経営環境にはマクロ環境とミクロ環境があるが，マクロ市況の変化を捉えることは比較的容易である。日々ニュースなどで取り上げられ，具体的な数値として示されるため，その変化は誰しも感知できるだろう。一方，ミクロ環境の変化についてはやや難しい。月次レポートなどで売上や受注の変化を確認できるが，マクロの市況変化が実際に企業の売上に波及するまでには，かなりの時間がたっているはずであり，売上や利益といった情報は決してタイムリーに現状を把握できる指標ではない。従来の予算管理で見ている売上や利益といった指標以外に，事業環境の変化を感知するための最適な指標というものを検討する必要性がでてきていると考えられる。

また仮に変化を的確に感知した場合，どのように対応すべきかがわかっているだろうか。大きな変化が起きた後で，さてどう対応するかという協議を始めるようでは，変化の波に押し流されるだろう。

（2）予算編成で考慮すべきこと

経営環境の大きな変化が予見されることは明らかであるが，その中でも予算編成では，何を考慮すべきであろうか。

①　予算の前提に着目

予算は一定の前提に基づいて作成されることは先に述べた。これまでは，その前提に立って，どのように事業を運営するかが議論のすべてであったが，これからは前提の変化についても注意を払わなくてはならない。それだけ事業の前提が根底から覆される「前提崩壊」のリスクがあるからだ。

たとえばリーマンショックのときには，この前提崩壊によって多くの企業が経営危機に追い込まれた。トヨタ自動車は2008年３月期に２兆2,703億円という過去最高収益をたたき出したが，翌年，4,610億円の赤字に転落した。リーマンショックと呼ばれた金融危機によって，需要が大幅に下落したからだ。トヨタが何か特別な失敗を犯したわけではない。これまでと変わらず魅力的な自動車を作り続けていた。決して品質やサービスが落ちたわけではなく，ただ経営環境の急激な変化に押し流されたにすぎない。本業の問題ではなく，事業の前提の問題であった。それだけ前提というのは，本業の収益を一瞬にして吹き飛ばすくらいの威力があるというのを我々は目の当たりにした。あの「世界のトヨタ」でさえである。前提の変化というのは決して小さなファクターではない。まさに生きるうえでの「空気」のような存在であり，あって当たり前であるが，なければ即「死」を意味するほど重要なファクターであろう。特にこの数年間は，この「前提の変化」の見極めと対処が企業の生命線になるのではな

図表7－1 トヨタ自動車の決算発表

	08年3月期	09年3月期
売上高	26兆2,892億円	20兆5,295億円
営業利益	2兆2,703億円	▲4,610億円

出所：トヨタ自動車（株）2009年5月8日 決算説明会資料

いかと思われる。

② 前提を大きく変えるリスクファクター

予算編成をするうえで考慮すべきことは，「予算の前提」をよく理解することである。具体的には，計画を大きく変える可能性のある要素を見極めることである。この要素のことをリスクファクターと呼ぶ。たとえば予算の前提として市場の一定規模の需要を見込むであろう。その一定の需要の中で，よい製品やサービスを提供して，期待される収益を目指すというのはまさに企業努力である。しかし，そもそも需要自体が何かの外部要因によって大きく落ち込むようなことになれば，これは企業努力だけではどうにもならない。この外部要因を構成する要素，これがリスクファクターだ。リスクファクターを見極め，自社の業績をどう左右する可能性があるかを理解しなければいけない。

事業によってこのリスクファクターは大きく異なる。たとえば輸出入産業であれば，為替や輸入原材料価格の影響を大きく受けるであろうし，半導体などのように価格が市況に左右されやすい事業であれば，販売価格の市況推移が重要になる。国内産業であれば国内景気に大きく左右されるであろうし，景気が悪いほうが逆に売上増になりやすい低価格帯をターゲットとする事業もあるであろう。

インパクトの大きいリスクファクターとは何かを考える1つの方法は，物事を極端に考えてみることである。英語にはwhat if challengeという言葉があるが，「もし為替が200円になったらわが社にどのような影響があるだろうか」という少し極端な状況を考えてみる。これが「153円だったら」という実際にあり得そうな数字だと，あまり新しい発想が出てこない。なんとなく現状のままでも対応が可能そうであり，それほどインパクトがあるように感じてこない。もう少し極端に考えてみると，本当に重要なリスクファクターかどうかが見えてくる。

地震や戦争のように予期することすら困難なリスクについては予算管理の範囲で対応は困難であろう。戦争や大規模な自然災害はBCPなど別次元で取り扱うほうがよい。しかし，為替や原材料価格など，明らかに過去とは異なりボラティリティの高い要素については，むしろ管理可能なファクターと捉え，今後しっかりモニタリングしていく必要がある。このリスクに対して，しっかりとプランをし，モニタリングをすることが，まさに予算管理に織り込まれるべき重要事項ではないだろうか。なおリスクファクターの詳細については後に説明する。

③　鉄壁の防御策を

リスクファクターを明らかにすることと同時に，特にインパクトの大きいリスクファクターについては，リスク回避策，あるいはリスク対応策を用意しておくことが肝要である。リスク回避策とは，リスクが実際に発生する前に，予防策を講じることである。一方，リスク対応策とは，リスクが実際に発生した後で，速やかにアクションを打てるような計画作りである。

ここで取り上げるリスクとは，小さな予算と実績の差異のことではない。単なる予実差異については，これまでと同じようにオペレーショナルな対応を行えばよい。ここでいうリスクとは，予算の前提を大きく変えるような変動を指している。為替が20円下がる，需要が20%下がる，原材料価格が倍になるといった異常事態のことだ。このような防御策を予算編成の中に入れ込み，リスクに強い計画を策定することが不透明な経済下を勝ち抜くためのポイントと考えられる。

2．リスクに強い予算とは何か

経営環境の変化が激しい現在の経済環境下では，リスクに対してこれまで以上に周到な準備を行い，予算管理へと盛り込むことが重要になる。ではリスクに強い予算管理とは具体的にはどのようなものか。

（1）リスクに強い企業

まずリスクに強い企業とは，どのような企業であろうか。リスクに強い企業とは，外部環境変化に対して影響を受けにくい，あるいは外部環境変化に対して柔軟に対応できる会社のことである。たまたま外部環境に影響を受けにくい業種ということもあるであろうが，ここではリスクに対して周到な準備と対応ができている会社と定義したい。

次にリスクに強い予算管理とは，どのような予算管理であろうか。リスクに強い予算管理とは，予算の計画段階において，大きなリスクに対する見極めができており，その特定されたリスクを回避する策を講じている，あるいはリスクが発生した場合の対応策を用意してあることと言い換えられる。また予算統制の段階においては，重要なリスクファクターを適宜モニタリングし，異常値が観測された際には，速やかに用意された対応策を講じることができる状態を指す。

リスクという言葉はやや曖昧に使用されることが多いため，ここでリスクの定義を明確にしておきたい。リスクとは，一般用語としては「予測できない危険」と解釈されているが，ここでいうビジネス上のリスクとは，ビジネスの前提となる要素に対する「変動幅」と「確率」のことを指す。たとえば為替レートでいうと，変動する幅が大きく，その発生する確率が高ければ，リスクが高いと定義される。逆に，変動はするが幅が小さければリスクと捉える必要はなく，また発生する可能性がほとんどなければ，それもリスクは低いと捉える。

このようなリスクマネジメントの話をすると，ただでさえ忙しい予算編成作業が膨大になるのではないかと危惧される方もいるだろう。しかし，あまり細かなリスクにこだわる必要はなく，予算の大前提を揺るがす重要なリスクファクターに絞り込むことによって，作業ボリュームは軽減できる。

では，どこまでリスクに対応すべきであろうか。対応レベルは2つある。企業にとってリスクによる最悪の事態とは倒産してしまうことであるため，まず最低限のレベルとは，不測の事態に対して最悪でも倒産はしないだけの準備をすることである。もう少し高いレベルは，不測の事態で売上は下がったとしても，一定の利益は確保できる用意をすることである。この場合は利益がゼロ以上になるレベルまで，予防策を講じる，あるいは対応策を準備することになる。

（2）リスクへの対応方法

リスクへの対応策として一般的に知られているのが金融機関のそれであろう。銀行などの金融機関は，リスクへの対応策として通常「資本増強」をとる。日本でも90年代の金融危機の際，公的資金を金融機関に注入し，資本の増強を図ったが，これは最悪の事態でも潰れないだけの資本を持つことによって，倒産だけは回避するのが狙いだ。

ではどれだけの資本が必要かという場合に，金融機関はリスクを計量化する手法を使う。バリュー・アット・リスクという金融工学に基づいた手法を使い，「最大予想損失額」を計算する。最大予想損失額とは，簡単にいえば最悪の事態が発生した場合に被るであろう最大の損失額のことである。この損失額にも耐えられる資本を用意しておけば少なくとも潰れないというわけだ。

当然リスクの大きさは金融商品によって異なる。国債と無担保ローン債権では，リスクの大きさは全く異なる。したがって，それぞれのリスクの性質によって予想損失額の計算を行う必要がある。この時に先に触れたリスクファクターの考え方を使う。それぞれ異なるリスクの性質をもつ商品に対して，その商品がさらされているリスクファクターを明らかにし，リスクファクターの変動する大きさと確率を統計学的に計算し，リスクを金額換算する。

このようなリスクの計量化は膨大な時間と労力を必要とするが，多くの企業は別に金融機関ではないので，同じように精緻な計算をする必要はない。ただ金融工学で磨かれた考え方は，多くの一般企業でも活用することができ，重要なリスクファクターを特定するには非常に効果的なツールである。

（3）リスクファクターの特定方法

リスクファクターの標準的な洗出し方法は，バリューチェーンに基づいて考えていくやり方である。**図表７－２**にあるように，事業の大まかなバリューチェーンを描き，どこにリスクファクターがあるかをまずマッピングしてみる。あげようと思えば20も，30も出てくるであろうが，あまり細かなファクターを探し当てる必要はない。５～10程度で十分である。

図表７－２　バリューチェーンとリスクファクター

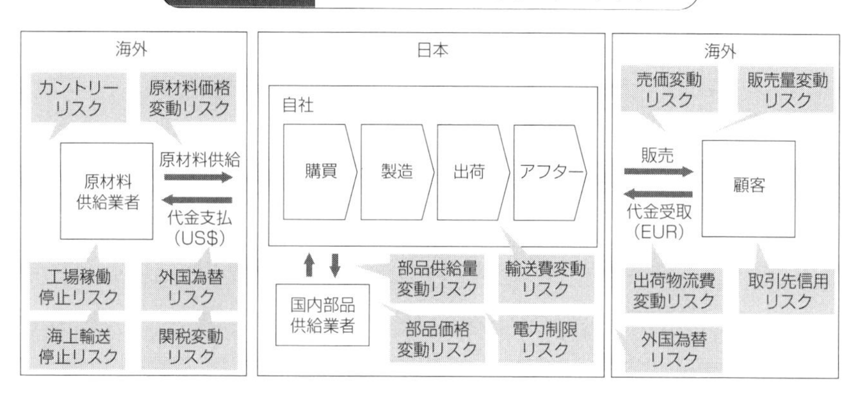

次に，あげられたリスクファクターの中で，予算の実績値を大きく変動させる可能性のあるファクターを探す。金融機関ではこの特定を，過去のデータから統計学的手法をもって計算するが，そこまでする必要はない。当該事業の経験者であれば，どのファクターが最も売上やコストといった数値へ影響するかは，経験的にわかるはずで，説明もできるはずである。あるいは何名か当該事業に詳しい人間が集まり，ディスカッションをすれば十分特定できる。また前述したように少し極端に物事を考えてみてもよい。もう少し正確にやりたい場合は，データを使って簡単なシミュレーションを行ってみてもよいだろう。

（4）予算管理におけるリスクのマネジメント

重要なリスクを特定することができれば，これを次に予算管理の中に織り込み，確実にマネジメントされることが必要となる。プランだけが作成され，そのままキャビネットにしまわれてしまっては何の意味もない。予算管理の重要な活動の１つとして予算統制のマネジメントサイクルに統合されなければ，本当の事態に対応はできない。このようなマネジメント態勢を整えるためには，①Key Risk Indicatorの設定，②リスクの回避策／対応策の作成，③モニタリングの３つが必要となる（**図表７－３**）。

図表７－３　リスク管理のステップ

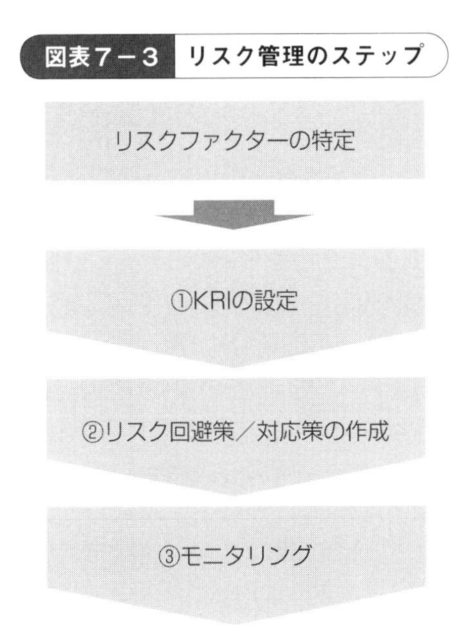

①　KRIの設定

重要なリスクファクターについては，指標化して予算管理の中でモニタリングできるようにする。リスクの指標のことを一般的にKey Risk Indicator（KRI）と呼ぶ。たとえば，ある特定の原材料価格が最大のリスク要因だとすれば，その価格水準を指標とすればいい。

もちろん事業を行っている本人であればKRIなど設定しなくても，日々の管理の中でリスクファクターの動きというのは察知できると思われるが，ここでKRIを設定する理由は，トップを含め会社全体でリスクが見える状態にしておくためである。

ここでKRIを設定する場合に注意すべきことは，あまり凝ったKRIを作り上げないことである。正確性にこだわりKRIの計算が複雑になったり，そもそもデータの取得が困難でタイムリーに算出できないようでは役に立たない。異常値が察知できれば十分であり，詳細な分析や確認は必要に応じて異常値が出てきたときにやればよい。また数値化がどうしてもできない場合は定性的に代替するなどの工夫も必要となるだろう。

②　リスクの回避策／対応策の作成

次に準備すべきは，リスクの回避策あるいは対応策の検討である。この回避策は事業によってさまざまであろうが，１つの考え方としてはポートフォリオ効果によるリスク分散である。ポートフォリオ効果とは，複数の異なるリスクの事業を持つことによって，１つの事業のリスクが他の事業のリスクによって打ち消され，全体としてはリスクが低減されるという効果のことである。簡単な例でいえば，輸出中心の事業と輸入中心の事業がある場合に，為替レートが円高に振れても片方にはマイナスであるが，もう片方にはプラスになるため，結局リスクは相殺されてゼロになるという考え方だ。同じように内需産業と外需産業，高価格帯商品と低価格帯商品，労働集約型と資本集約型など，ある程度リスクに逆相関のある事業の組み合わせへポートフォリオを組み替えることによって，リスクに強い事業体となりえる。このポートフォリオマネジメントについては後ほど詳述する。

リスクの対応策についても事業によってさまざまであろうが，個別の具体策以外でいえば，攻めの事業方針から守りの事業方針への素早い転換が対応策として重要である。リスクの高い経営環境では，「攻め」と「守り」を素早く切り替えられなくてはいけない。チャンスとあれば一気に攻め，ピンチになれば素早く守りに徹する。具体的に守りの方針転換とは，売上を捨てて利益確保に軸足を移すということである。一般的に企業では売上が達成できなければ，いくら利益を確保してもあまり誉められない体質があるが，この利益確保の方針をいち早く経営陣が意思決定することが重要となる。環境が好転すれば，また素早く攻めに転じればよい。これを，ずるずると判断を先延ばしにすると，被害が拡大するはめになり，それはまさに無策といわれても仕方がない。

③　モニタリング

モニタリングとは，KRIを中心としたリスクの監視のことである。一般的に企業では，予算統制として月次の経営会議で予算と実績の管理をしているが，その一環としてリスクの確認も行う。経営会議というトップも出席する会議体において，リスクについても予算管理の一部として確認することに意味がある。それだけ現在の経営環境ではリスクの影響が重要であることはこれまで述べたとおりで，リスクマネジメント部門が管理すればよいというものではない。

また，すべてのKRIを経営会議でモニタリングすべきかどうかは検討の余地がある。全社で見るべきKRIもあれば，各部門レベルで管理すべきKRIもあると考えられるからだ。

（５）縮小均衡の危険性

あまりリスクの話ばかりすると，逆に本業がおろそかになり，リスクを回避する行動ばかりが蔓延するのではないかと危惧される方もおられよう。しかし，本質的には，しっかりと守りを固めて，安心して攻めができることが狙いである。一番恐れていることは，リスクを実際に被ることではなく，リスクに恐怖を感じて思い切った攻めができなくなることだ。つまり縮小均衡に陥ることである。

たとえば空中ブランコで，もしセーフティネットが張っていなければ，手足が縮こまって本来できる演技でさえ失敗するかもしれない。むしろセーフティネットによって安全対策が万全であればこそ，最高のパフォーマンスを発揮できるというものだ。企業活動においては，このセーフティネットをしっかり張り切るのが管理部門の役割だ。各部門に任せっきりにするのではなく，会社全体の仕組みとしてセーフティネットを導入し，安心して仕事ができる環境を構築することが肝要である。

3．事業ポートフォリオマネジメントという考え方

リスクの回避策／対応策の１つとしてポートフォリオ効果によるリスクの低減をあげたが，ここではリスクに強い企業になるための事業ポートフォリオマネジメントという考え方を説明する。

そもそも予算管理は，企業の資源配分を決定することであり，リスクを考慮して資源配分を行い，リスクに強い企業に変えていくことも予算管理の重要な役割である。また第３章の資本予算では，投資の優先順位づけを行ううえでの一般的な投資対効果の考え方を説明したが，現在の経営環境下では従来の投資対効果による投資の意思決定だけでは不十分である。なぜならば投資対効果を最大化することと，リスクを最小化することは別の話だからだ。

（1）不確実な環境下での生き残り方

金融危機やパンデミックのような事態が起こると，どんなによい製品を開発しても，どんなに素晴らしいサービスを提供しても，儲けが一瞬にして吹き飛んでしまうことがある。それだけ我々は極めてリスクの高い経営環境で仕事をするようになってきているのだ。このような経営環境を「ハイリスク経済」とここでは呼ぶ。

ハイリスク経済において企業が直面する最悪の事態とは，想定外の業績悪化によって倒産に追い込まれることである。この想定外のことは，どの企業でも起こり得るだろうし，いつでも起こり得る。したがって企業が直面する最悪の事態を回避するためには，想定外の状況に陥ったとしても耐えうる企業体質へ転換すべきと考えられる。

具体的にはリスクを最小化することに着目する。リスクの高い事業からは潔く撤退し，最悪の状況下でも本体だけは生き残れるようにする。重要なことは単に不採算事業からの撤退ではないことだ。極端な例でいえば，たとえ儲かっていてもリスクが一定以上に高い事業からは撤退するという判断も必要となってくる。ビジネスには攻めと守りがあるが，ハイリスク経済下では守りをしっ

かりと固めるのが先決である。守りを強固にしたうえで，攻めに転じるべきで，その逆ではない。

また実際に撤退をするかどうかの意思決定とは別に，撤退の議論をすること，つまり準備をしておくこと自体も重要になる。本格的に厳しい状況になってからでは，手遅れになる可能性があり，少なくとも早い対応はできない。実際の撤退には時間がかかるためだ。

（2）事業ポートフォリオの組替え

ハイリスク経済下で生き残るためには，事業ポートフォリオの組替えをしなければいけない。リスクの高い事業からは撤退し，リスクに見合った収益が見込める事業へ資源を傾斜配分し，企業全体としてリスクの低減に努める必要がある。

企業の多くは，単一事業のみを行っているのではなく，複数の事業を行っている。したがって，それぞれの事業によってリスクの高い，低いがある。為替に左右されやすい輸出中心の事業もあれば，不景気には需要の急激な低下を招く耐久消費財のような事業もある。事業によってリスクの要因も異なり，リスクの大きさも異なるため，まず事業ごとのリスクを見極めることが重要となる。つまり自分たちの会社が，どのようなリスクを背負っているのかを明らかにすることが最初のステップである。リスクを棚卸ししたうえで，それでも資金に余裕があれば新規投資を考え，資金が足りなければ事業を縮小することを考えなければいけない。この事業のリスクを見極める手法を「事業リスク評価」と呼ぶ。

リスクというと内部統制に代表されるような社内のコントロールの話を思い出しがちだが，ここで論じているリスクは事業リスクである。事業の収益性を左右する不確実性の大きさと確率である。事業リスク評価の具体的な内容は後ほど説明するが，ここでは事業リスクを正しく把握することが第一ステップであることを理解いただきたい。

次に，新規事業への投資や既存事業からの撤退を考える場合，個々の事業の判断ではなく，事業全体を俯瞰することが重要となる。事業全体を見渡したうえで，事業の「選択」と「集中」を考える必要があるのだ。その際に有用な手法が事業ポートフォリオマネジメントである。

(3) 事業ポートフォリオマネジメントとは

そもそもポートフォリオとは，英語の「紙バサミ」という意味である。書類をひとまとめにする文具であり，これが転じて事業をひとまとめにした考え方が事業ポートフォリオである。

企業が複数事業を持つ理由は大きく2つある。1つは事業拡大。単一事業では成長が見込めない場合に，周辺事業や新規事業へと進出するためである。もう1つはリスク分散で，複数の事業があれば1つの事業のみの場合よりも全体への影響が軽微となるからである。

事業ポートフォリオマネジメントの古典といえば，プロダクトポートフォリオマネジメント（PPM）と呼ばれる手法であろう。1960年代後半に発案され，80年代に米国を中心にブームとなったそれである（**図表7－4**）。

この図では，「負け犬」の象限にプロットされる事業は，基本的に撤退を検討すべきと判断される。市場成長率が低いということは，市場競争においてプレーヤーの勢力図が概ね決定しており，新規参入余地があまりない。そのような市場でシェアが低いということは，負けが決定しているという解釈になる。

図表7－4　プロダクトポートフォリオマネジメント（PPM）

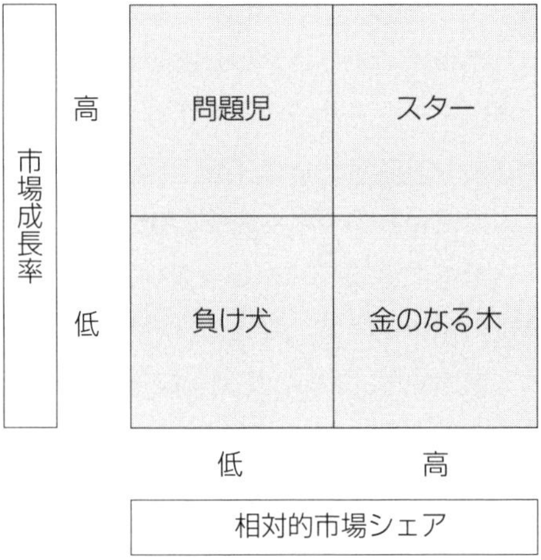

非常に単純でわかりやすい。

一方，単純すぎて判断を誤るというデメリットも指摘されている。PPMでは市場成長率とシェアの２つの指標のみが評価基準になっているが，他にも判断材料はたくさんあるだろうという議論だ。たとえばリスクという評価軸はない。安定的な経済環境下ではよいかもしれないが，現代のハイリスク経済下ではリスクを無視して判断はできない。

事業ポートフォリオマネジメントを活用する理由は，事業全体のバランスを見て意思決定をする必要があるからである。個々の事業はまったく独立して存在するわけではなく，有形，無形の関連性を持って成り立っている。たとえば，現在の収益源と将来の収益源という時間軸のバランスがある。そのためバランスを見ながら一定のリソースを将来のために投下する必要が出てくる。またリスクという観点では，リスクの高い事業ばかりでは企業存続が危ぶまれるし，リスクの低い事業ばかりに偏っても収益性が保てないだろう。

またリスクにはポートフォリオ効果がある。リスク１とリスク１が足されるとリスク２になる場合もあるが，お互いのリスクに負の相関関係があれば，合計のリスクが０になるケースもある。したがって，事業Aはリスクが高いとして撤退すると，実は企業全体のリスクをかえって高めてしまうこともありえる。このようにポートフォリオ効果を加味して投資／撤退の意思決定をすることも忘れてはならない。

（４）事業リスク評価

事業ポートフォリオマネジメントの観点で事業の組替えを考えるには，まず個々の事業のリスクを定量的に評価することが必要となる。ところで，事業を評価する手法は世の中に多数存在する。資本予算の章（第３章）で紹介したとおり，一般的にはROI（Return On Investment），NPV（Net Present Value），IRR（Internal Rate of Return），PP（Payback Period）などがある。ではなぜ，事業の投資や撤退を考える際の評価は，従来の手法ではいけないのであろうか。

①　事業評価とリスクの関係性

最もシンプルな事業評価指標であるROIを例にとって考えてみたい。たとえばROIが10％の事業が２つあるとして，どちらかに投資の意思決定をするとする。一般的には同じ10％のリターンであれば，後はそれ以外の定性的なメリット，デメリットなどを総合評価して意思決定をするであろう。しかし，もし同じ10％のROIでも，片方の事業はリスクが低く，もう片方の事業はリスクが非常に高い場合であったならどうだろうか。

たとえば片方の事業は，為替が５％上下するとROIが１％上下し，もう一方の事業は，為替が同じ５％上下するとROIが30％上下するとしよう。つまりROIの振れ幅が片方は９％～11％，もう一方が－20％～40％ということで，後者のほうが明らかにリスクが高い。平均すると両事業ともROIは10％であるが，ハイリスク・ハイリターンの原則からすれば，リスクの高い事業のほうは，ROIが10％ではなく，20％であるとか，30％でなければ釣り合わないはずだ。つまり，リスクを見ずして，採算性を見ても判断を誤るということである（**図表７－５**）。

図表７－５　同じROI＝10％でも…

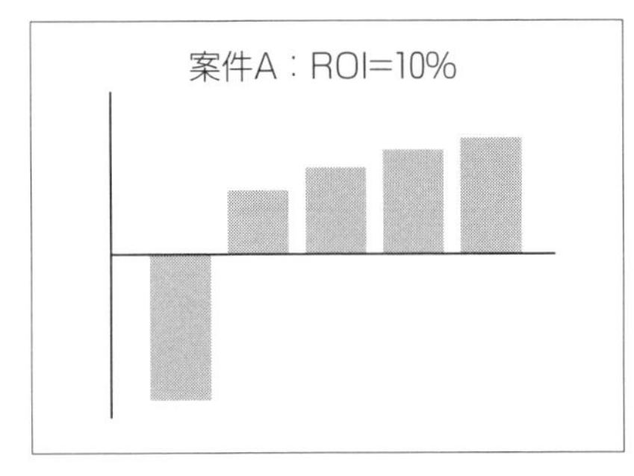

リスク：為替が５%上下するとROIが１%上下する（ROI＝９%～11%）

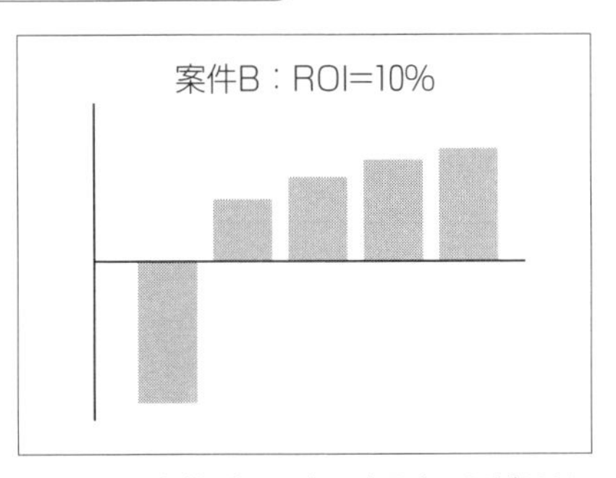

リスク：為替が５%上下するとROIが30%上下する（ROI＝－20%～40%）

外国為替証拠金取引（FX）を例にとるとわかりやすい。たとえば１ドル120円で１万ドルを購入し，年間54,000円のスワップポイント（利子のようなもの）が受け取れるとする。120万円で54,000円の収入になるため，年率4.5％の投資をしていることになる。ところがFX取引では，レバレッジを10倍にすると12万円の証拠金があれば120万円分の米ドルを購入することができるため，12万円の資金で同じく54,000円のスワップポイントを受け取れる。つまり年率45％

の投資をしていることになる。ただし為替変動で損失が一定額を超えた場合には証拠金が全額没収される仕組みのため，ハイリスク・ハイリターンというわけだ（**図表７－６**）。

図表７－６　外国為替証拠金取引を例にとると…

預託証拠金	：120万円		為替が10%上下すると 年率は－5.5%～14.5%
為替レート	：1ドル＝120円		
スワップポイント	：120万円で54,000円／年		
年　　率	：4.5%		

レバレッジを10倍にすると

預託証拠金	：12万円 つまり12万円で54,000円／年		為替が10%上下すると 年率は－55%～145%
年　　率	：45%		

このFXの例では，年率4.5％の投資商品も，年率45％の投資商品も同じ商品であり，決して45％の商品のほうが4.5％の商品よりもベターなわけではない。年率が10倍である代わりに，リスクも10倍あるだけで，本質的には同じ商品である。したがってROIを比較しても意味がない。リスク対比で見なければ判断を誤る。我々はよく投資信託などを購入する際，年率３％であるとか，７％という数字を見て利回りがよい悪いなどと判断するが，この判断に意味がないことがわかるだろう。

事業の評価も同じである。ROIやNPVなどを比較してもリスクが異なれば，比較に意味がなくなる。むしろリスクを正確に評価して，リスク対比で判断する必要があるわけだ。もっとも，NPVを計算する際に，事業リスクを正確にディスカウントレートへ反映している場合はリスクを加味していることになる。しかし，実際にリスクを精緻に織り込んだディスカウントレートを使用して，事業評価をしている企業は極めて稀であろう。

② 従来の投資基準の限界

投資判断の指標には，ROI，NPV，IRR，PPなどさまざまあるが，基本的に投資した資金に対して，どれだけ収益が見込めるかという点ではどれも同じである。一方，リスクという観点はあまり考慮されてはいない。確かに経営環境が安定している時には，リスクの観点はそれほど重要ではなく，定性的にリスクを評価すればよかった。しかし，現代のハイリスク経済の環境下では，リスクの存在があまりにも大きすぎて，リスクを抜きに意思決定をすることに意味がなくなっている。

先に説明したように，同じROI＝10％の事業でも，リスクの高い10％と，リスクの低い10％では，判断がまったく異なってくる。当然のことながら，企業の投資意思決定のプロセスでもリスクの観点は定性的に考慮しているのが一般的だ。しかし，もはや定性的な判断では済まされないほど事業リスクの存在は大きい。

③ 事業価値を幅で捉える

事業リスクを正確に把握するということは，すなわち事業リスクを計量化するということを意味する。このリスクの計量化手法（バリュー・アット・リスク）は金融機関や総合商社では一般的に使われており，金融機関の保有するリスク資産などは，この計量化手法によって計算され，ローン利率の設定や資本の配分などに活用されている。この手法については予算管理のKRIのところでも少し触れたが，前述した予算管理上のリスクを特定することとは異なり，事業価値を評価する場合にはもう少し正確に計算する必要がある。

リスクの計量化手法を一般の事業に当てはめると**図表７－７**のように表現される。たとえば事業評価指標をNPVとした場合，NPVの値は１つの数値ではなく幅で表現できる。最も発生確率の高いNPVはベルカーブの頂点の部分である。図表の事業Aと事業Bを比較すると，事業AはNPVの分布の幅が小さいため，リスクが低い事業と理解できる。事業Bのほうは，NPVの幅が広いため，リスクが高い。このように事業の収益性を確率分布で捉えることによって，事業リスクを測定することが可能となる。

図表７－７　NPVの確率分布

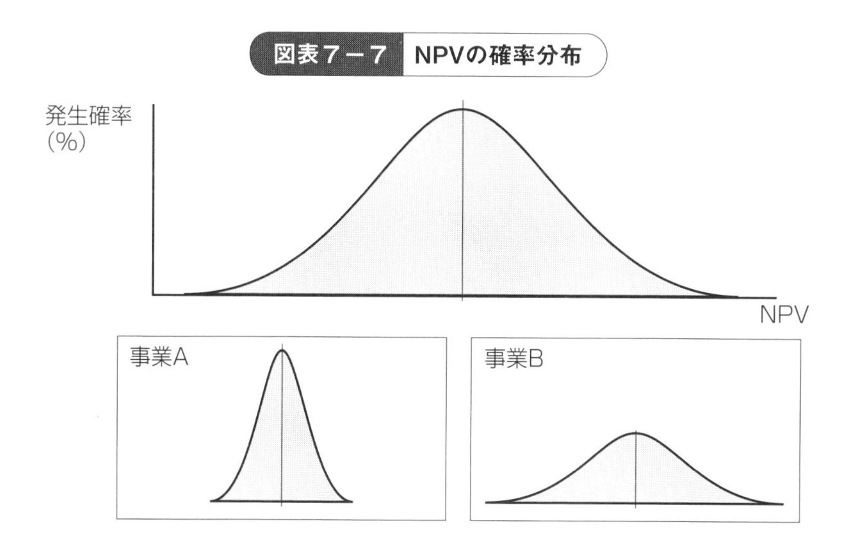

（5）事業リスク評価の基本的な考え方

事業リスクを計量化するということは，**図表７－８**のような収益性の確率分布を作成することからはじまる。具体的な確率分布の作成ステップは後述するが，ここではまず確率分布の読み方，活用方法を紹介する。

①　確率分布の読み方

事業価値を評価する一般的な指標としてNPVをここでは例にとり，確率分布の読み方を説明する。事業価値の評価としてNPVを算出する場合，通常は○○億円といった１点の値で表現する。この数値は，一定の前提に基づいた，最も平均的で，可能性の高い数値を意味している。しかし現実には図表６－８にあるように，NPVはある確率のもとに幅をもって発生することとなる。つまり平均値になる確率があり，また平均値の半分になってしまう確率も存在する。このようにNPVを確率分布で捉えることによって，計画値に達する確率が計算できるようになる。

事業リスク評価の基本として，EL，ML，ULという用語がある。ELとは，計画値と平均値との差であり，将来発生する可能性が最も高い損失額である。MLとは，計画値と最悪値の差であり，最悪のシナリオが発生した場合に被る

図表7－8　事業リスクの計量化

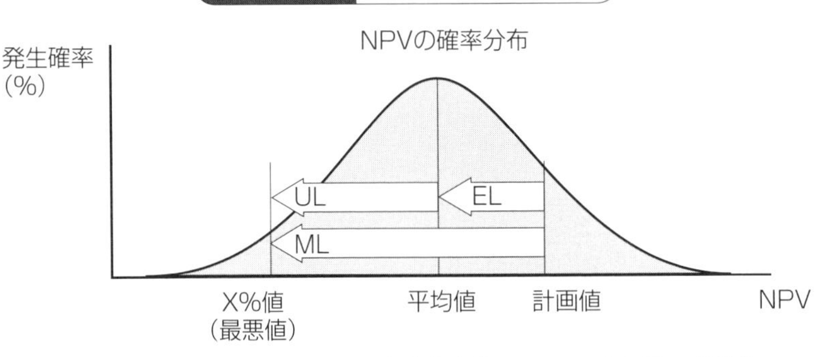

EL（Expected Loss：期待損失額）　＝計画値－平均値
ML（Maximum Loss：最大予想損失額）＝計画値－最悪値
UL（Unexpected Loss：非期待損失額）＝平均値－最悪値

最大損失額である。この最悪のケースを「X%値」と表現しているが，これは「最悪」の定義を確率で設定するという方法で，たとえば５％の確率で発生するケースを最悪と決めると，その際のNPVが決まることになる。ULとは，平均値と最悪値の差であり，最悪のシナリオが発生した場合に被る損失額のうち，予想外の損失額である。

通常，単にNPVを計算しただけでは，次のような質問には答えられない。たとえば「この事業は最悪いくらの損害を被るのか」，「計画値を達成できる可能性はどれくらいか」といった素朴な疑問だ。しかし事業リスク評価を活用すると具体的な話がしやすい。たとえば，「この事業は最大損失額が130億円で，その発生確率は10%である」という話ができる。また「計画値を上回る可能性は75%で，平均的には110億円の収益が期待できる」といったように，具体的な金額と確率でコミュニケーションがとれるようになる。

②　リスクリターン率

ハイリスク・ハイリターンという言葉があるように，リスクとリターンは対比して考えるべきものであり，リスクリターン率という指標こそが事業の本当の収益性を表している。リスクリターン率とは，期待される収益を予想外損失額で割った値であり，平均値÷ULで計算される。リターン金額とリスク金額の割合で見ているため，リスクに応じたリターンとなっているかを表現している。

図表７－９の場合，期待される収益は事業A，事業Bの両方とも平均で100であるが，５％の確率で発生する最悪のケースで被る損失額が異なる。事業Aは最悪65であるが，事業Bは最悪５になる。つまり事業Bのほうがリスクが高いことを意味する。

図表７－９　リスクリターン率

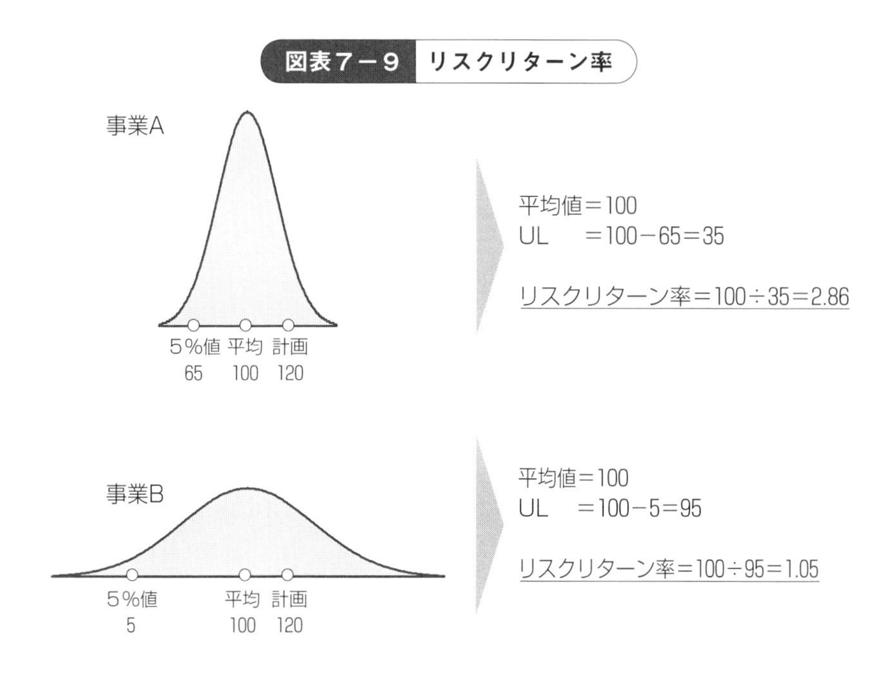

これをリスクリターン率で計算してみると，事業Aのリスクリターン率は2.86，事業Bは1.05となり，明らかに事業Aのほうが収益性が高いことを示している。このケースでは，期待される収益が両方とも100であるため，直感的にも両者を比較できる。しかし，実際の事業では期待収益が事業ごとに異なるため，比較するにはリスクリターン率で見るしか方法がない。

（6）リスクベース事業ポートフォリオマネジメント

事業の投資や撤退を考えるうえでは，各事業のリスクリターン率を個々に見るのではなく，事業ポートフォリオの観点で全体を俯瞰することが重要となる。

① リスクリターン・マトリックス

図表7－10はリスクリターン率と市場成長率を軸にしたマトリックスである。基本的には，リスクリターンが低く，市場成長率の低い象限にある事業は，撤退の候補となる。市場成長率が低い成熟市場ではリスクリターンが短期的に回復する可能性は極めて低いからだ。

図表7－10　リスクリターン・マトリックス

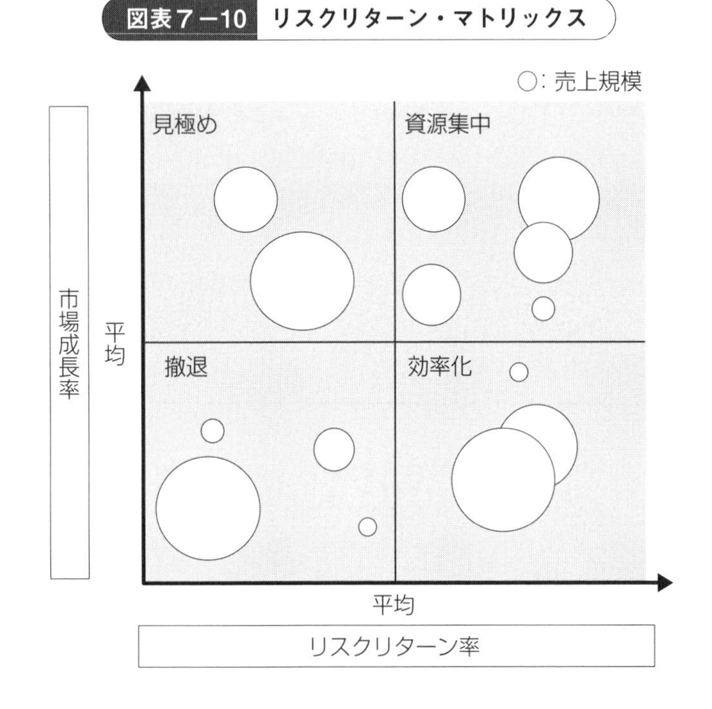

次に市場成長率は高い事業でもリスクリターンが低ければ，撤退すべきかを検討する必要がある。現在のハイリスク経済では，これまでよりもリスクを低減するべき状況だからである。もっともキャッシュに余剰があれば，当然のことながらリスクリターン率の高い事業へ積極投資すべきだ。

②　どこまでリスクを低減すべきか

どこまでリスクを低減すべきかを決めるには，各事業のリスク評価とは別に，企業全体の事業リスクの確率分布を作成する必要がある。その企業全体の事業リスクにおけるML，つまり最悪シナリオが発生した場合に，企業全体で被る最大損失額が倒産に陥らないレベルまでリスクを低減すべきということになる。

③　ポートフォリオ効果のシミュレーション

企業全体の事業リスクを算出することは，ポートフォリオ効果のシミュレーションにも活用できる。前述したように個々の事業にはポートフォリオ効果があり，リスクを互いに相殺している事業群がある。そのため，1つの事業へ投資あるいは撤退した場合に，企業全体のリスクがどれだけ増減するのかをシミュレーションする必要がある。具体的には，投資／撤退する前の企業全体のリスクリターンと，投資／撤退した後の全体のリスクリターンを比較することによって，その影響を検証できる。

(7)　事業リスク評価のステップ

具体的に事業リスク評価のステップを紹介したい。事業リスク評価のゴールは，事業の最大予想損失額とリスクリターン率を算出することである。これは図表7－8のような確率分布を作成することと等しい。確率分布を作成するためのステップは，①リスクファクターの抽出，②各リスクファクターの変動幅・確率データの収集，③シミュレーションによる確率分布の算出の3つからなる。

①　リスクファクターの抽出

最初のステップは，事業のバリューチェーンから収益を変動させる要因（リスクファクター）を洗い出す作業である。たとえば，原材料価格変動リスク，為替リスク，販売価格リスクなど，収益に影響を及ぼすであろうファクターを洗い出す。精緻にあげていくと20も30も出てくる事業もあるだろうが，あまり多すぎてもデータ収集に手間がかかるわりに精度が上がってこない。経験的には5～10程度の主要ファクターに絞り込むのが適切と思われる。

② 各リスクファクターの変動幅・確率データの収集

リスクファクターのデータとは，たとえば為替レートであれば過去５年間の為替レートのデータということになる。データの種類には大きく２つあり，市場データが存在するものと，存在しないものがある。市場データとして存在するものには，為替，金利，原油価格などがあり，比較的入手が簡単でデータの信頼性も高い。一方，市場データが存在しないものの中にも，さらに２種類あり，企業で通常保有しているデータとまったく保有していないものがある。過去の販売実績や販売価格の推移などは，企業内で保有している場合が多い。一方，新製品の陳腐化するリスクなどは，データが必ずしも存在しないため，類似法によって確率を類推するか，あるいは担当者の知識・経験などからざっくりと仮定するしかない。当然，企業内にも存在しないデータの信頼性は市場データなどに比べると低くなるため，リスクファクターの絞込みの際は，なるべく信頼性の高いデータが取れるファクターを選択することも重要となる（**図表７－11**）。

図表７－11　確率データの収集

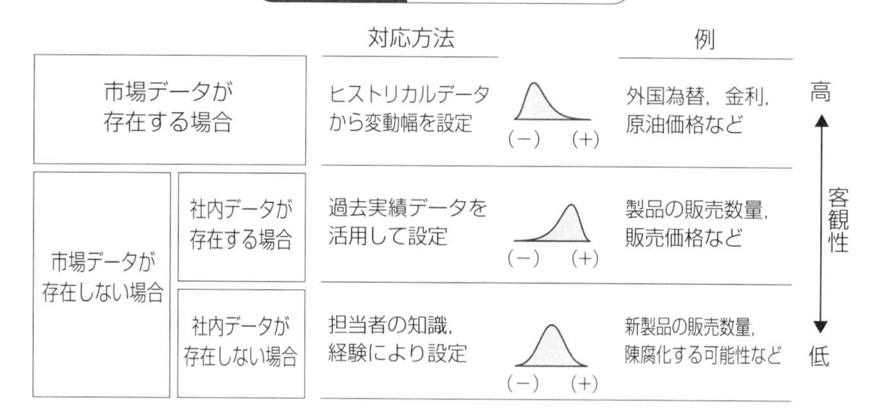

③ シミュレーションによる確率分布の算出

最後に，リスクファクターのデータをもとにモンテカルロシミュレーションを行い，NPVなど最終的な収益を表す指標の確率分布を算出する。モンテカルロシミュレーションとは，それぞれのリスクファクターの値を過去データに基づいてランダムに発生させ，各リスクファクターの組み合わせを何万通りと計算し，NPVなどの発生確率を算出するシミュレーション手法である。

先に説明したKRIのモニタリングでは，あまり精緻なリスクファクターの特定は不要と述べた。予算の前提条件をモニタリングするだけの目的であれば，実データを用いたシミュレーションまでする必要はなく，むしろ経験的な観点から大所をしっかりと押さえておけばよい。一方，ここで説明しているような事業の投資あるいは撤退を目的として事業評価をする場合は，かなり慎重かつ正確に計算する必要がある。事業の投資や撤退には相応の金額が伴うからである。ただ，どこまで労力をかけて事業評価をするかは，評価の目的とインパクトによる。かなり重大な投資の意思決定をする場合には当然，精緻な評価が求められるが，小さな投資に対する確認や，単に企業のリスク状況を見てみたいというレベルであれば，簡易的に実施すればよいと思われる。

(8) 事業撤退の考え方

ハイリスク経済下では，まずリスクの軽減を図るため，リターンのわりにリスクの高い事業からの撤退を検討すべきと述べたが，ここでは具体的に事業撤退のプロセスについて説明する。事業の新規投資に関しては，第3章の資本予算の中で一般的な投資の意思決定プロセスを説明したが，事業の撤退については新規投資とは少し異なった考慮が必要となる。リスクリターン率という基準とは別に，その前提として事業撤退における基本的な考え方に触れていく。

事業の撤退基準を設けている企業は決して多くないが，一般的には投資基準と撤退基準は基本的に同じで，投資基準をクリアした事業が実施に移った後，当初の事業目標の達成が見込めないと判断された時点で撤退のプロセスに入るという仕組みが多い。

実例としては「投資基準：3年間で黒字化を達成し，ROIが20%となること。撤退基準：当初の事業目標が達成不可能と判断された場合，あるいは累損が一定額を超えた場合」，「投資基準：3年以内にNPVがプラスに転じること。撤退基準：NPVのプラスが見込めなくなった場合」，「三期連続で赤字ならば即撤退」などがある。

①　将来予測か，過去実績か

撤退を判断する場合，将来予測に基づいて意思決定をする方法と過去実績に基づく方法がある。過去実績を用いるケースはわかりやすく，「事業開始後３年以内に黒字化できなければ撤退」というのが，その例である。一方，将来予測に基づくケースとは，たとえば「今後３年間の予測が一定の基準を満たさなかった場合に撤退をする」という方法である。

一般的には，撤退の判断は将来予測に基づいて行われるべきとされている。過去がどうであれ将来の見込みがよければ継続であり，過去が好調でも将来の見込みが立たなければ撤退すべきと考える。しかし一方で，将来予測による判断では納得感が得られないという指摘もある。過去実績であれば，それは事実であり，当事者からすれば言い逃れができない現実そのものであるが，将来予測はあくまで予想にすぎない。このスッキリしない判断を排除するために，あえて過去実績に基づいた判断を用いる企業も少なからずある。

②　定量評価と定性評価

新規投資の意思決定と同じように撤退基準にも，定量評価と定性評価がある。定量評価と定性評価の取扱いは大きく２つに分かれる。まずは定量評価を撤退事業候補の選定基準として使い，その後に定性評価を加えた総合的な判断をする方法が１つ。もう１つは，定量評価と定性評価を掛け合わせ，定量と定性の総合点を算出して判断する方法である。つまり定量的にも悪く，定性的にも悪い事業が撤退となる仕組みだ。

③　イエローカードとレッドカード

撤退を意思決定するまでのプロセスとして，イエローカードとレッドカードという考え方がある。一定の基準に達すると突然撤退するという方法もあるが，その前に一度だけ復活のチャンスを与えるという考え方だ。

イエローカードはまさに警告を与えるシグナルであり，撤退すべき事業の候補にあがったことを意味する。たとえば，実績が一定の基準に抵触するか，業績不振と判断されると，自動的にイエローカードとなる。イエローカードが出されると，事業責任者は再建計画の策定が求められ，一定の猶予が与えられる。

次に，一定期間後にイエローカードの事業を再評価し，再建不能と判断されるとレッドカードとなり，強制的に撤退となる。

この方法は，早めに再建の機会の検討を促すことによって，だらだらと損失が膨らむのを防ぐ効果があると同時に，セカンドチャンスを与えることによって事業責任者の納得感を醸成しやすい。一方，イエロー，レッドとプロセスを刻むため，撤退まで時間がかかるという側面もあり，現在のような緊急を要する環境下では，意思決定プロセスが遅すぎる。

④　事業リスク評価の位置づけ

事業撤退の意思決定をする場合の判断材料は，当然のことながら財務数値だけではない。撤退することによるさまざまな影響，たとえば取引先との関係，顧客の信頼，企業ブランドへの影響，従業員のモチベーションなど，総合的に判断しなければならない。しかし最終的には総合判断，経営判断をするにしても，まずは定量的な評価をし，撤退すべき事業のリストを極力客観的に洗い出す必要がある。事業リスク評価は，定量評価による一次スクリーニングという位置づけとなる。たとえばリスクリターン率が一定の基準を下回った場合には，撤退候補にリストアップされるという形だ。

次に事業撤退の意思決定をするタイミングについてであるが，事業リスク評価を月次で回すことはおそらく労力的に困難だと思われる。予算編成プロセスの中で，次年度の資本予算を検討するプロセスの一環として，事業リスク評価を行うのが現実的であろう。

＜ケーススタディ２＞
なぜこの会社の業績予想はいつも当たるのか

大手メーカーS社は100年の歴史を持つ企業で，日本の高度経済成長を支えた日本有数の会社である。しかし近年では主力事業が成熟産業となり，売上高は伸び悩んでいた。その中でS社は新しい産業へ次々と参入し，事業の多角化を進めていた。

古い事業体から新しい事業体へと，事業ポートフォリオの組替えを順調に進めてきたものの，予算管理ではある問題を抱えていた。S社では経営企画部が中心となり，各事業の目標設定や予算の調整を行っていたが，新しい事業が増えてきたことによって，経営企画部が各事業の中身をチェックできなくなっていたのだ。それによって各事業部門から提出される予算の計画値に対して，その値が妥当なのかどうか判断ができなくなっていた。

新しい事業分野とは，たとえば新エネルギー事業，医療系事業，デジタル情報事業など多岐にわたり，これらの事業部門では社内で十分なリソース配分を受けるために，かなり楽観的な計画値を設定する傾向があった。経営企画部では当初，各事業部門が自ら出してくる高い計画値をわざわざ下げるわけにもいかず，また各事業の詳しい状況もわからないため，その計画値を是として予算編成を行っていた。しかし実際には目標達成しないことが多く，外部への業績予想は四半期ごとに下方修正を重ねることになり，このままではマーケットから信用を失いかねない状況となっていた。そこでS社では，事業リスク評価の考え方を用いて，予算の目標設定を行う試みを開始した。

具体的には，事業ごとに主要なリスクファクターを洗い出し，統計的なシミュレーションによって**図表7－12**のような確率分布を作成した。この図表では，平均値が500に対して，事業部門の出してきた計画値が600であり，600を超える確率が30％という意味なので，計画値がやや楽観的であることがわかる。また最悪値が300となっているが，これは20％の確率で発生する最悪値が300という意味であり，逆にいえば5年に1度起こる悪い状況をS社では最悪値と設定したのだ。

このような確率分布を事業ごとに作成することによって，事業部門の計画値

図表7－12　各事業の計画値に対する実現性

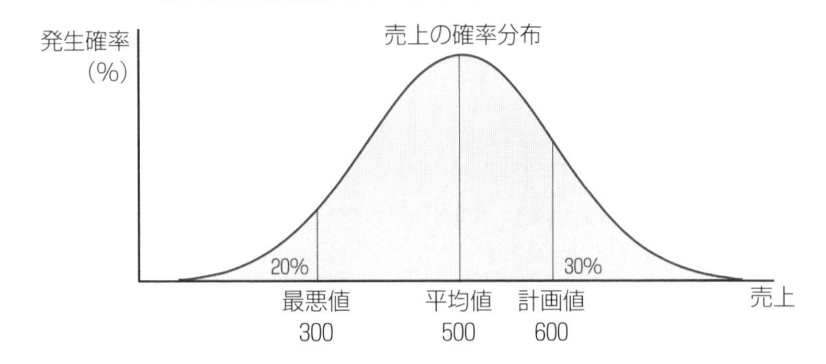

がどの程度の実現性があるのかわかるようになった。過去のデータや外部環境情報から計算すると，平均値が最も実現性が高い数値ということになる。しかし，企業努力も大切であるため，単に平均値を目標におくのではなく，少しストレッチした目標をおく必要はある。少なくともそのストレッチ度合いを確率で示すことができるため，実現性のある目標ラインを設定できる。

図表7－13は各事業の確率分布を棒グラフで表したものである。事業Bのように平均値と計画値が同じということは，努力目標が織り込まれていないと解釈できる。また事業Cのように平均値よりも計画値が下回っている場合には，かなり保守的で，低めの計画値であることがわかる。

図表7－13　各事業の計画値に対する実現性

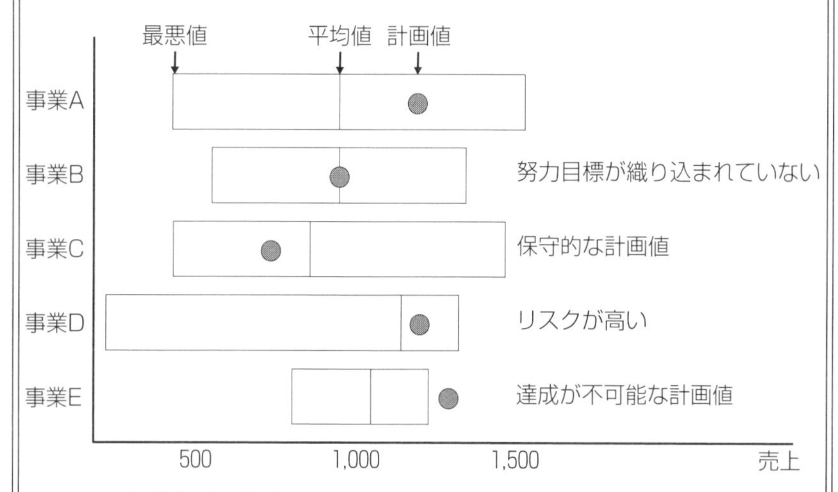

これらを確率別に集計した表が**図表7－14**である。この図では，確率50%の列が平均値を示している。50%の確率とはベルカーブの頂点であり，最も達成確率の高い平均値である。表の右へ40%，30%と進むと，それだけ達成する確率は下がり，これはストレッチな目標を意味している。企業としては平均的な目標を設定するだけでは企業努力を引き出せないため，どの程度までストレッチするかを確率の観点から決定できることになる。重要なことは，これまで計画値の妥当性がまったくわからなかった状態から，実現性を踏まえた目標を設定できるようになったということである。

実際にS社は，平均値より少しストレッチした確率40%の数字を予算へ採用し，必達目標とした。そしてこの数字を対外向けにも公表した。また各事業部門の上げてきた目標については努力目標という位置づけとし，社内向けに活用した。会社全体で決める画一的な計画値よりも，各事業部門が自ら設定した計画値のほうがモチベーションを伴うからである。

図表７－14　企業全体の予算の実現性

事業部門	確率				
	50%	40%	30%	20%	10%
A	1,000	1,200	1,400	1,600	1,800
B	1,000	1,080	1,170	1,240	1,300
C	800	980	1,150	1,320	1,500
⋮	⋮	⋮	⋮	⋮	⋮
H	1,100	1,150	1,200	1,250	1,300
合計	5,100	5,635	6,170	6,685	7,200

（枠囲み）：事業部門の計画値

この手法を採用した年度は，下方修正の発表は一度もしなかった。そして年度末の結果は，年初に対外向けに発表した数字とほぼ一致した。経営企画部としては大成功である。経営陣も大いに満足した。

第8章

KPIマネジメント

1. KPIマネジメントの考え方

企業の目標は必ずしも売上や利益といった財務目標だけではなく，非財務の目標をKPIとして管理する場合も多い。経営管理にKPIを活用するという考え方は，第5章の予算不要論の中でもあった。予算不要論では予算管理を廃止し，KPIを有効に活用するという考えを提唱していた。予算管理の弊害は，予算管理を廃止することによって解決できるという少し極端な論調であるが，本来KPIは予算管理自体を否定するものではなく，むしろ補強するものである。予算の財務数値の管理だけでは対応しきれない課題に対して，KPIのメリットを取り入れるという考え方だ。本章では，予算とKPIの関係も含めて，KPIマネジメントの考え方について解説する。

(1) KPIマネジメントとは

KPIはKey Performance Indicatorの略で，重要業績評価指標と呼ばれる。結果につながる重要なプロセスの進捗を測定する指標を指す。KPIマネジメントとは，KPIを活用して効果的に組織マネジメントを行う管理手法である。

KPIと対比して使われる用語にKGIがある。KGIとは，Key Goal Indicatorの略で，重要目標達成指標と呼ばれる。KPIが結果に対する進捗をみる指標であるのに対して，KGIは結果そのものの達成状況をみる指標を指す。KGIとKPIの関係を，営業部門を例にとって示すと**図表８－１**のようになる。

図表８－１　KGIとKPIの関係性

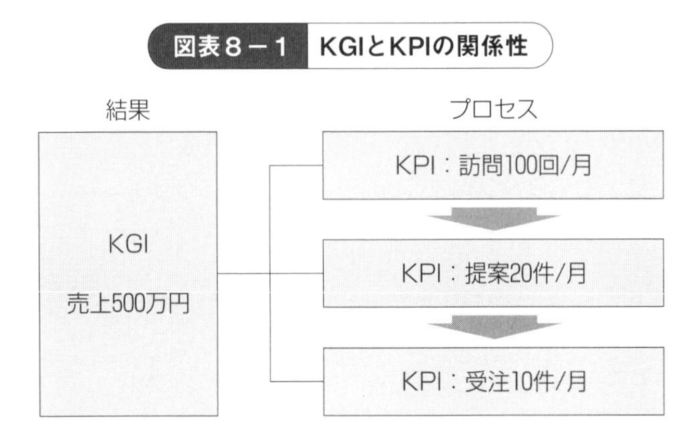

KGIは売上500万円という結果の指標である。KPIは，その結果を生み出すための活動目標を設定したものであり，この図表では訪問回数や提案件数が該当する。売上目標を達成するために，できるだけ多くの顧客を訪問し，そこから提案につなげ，受注に結び付けるという戦略だ。個々のKPIを達成すれば，結果的にKGIが達成できるだろうという仮説のもとに目標を設定している。

（２）KPIマネジメントのメリット

KPIマネジメントを活用するメリットは数多くあるが，特に重要な点は，①戦略の実行力アップ，②組織的な活動の推進，③進捗状況に応じた早い対応，④打ち手の仮説検証の４つである。

①　戦略の実行力アップ

KPIは定量的指標であるため，達成基準が明確であるところに意義がある。たとえば売上500万円達成のために，「顧客への訪問の増加」という戦略を立てた場合，「できるだけ多くの顧客を訪問する」という定性的な指針だけでは達成基準が不明確であり，達成したかどうかの確認もできない。しかし「訪問を月100回行う」という具体的な数値目標であれば，達成したかどうかが明確になるため，仮に達成できていなければ営業マンは責任を追及されるであろう。

つまり数値目標は，戦略の実行に対するプレッシャーあるいはモチベーションとなり，したがって「戦略の実行力アップ」につながる。

②　組織的な活動の推進

営業部門で売上500万円を目標にしただけでは，営業マンは具体的にどのような活動をすればいいかイメージがつかない。それぞれの営業マンがばらばらの方法で活動することになるだろう。しかしKPIとして訪問回数や提案件数を設定すると，営業マンの活動は明確になり，組織的な活動になる。

管理者も活動レベルで指示やアドバイスが可能となる。訪問回数が足りない営業マンと，訪問回数が多いわりに提案につながっていない営業マンとでは，指示やアドバイスが変わってくるはずだ。KPIによって組織の活動を明確化するとともに，活動レベルのマネジメントができるようになる。

③　進捗状況に応じた早い対応

KGIとKPIにはタイムラグが生ずる。売上のようなKGIは結果指標であるとともに「遅行指標」でもある。遅行指標とは，時間的に遅れて表れる指標を指す。一方，訪問回数のようなKPIは「先行指標」であり，時間的に早く表れる指標である。訪問をしてから売上になるまでに，かなりのタイムラグがあるからだ。

売上だけを指標として管理をしていると，かなり時間が経ってからでなければ状況が見えてこない。時に手遅れともなりえる。したがって将来の売上を生み出す「現在の活動」を管理することは，時間的に早く状況を把握することができ，早く手を打つことが可能となる。

たとえば売上が計画を下回っていたとしても，受注件数が十分に積みあがっていれば心配する必要はない。また受注件数が少なくても，訪問回数や提案件数が順調であれば，大きな問題ではないだろう。逆に売上が計画どおりでも，提案や受注が予定を大きく下回っていれば，すぐにでも手を打たなければならない。

図表8－2　先行指標と遅行指標

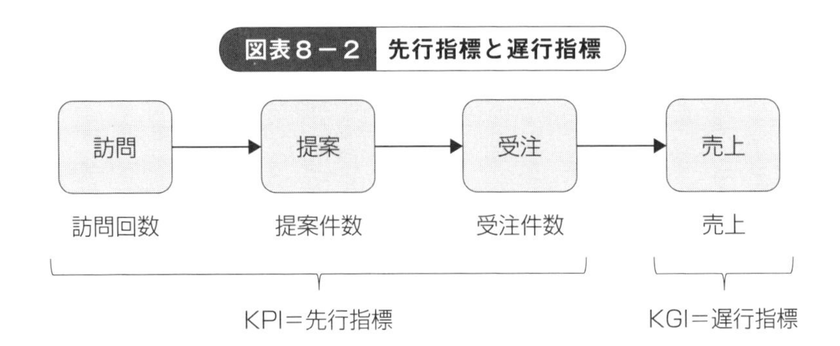

④　打ち手の仮説検証

先の営業部門の例で，訪問回数を100回/月と設定していたが，この100回というのは仮説にすぎない。もしかすると80回でもよいのかもしれないし，120回のほうがよいのかもしれない。もちろん多ければ多いほどよいというものではない。訪問だけ回数を増やしても売上にならないからだ。では何回が正解なのだろうか。これはやってみなければわからない。最も効果的な回数を把握するためには，KPIによるPDCAサイクルを回すことが必要になってくる。

たとえば，まず訪問100回でスタートしてみて，100回では次の提案20件につながらなかったとする。そこで訪問を120回に増やしてみる。それでも提案20件につながらなかったとしたら，訪問回数が多すぎて提案に時間が足りなかったのかもしれない。そこで訪問を80回に減らしてみる。このようにKPIのPDCAサイクルをぐるぐる回して，試行錯誤を繰り返すことによって，最適解を探せばよい。

これはKPIがなければ正確な仮説検証はできない。何となく「今月は訪問が少なかったかもしれない」といった定性的な分析では，打ち手のクオリティは上がってこない。数カ月すると以前のことは忘れてしまうだろう。そうではなく，データを積み上げることが重要なのだ。過去データの蓄積が，打ち手のクオリティを正確かつ継続的にアップさせる。

ここまではKPIの「目標値」の話をしたが，打ち手そのものの仮説検証も重要だ。そもそも訪問回数，提案件数，受注件数をKPIとした理由は，「訪問回数を増やせば提案機会が増えるはずだ」，「提案機会を増やせば，受注も増えるはずだ」という仮説に基づいている。つまりKPIの背景には「こうすれば，こうなるはずだ」という戦略があるわけだ。しかし，この戦略も仮説でしかすぎないため，間違っている可能性がある。したがって戦略が正しいかどうかの仮説検証が必要になってくる。

たとえば訪問回数を増やしても提案機会が増えなかった場合，これは当初の仮説が間違っていた可能性がある。この場合は訪問データの分析が必要だ。提案機会につながったケースとつながらなかったケースに何か違いがないか，顧客の業界や訪問の時間帯などの違いを分析する。この仮説検証により，やみくもに訪問回数を増やすよりもベターな改善策が出てくるであろう。

このように仮説検証には，KPIの目標値に対するものと，打ち手そのものに対するものがある。

図表8－3　2つの仮説検証

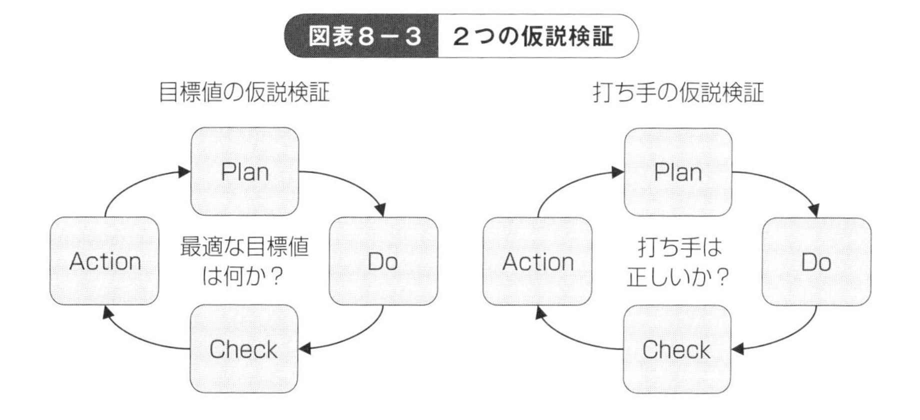

（3）KPIマネジメントの成功事例

KPIマネジメントという言葉は，わりと最近聞かれるようになったが，KPIを組織マネジメントに活用する考え方は昔からあった。特に製造業では，操業度，歩留まり率，在庫回転数など，古くから日本企業の業務改善に使われてきた。ただ近年のKPIマネジメントは，製造業以外のあらゆる業務においてKPIを応用することで，改めて注目を集めているようだ。

KPIを活用して成功した有名な事例に「日産リバイバルプラン」がある。かなり古い話になるが，KPIマネジメントの凄さがよくわかるケースであり，日産リバイバルプランを知らない世代の人も多くなってきていると思われるため，ここで改めて紹介したい。

1999年以前の日産は，過去十数年にわたり業績の悪化に苦しんでいた。グローバルシェアは低下し，92年から98年の７年間に６度の赤字を出し，巨額の有利子負債を抱え込んでいた。その最悪の状況にルノーから送り込まれてきたのがカルロス・ゴーン氏だ。現在のゴーン氏は被告となってしまい，ここで取り上げるのも不謹慎かもしれないが，当時の日産リバイバルプランはKPIマネジメントの成功事例として今でも非常に参考になる。

日産リバイバルプランとは，1999年10月にカルロス・ゴーンCOO（当時）が発表した再建計画だ。その中で黒字化など３つの達成目標を掲げ，３つのうち１つでも未達成の場合は，経営陣全員が辞任することを公約としたのだ。その覚悟に世間は驚かされたが，実際に１年前倒しで達成したことにもっと驚かされた。

では日産リバイバルプランを見てみよう。**図表８－４**は，実際の日産リバイバルプランを図式化したものである。これを見ると，会社全体の数値目標に対して，個々の戦略が具体的に設定されており，さらに戦略ごとに数値目標が設定されている。当時，ゴーン氏の「コミットメント」や「必達目標」という言葉が，とても有名になった。具体的な戦略と必達目標があり，責任者がそれにコミットしなければ，計画は達成されないというのが彼の信念だ。そして計画は実際に達成された。その計画の「実行力」に多くの日本人が驚いたはずだ。

では他の一般企業の経営計画はどのようになっているのだろうか。いくつかの他の上場企業の決算発表会資料を調査したが，そこに出てくる戦略はかなり定性的なものが多い。たとえば**図表８－５**は，別の某自動車メーカーが決算発表会で公表した経営計画を図式化したものである。公表された情報ではあるが，ここではあえて企業名は伏せておく。同社の経営計画を見ると，「戦略的ポートフォリオの構築」，「生産システムの変革」，「多面的にシナジーを追求」といったテーマが掲げられ，日産リバイバルプランと形はよく似ている。しかし具体的な数値目標はない。あるのは結局，売上とコストの全社目標値だけである。売上やコストを達成するための戦略に対してKPIも数値目標も示されていない。定性的な戦略ではコミットメントもできないし，そもそも達成するという定義がわからない。

図表8－4　日産リバイバルプランの骨子

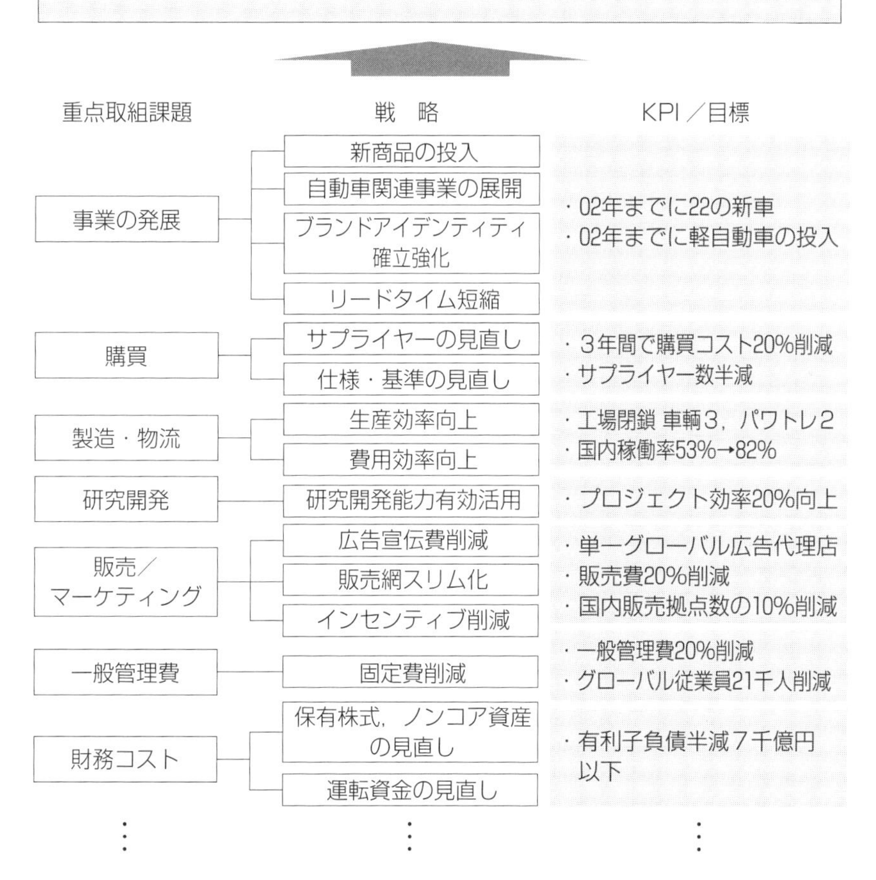

これは，この自動車メーカーだけの話ではなく，多くの企業において似たような事象が見受けられる。各社の決算発表会資料を見ても，最終的な全社の売上目標や利益目標は明確に示されているが，戦略については定性的な表記にとどまり，具体的な目標が設定されていない。戦略が具体的な数値目標に落とし込まれていないため，実行性には疑問が残る。

図表８－５　某自動車メーカーの経営計画の骨子

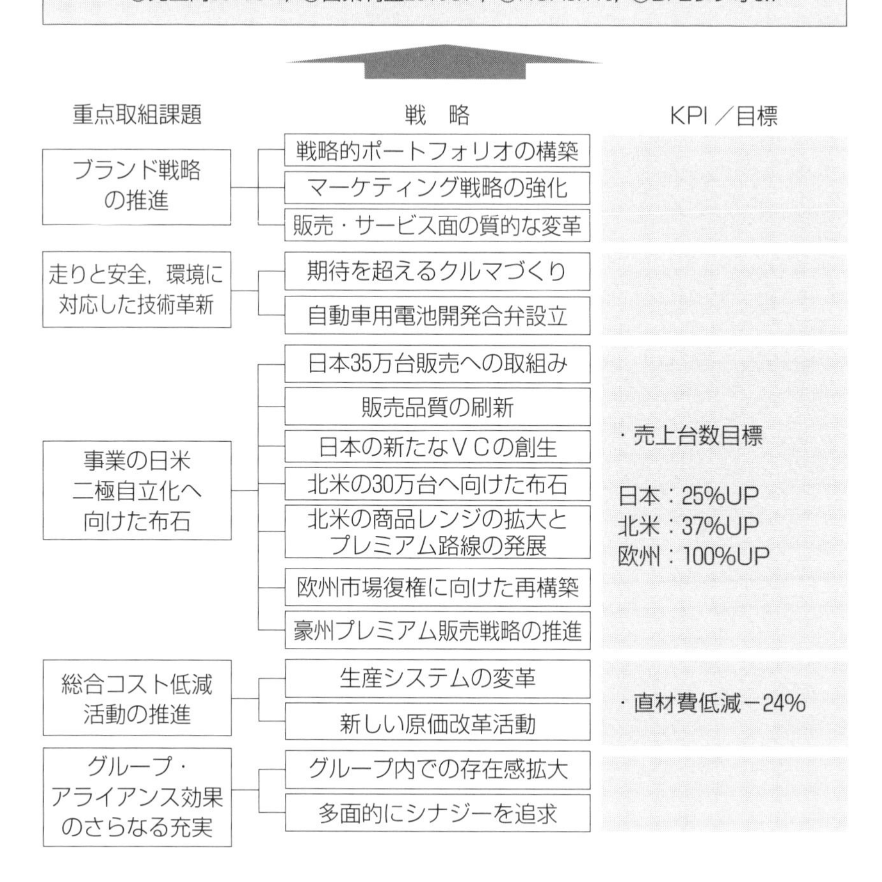

（4）バランス・スコアカードの問題点

KPIを活用した管理手法として，よく知られているのがバランス・スコアカードであろう。1990年代後半から2000年前半にかけて多くの企業がバランス・スコアカードの取組みを行った。現在でもうまく活用されている企業も多いと思われるが，実際にやってみるとバランス・スコアカードの問題点も多いことに気づく。

事業部門と管理部門で悩みどころは異なるであろうが，たとえば事業部門において「財務の視点」は，わりとしっくりくる。売上や利益の目標はこれまでと同じだからだ。「プロセスの視点」もわかりやすい。業務改善やコスト削減などもこれまでやってきたからだ。しかし，「顧客」や「学習と成長」の視点になると，かなり頭をひねらないと戦略目標すら出てこない。顧客満足度や研修受講回数などを設定してみるが，何か重要な指標と，そうでない指標が混ざっている気がする。バランスよく目標設定しなければいけないため，無理やり目標を設定するあまり，さほど重要でない指標が出てきてしまうのだ。

また指標の数も多く感じる。一般的には各視点について５つ程度の指標を設定するとされるため，全体で20程度の指標ができあがる。これだけあると，なかなか全部が頭に入らず，本当に重要な指標が埋もれてしまう。戦略を数値目標に落とし込むというコンセプトはよいのだが，バランスをとりにいった瞬間，本当に重要な戦略へのフォーカスがぼやけてしまうのだ。

バランス・スコアカードはバランスよく目標設定するところに特徴があるが，バランスを重視する代償として指標が多くなり，したがってフォーカスがぼけてしまう。メリットとデメリットがあるだけのことで，これ自体を否定するつもりはない。うまく活用すれば非常に効果的なツールであると思われるが，中途半端に実施すると余計な手間ばかりかかって，扱いにくいツールとなる。

一方，KPIマネジメントは，バランス・スコアカードのように決まった形式はないため，本当にフォーカスすべきポイントについてのみKPIを設定すればよい。よりシンプルで，メリハリの効いた管理ができるであろう。

（5）予算管理とKPIマネジメントの関係性

予算管理をKPIマネジメントの観点で説明すると，予算がKGIに該当し，その予算を達成するためのプロセスを測定する指標がKPIとなる。

予算はあくまで財務目標のため，「結果的な指標」といえる。企業の最終的な結果である財務諸表を分解したものであって，そこに至るプロセスや活動を規定するものではない。したがって組織マネジメントとしてはKPIを併用することが理想的だ。

図表８－６は予算とKGI／KPIの関係を表したものだ。予算が売上3,000万円と決まった場合，その予算を達成するための戦略が必要となる。そこで図表のように３つの戦略を立てたとする。この例では，売上に直接つながる有料会員を増やすために，まず新規の無料会員をできるだけ増やす。次に魅力的な有料サービスをどんどん追加することによって，無料会員から有料会員に移行してもらう。これが本事業の戦略となる。

図表８－６　予算におけるKGIとKPI

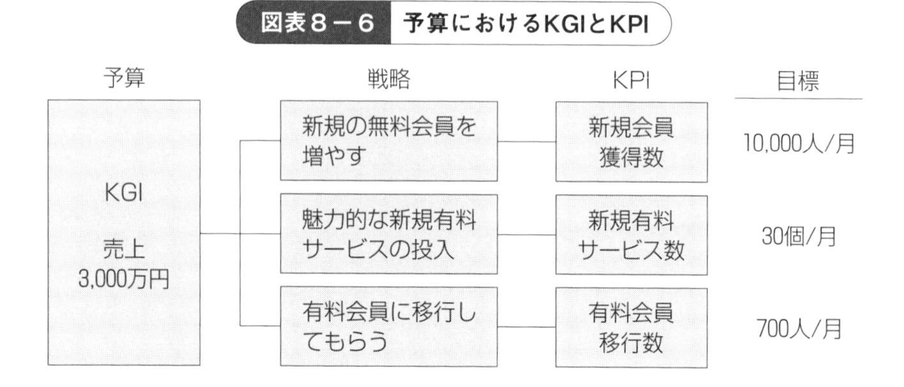

しかしKPIを設定せずに，単に戦略を立てただけでは社員としても「新規会員を増やすと言っても，どれくらい増やせばいいのかわからない」と思うだろう。また管理者としても活動の進捗状況が把握できず，またデータに基づくPDCAサイクルを回すこともできない。そこでKPIが必要になってくる。

KPIを設定したからといって安心してはいけない。戦略やKPIはあくまで仮説にすぎないため，PDCAサイクルをぐるぐる回して，矢継ぎ早にネクストアクションを打たなければならない。これまで説明したとおり，KPIの目標もあくまで「初期値」にすぎないため，最適な値を求めて絶え間ない試行錯誤が必要となる。また戦略についても，想定していたとおりの結果が出なければ，軌道修正をしなければならない。

このように，予算管理でもKPIマネジメントを活用し，予算達成のための戦略を立て，KPIを設定し，PDCAサイクルをぐるぐる回すことが重要となる。つまりKPIマネジメントは，予算管理を「補強するツール」といえよう。

2．KPIを設定する技術

予算管理を補強する上でKPIの活用が有効であると説明したが，実際に多くの企業では何らかの形でKPIはすでに利用している。在庫回転率，操業度，コストダウン率，受注率，訪問回数など，財務以外の指標は従来から数多くある。

しかしKPIは設定していればよいというものではない。「我が社では財務以外の指標をすでに活用しているので大丈夫だ」ということはない。重要なことは，企業にとって戦略的重要事項は何かを見極め，そこにKPIを設定するということだ。

（1）戦略的思考によりKPIを考える

図表８－７はイメージであるが，ビジネスには戦略的に重要なところと，そうでないところがある。あまり重要でないところを，いくら頑張っても成果は出てこない。逆に少しの力で大きな成果が出るところもある。図表８－７で言えば，テコの支点に近いところは相当強く押さなければテコは動かないが，支点から離れたところは少しの力でテコが動く。同じようにビジネスでもレバ

図表８－７　戦略的思考の活用

どこにKPIを設定するかによって，成果は大きく変わってくる

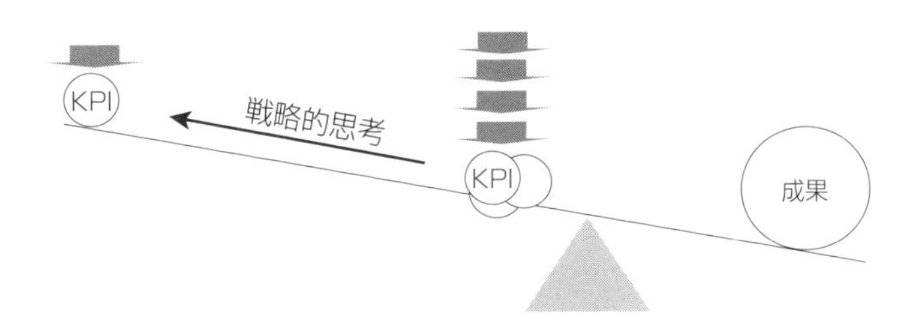

戦略的思考とは，最小のインプットで，
最大のアウトプットを生み出す方法を考えること

レッジが効くところにKPIを設定しなければ，苦労のわりに成果が出ない。

ボーリングにたとえてみよう。ボーリングでストライクを出すためにはセンターピンを狙わなくてはならない。それ以外のピンを狙って見事にあてたとしても，ピンはあまり倒れない。つまりボーリングというゲームでは，センターピンこそが最も大きな成果が出るところであり，戦略的重要事項は「センターピンを倒すこと」なのである。このポイントにKPIを設定しなければ，ほかでいくら頑張ってもゲームには勝てない。重要なことは，KPIを設定することではなく，KPIを設定すべきポイントを探し出すことである。そのためには「戦略的思考」に基づいてKPIを考えることが重要だ。

戦略的思考とは，「最小のインプットで，最大のアウトプットを生み出す方法を考えること」である。人間の能力に大差がなく，どんなに頑張っても１人が100の力しかないとしたら，その100の力を「どこに使うか」でアウトプットの差が決まる。イチロー選手はメジャーリーグで100億円以上稼いだが，これはメジャーリーグだから稼げた高いアウトプットだ。世の中にはさまざまなスポーツがあるが，仮にイチロー選手がアマチュアスポーツで金メダルをとったとしても，これだけの金額を稼ぐことは不可能であっただろう。同じ100の力をどこに注ぐかによって，アウトプットは大きく違ってくる。

戦略的重要事項には次のような特徴がある。

- 戦略的重要事項は多くはない。本当に重要なことは１つか２つしかない。重要でないことは数多くある。
- 戦略的重要事項はシンプルでわかりやすい。重要でないことは複雑でわかりにくい。

バランス・スコアカードを例に説明しよう。バランス・スコアカードの説明でよく出てくるのがサウスウエスト航空の事例であろう。LCC（ローコストキャリア）の先駆けであるサウスウエスト航空は，利用者の本当のニーズを捉え直し，豪華なサービスよりも「安くて」，「時間通りに着く」ことを望んでいると気がついた。そこでバランス・スコアカードを用いて，定刻離着陸，顧客定着率などのKPIを設定し，大成功したという事例だ。

しかしサウスウエスト航空が成功したのは，バランス・スコアカードやKPIを導入したからではなく，顧客の満たされていない本当のニーズを捉えることができたからだ。この戦略的重要事項を的確に捉えたことが成功の要因であり，それなくしてバランス・スコアカードを導入しても成功はなかったであろう。ここで言いたいことは，単にKPIを設定すればよいというものではなく，どこにKPIを設定するかのほうがはるかに重要だということだ。もちろんサウスウエスト航空も戦略的重要事項に気づいただけでは，それを組織的に実行することはできなかったはずだ。したがってKPIに落とし込み，しっかりとモニタリングしたことが成功要件の1つであったことは間違いない。しかし方法論のほうばかりに比重を置くと本末転倒となる。

(2) KPIの設定方法

何をKPIとすべきかに悩む人は多い。正しいKPIを設定することができれば目標の達成はほぼ約束されているが，間違ったKPIを設定すると，正しい管理をすればするほど間違った結果に突き進んでいく。

正しいKPI設定をするためには，次の2つが必要条件となる。

① 目標に対して正しい戦略を立てる
② 戦略に対して正しいKPIを設定する

また①②の順番性も重要で，まず正しい戦略を立てることが先であり，KPIから考えるものではない。当たり前のことかもしれないが，KPIマネジメントというと，いきなりKPIを考え始める人が結構いるのだ。

図表8－8を例に説明する。図表の戦略Aは，以前にも説明したKPIの例だが，図表のとおり戦略に応じたKPIをそれぞれ設定している。一方，戦略Bは同じ目標だが，まったく異なる戦略を立てている。戦略Aがプッシュ型の営業アプローチであるのに対し，戦略Bはプル型のアプローチで，セミナーによって広く潜在顧客を集める戦略である。

戦略が異なるため，当然のことながらKPIも異なるのがわかるだろう。つまり同じ売上500万円という目標に対しても，正しいKPIというのは「戦略の進

図表8－8　戦略とKPI

戦略A

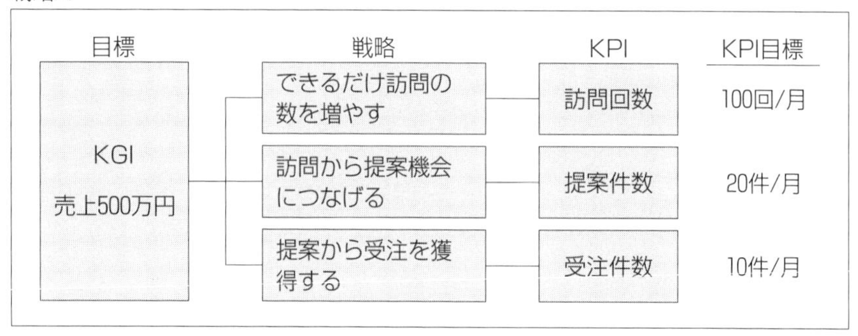

戦略B

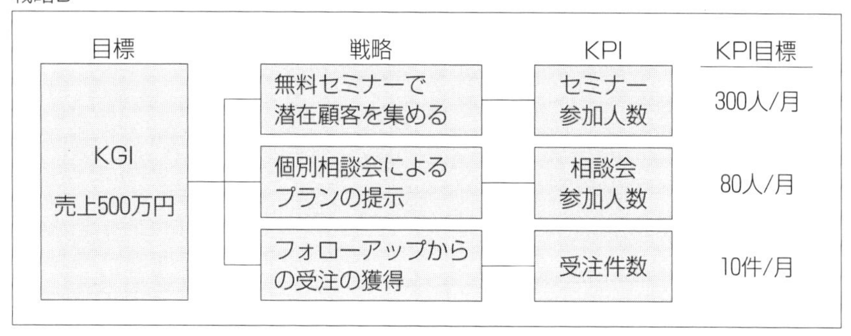

捗を最も正確に測定できる指標」ということになる。

戦略Aと戦略Bのどちらが正しい戦略かは別の問題である。もし戦略Aが間違った戦略であれば，いくらKPIマネジメントを頑張ってKPI目標をクリアしたとしても，結果が出ないことになる。ただしKPIマネジメントには戦略の仮説検証も含まれているため，PDCAサイクルの中で早めに戦略の間違いに気づき，軌道修正がなされるはずだ。いずれにしても重要なことは，正しいKPIの設定の前提には，正しい戦略の立案があるということである。

ところで，ここでは戦略という言葉を使っているが，この表現は「活動」でも「施策」でも「打ち手」でも構わない。よくKPIマネジメントでは「重要成功要因」という言い方をするが，これも本質的には同じである。なぜならば，本ケースでも「売上をアップするための重要成功要因は，訪問回数を増やし，提案件数を増やし，受注件数を増やすことである」というふうに言い換えられるからだ。

それでは正しい戦略に，間違ったKPIを設定することなどあるのだろうか。これは実際によく見受けられる。間違ったKPIというよりは，あまりよくないKPIを設定しているケースだ。

たとえば先ほどの図表８－８の戦略Ｂで，無料セミナーの戦略に対してKPIを「セミナー参加人数」と設定しているが，もしKPIを「セミナー実施回数」と置いたらどうなるだろうか。戦略は無料セミナーの実施なので，その進捗を測る指標としてセミナー実施回数と設定してもおかしくないだろう。

しかしセミナー実施の目的は潜在顧客を集めることにあるため，セミナー参加人数を目標とするほうが適切だ。なぜならばセミナーを10回実施して100人の参加者を集めるよりも，セミナーを５回開催して300人を集めるほうが，この戦略の目的に合致しているからである。もしこのケースでKPIを実施回数としていたならば，担当者は参加者300人を集めることよりも，セミナー10回実施することを優先してしまうであろう。このようにKPIの設定も決して簡単なものではなく，よくよく考えなければならない。

（3）指標化の技術

次に，指標化の技術的な側面について触れておく。戦略に基づいてKPIを設定しようとすると，なかなか適当なKPIが見つからないことも多い。データが収集できない，定性的にしか測れないなどといった状況もあるが，そもそも戦略の問題でKPIが設定できないという場合も多い。そこで，戦略の問題と，KPIの問題を分けてここでは説明する。

①　戦略の問題

図表８－９は，戦略の問題でKPIがうまく設定できない典型的な例を並べたものである。原則として，明確な戦略でなければ指標は設定できない。これに気づかずにKPIの問題だと思いこみ，悩んでいるケースをよく見かけるが，そもそもKPIが設定できる戦略になっているかを疑ってみるのもよいだろう。

たとえば先ほどの某自動車メーカーの「マーケティング戦略の強化」という

図表8－9 戦略の良い例，悪い例

	悪い例	良い例
アフターサービス	アフターサービスをどうしたいのか方向性がわからない	アフターサービス業務の効率化
社員の意識改革	「意識改革」という意味がわからない	社員の自主性の向上
ブランドの向上	ブランドという概念が幅広く，具体的なイメージが湧かない	企業ブランドの認知度向上
○○商品の値下げ	やろうと思えば明日からでもできることであり，年間を通じた目標として達成すべきことではない	○○商品のコスト低減
OJT時間の拡大	あとで指標値のデータ収集で困るような目標は最初から立てない	研修時間の拡大

戦略に対して，KPIを設定できるだろうか。おそらく実際にはもっと詳細な戦略が存在すると思われるが，KPIを設定するには，かなり具体性が必要であることがわかるだろう。

② KPIの問題

図表8－10は，KPIの良い例と悪い例を示している。ここもよくあるミスを並べているが，KPIの設計にはさまざまな工夫が必要だ。一番多い問題が，KPIを測定するためのデータが収集できない，あるいは収集できても膨大な作業が発生してしまうというケースだ。この場合は，KPIの算出に必要なコストと，それによる効果を見て決めなければいけない。もし本当に重要な戦略的事項であれば，どんなにコストをかけてもKPIとすべきである。逆にコストメ

図表８－10　KPIの良い例，悪い例

悪い例			良い例
戦略	KPI	説　明	KPI
物流費の低減	物流費	この費用は売上の変動によっても上下するため，物流費の改善に限定した測定ができない	物流費／売上高
購買業務のコストダウン	コストダウン達成率	指標はもともと達成率で評価するため，指標自体に達成率を含めると冗長となる	購買業務コスト
システムサポートのサービス向上	システム問い合わせ件数	システムサポートのサービス向上によっても問い合わせが減るが，悪くても問い合わせが減ると考えられ，両方の要因が影響してしまう	サポートに対する社内満足度
新規商品の投入	売上高	確かに新規商品の投入によって売上増大を狙っているが，新規商品の投入という行為から売上高まではやや遠く，もう少し直接測定すべき	新規商品投入数
お試しキャンペーンの実施	キャンペーン実施回数	実施を直接的に評価しすぎ。キャンペーンの実施による「成果」に着目して指標を設定すべき（だからといって売上高では遠すぎることに注意）	キャンペーン参加顧客数
需要予測精度の向上	需要	確かに需要予測精度を向上させるために，１つのデータとして「需要」を見るべきではあるが，外部要因であり，目標を設定し，達成する性質のものではない	需要予測精度

リットがない指標であれば，そもそも重要な戦略ではないと考えてもよいだろう。

KPIの設定には4つのチェックポイントがある。具体的には，(a) アクション可能性，(b) 測定可能性，(c) 信頼性，(d) 容易性の4つで，KPIを考える際には，このチェックポイントに照らし合わせて，見直しをしていく必要がある。

(a) アクション可能性

これは業績改善のためのアクションがとれるかどうかのチェックだ。たとえば減価償却費や市場価格など，アクションがとれない指標は見ても意味がない。

(b) 測定可能性

これは指標を測定するために必要なデータが入手可能かのチェックである。特に情報システムからデータを入手する場合には，本当に取得可能かどうかは情報システム部門が時間をかけなければ確認できないことも多い。指標設計の後になってデータ入手ができないことが判明すると，大変な作業の手戻りとなるため，できるだけ早い段階でチェックする必要がある。

(c) 信頼性

信頼性とは，評価結果の恣意的な操作を防げるかどうかのチェックだ。たとえば営業の訪問回数を指標とした場合，これが営業マンの自己申告のみに頼るとしたならば，客観的な指標とはいえない。他の客観的な指標へ見直すか，あるいは恣意的な操作を防止する対応策を講じるしかない。

(d) 容易性

これは指標について容易に理解可能かのチェックである。指標はわかりやすくなければ活用されない。たとえばEBITDAという指標を用いた場合，経理部門の人は理解できても，他部門の人からすればわかりづらく，業務で十分に意識されない可能性が高い。マニュアルを見なくても，指標を見れば直感的に理解ができるくらいの容易性が必要である。

3．KPIマネジメント成功のポイント

KPIマネジメントで高い成果をあげるには，いくつか押さえるべきポイントがある。同じKPIを設定しても，その運用方法によって成果の大きさや目標達成の早さが変わってくる。ここでは3つのポイントを説明する。

（1）PDCAサイクルを短くする

これまで説明してきたように，KPIマネジメントの特徴の1つはPDCAサイクルをぐるぐる回し，仮説検証を繰り返すところにある。それによって徐々に戦略のクオリティが磨かれていく。このメリットを活かしきるにはPDCAサイクルをできるだけ短くすることが重要となる。

たとえば月次でPDCAを回していると月に1回の仮説検証となるが，週次で回すと月に4回の仮説検証ができることになる。当然のことながら月に1回よりも4回のほうが効果を早く刈り取ることができる。

たとえば訪問回数100回／月という目標があった場合，月次で進捗をチェックし，「100回の訪問は達成したかどうか，なぜ達成できなかったのか，どうすれば達成できるのか」などを検証することになる。この検証によって翌月はアプローチを修正して活動する。しかし訪問回数25回／週という目標にし，週次でPDCAサイクルを回したらどうだろう。そのほうがアプローチの修正頻度が高まるため，正しいアプローチに早く近づくはずだ。まして日次で回せばなおさらである。

もちろん戦略の内容にもよる。訪問であれば毎日チェックすることも可能だが，もう少し足の長い戦略では日次の管理ができないかもしれない。たとえば新規商品の投入という戦略で，月に2～3種しか投入がない場合，これを日次で管理しても意味がない。その場合は，短く管理できる別の戦略やKPIを考えてみることだ。新規商品の投入頻度が低いのであれば，新規商品のアイデア件数や審査件数をKPIとするなど，PDCAサイクルを少しでも短くできる代替案を考えるべきであろう。

（2）複数の戦略を同時並行で実行する

成果を早く刈り取るためには，戦略を１つひとつ仮説検証するのではなく，同時に複数の戦略を並行して検証すべきである。このほうが最も優れた戦略を早く見つけることができるからだ。

たとえば訪問回数100回／月という戦略について，Ａチームは80回／月，Ｂチームは100回／月，Ｃチームは120回／月と設定すれば，どの戦略が最も優れているかを同時並行で検証ができる。目標値の検証以外でも同じで，訪問に注力する戦略と，セミナーに注力する別の戦略を同時並行で実行してみても同じように検証できる。

図表８－11　複数戦略によるPDCA

この方法は，正解がわからないビジネスで特に効果がある。訪問回数を増やせば売上が増えることが明らかなビジネスであれば，複数の戦略を試す必要もない。ひたすら訪問回数に注力すればいいだろう。しかし，どうすれば売上が伸びるのかわからない状況では，できるだけ数多くの戦略を試してみる価値がある。具体的には，目標達成に効果がありそうな戦略をリストアップし，すべてを同時並行で実行する。そして最も優れた戦略を明らかにすればよい。

（3）新しい戦略を試し続ける

優れた戦略を見つけたからといって仮説検証が完了したわけではない。経営環境は常に変化しており，競合他社も新しい動きをしてくる。今日の成功は明日の成功を約束しない。常に新しい戦略を試し続けることがKPIマネジメントで成功するポイントだ。

新しい戦略を試し続けるには，第1章で紹介した「チャンピオン／チャレンジャー戦略」が参考になるだろう。

図表8−12は，再び訪問回数を例にとったものだ。チャンピオン戦略は訪問回数100回／月で，これまでの経験則で月100回の訪問が最も効果的と考えていたとする。しかし時間の経過とともに，この訪問回数が本当にベストかどうかわからなくなってきた。かといって，やみくもに回数を増減させると業績に悪影響が出るかもしれない。そこでチャレンジャー戦略として，全体の5％の営業マンだけを対象に目標を120回に増やしてみる。これによって売上に上昇が見られれば，現在の戦略より優れていることになるため，新しいチャンピオン戦略として全営業マンへ適用する。もし120回で売上が増加しなければ，130回，140回と修正を繰り返し，最適な回数を見つけ出す。このチャンピオン／チャレンジャー戦略の特徴は，全体への影響を最小限にとどめながら，常に新しい戦略を探し続けるところにある。

これは目標値の仮説検証にとどまらず，少し異なる戦略やアプローチを試す場合も同じだ。さきほどの複数の戦略を同時並行で実行する方法は，最初に最適な戦略を見つけ出す際に効果的だが，チャンピオン／チャレンジャー戦略は，その後の継続的な戦略の見直しに効果を発揮するはずだ。

図表8−12　新しい戦略へのチャレンジ

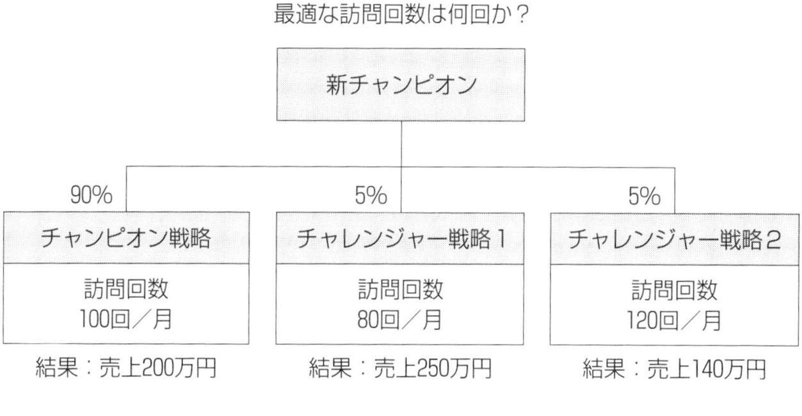

＜ケーススタディ３＞

グループ子会社へ市場原理をもたらすKPI

大手機器メーカーのT社は，グループ傘下に100社以上の子会社を抱える一大グループ企業である。子会社の種類は多岐にわたり，本業を支える部品会社，エンジニアリング会社もあれば，サポート機能を担う物流会社，経理シェアード会社，人材派遣会社，不動産管理会社，ファイナンス会社，情報システム会社などがある。さらに本業とはあまり関係のない旅行代理店，飲食業，印刷，建設なども傘下に持ち，グループ内でビジネスがほとんど完結できるのではないかと思えるほど多角的なグループ経営を行っていた。

問題が出てきたのは，グループの収益力が大きく落ち始め，リストラ局面に入った頃だった。それまではグループ内になるべくキャッシュが残るように，仕事はグループ子会社へ発注することが当たり前であった。しかしグループ会社は，一般の会社に比べて価格が高く，全社でリストラを推し進めるうえでは，グループ子会社も聖域ではなくなってきたのだ。

実際に調べてみると確かに一般の会社と比べて価格競争力がなく，親会社にもたれかかって存続している会社が多かった。親会社が価格を下げるように交渉しても，子会社側からは実際にかかるコストに適正利益を乗せているという説明に終始し，大きな改善はみられなかった。この説明は決して嘘ではない。つまり価格が高いのではなく，コストが高いのだ。一般に競争している企業に比べて，コスト競争力がないというのが実態であった。

コストが高い理由は明らかで，グループ内で市場原理が働かないため，コスト削減努力がされてきていないことだ。原因はわかっているが，問題はどうやってこの体質を変えるかだ。単にコスト削減を叫んでも重い腰は上がらないし，一律20％コストカットと言っても数字に納得感がない。そこでT社では，子会社に対して新たなKPIを設定することとした。これまで子会社のKPIは，経常利益率やROEなどの一般企業と同じ指標を使っていたが，ほとんどの子会社は安定的に黒字で，KPIはよい値を示していた。当たり前である。親会社から無競争で受注していたのだから。子会社の利益が増えたということは，多くの場合，単に親会社のコストになっているだけであり，通常の利益率といった指標は子会社にとってまったく不適当であることに気がついたのだ。

そこで新しいKPIは，市場競争原理に基づく指標とした。このKPIは「正常利益率」と呼び，これまでの経常利益率の代わりに子会社の最重要指標とした。具体的には**図表8－13**の式にあるように，親子間の取引価格と一般市場の市場価格を比較し，その差額を「親会社に頼った甘い利益」とみなし，経常利益から差し引くというものだ。これにより子会社の本当の利益，つまり一般市場で戦った場合の「正常な利益」が表現できるようになる。親会社からのメッセージは明確で，市場でも戦える価格競争力をつけろというものだ。そして甘い利益である「価格差」をゼロにしろというものだ。さらに，「もし3年以内に正常利益が黒字にならなかったら，マーケットにおける存在意義がない会社として，原則，会社を清算する」という厳しいルールも設定された。

図表8－13　正常利益率の計算ロジック

KPI：正常利益率＝(経常利益－市場価格差)／売上高

市場価格が存在するケース

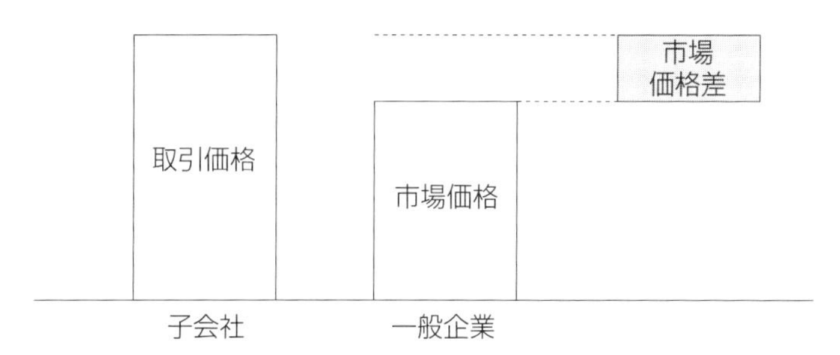

市場価格が存在しないケース

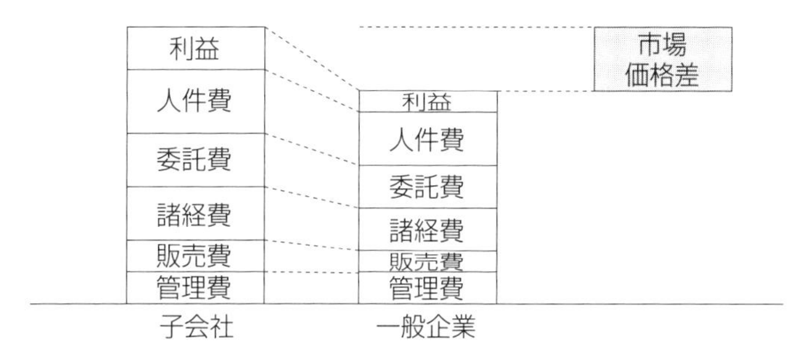

市場価格を算出する方法は基本的に2つあり，市場価格が存在するケースと

存在しないケースで分かれる。市場価格が存在するケースでは，単純にその価格を使い，市場価格が存在しないケースでは，その業種業態によって工夫が必要であるが，基本的には費用構造を他社比較して算出する。この算出作業は膨大であり，かつ専門知識も必要であったため，T社では外部コンサルタントに算定を依頼した。

算出結果を見ると，大多数の子会社が膨大な甘い利益を抱えており，正常利益は軒並み赤字であった。たとえば，ある子会社では200億円以上の経常利益を出していたが，市場価格に置き換えてみると見事に赤字に転落していた。しかし問題は赤字であること自体ではなく，これからどうやって正常利益を黒字化するかということだった。まさに生き残りを賭けた戦いが始まったのだ。

3年後，多くの子会社は正常利益を改善することができた。これまでコスト改善努力があまりされてこなかったこともあり，改善余地は多くあったと考えられる。しかしそれ以上に，明確な数値目標と期限が示されたことが大きかった。つまり「価格競争力がない」という課題を，KPIに置き換えることができたことが成功要因である。もう1つだけ成功要因を付け加えると，赤字なら会社清算という大胆なルールを設定した責任者の決断である。どのような管理手法であっても，仏に魂を入れるのは，結局リーダーの決意しかないのであろう。

■ 第9章

予算達成のための課題と対応

1．達成できない予算

景気の先行きが不透明な中，予算の達成に苦労をしている企業は多い。しかし予算の達成は，昨今の世界経済の影響による課題というよりは，いつの時代でも頭を悩ませている企業が多いのではないだろうか。ある企業では過去５年間，予算が定常的に未達であり，目標の未達に対して抵抗感すら感じなくなっているという。予算を編成する場合にも，最初から達成できないとあきらめている空気すら蔓延している。また別の企業ではトップの鶴の一声で，毎年20%売上増を予算に掲げているが，この十数年まったく達成したことがないという。こうなってくるとマネジメントの仕方を根本的に考え直すタイミングにきているのではないだろうか。

本章では，予算の未達が常態化している企業を念頭に，予算達成における課題と対応について解説する。

（1）形骸化する経営会議

経営会議が形骸化しているという話をよく聞く。ここでいう経営会議とは，予算の実績を確認する月次の報告会議を指し，社長および各部門責任者の集まる予算統制の会議のことだ。この経営会議が形骸化しているというのだが，形骸化した経営会議の風景とは次のようなものだ。

各事業部門から一方的な報告がなされ，ただ周りの人は聞いているだけ。最後に社長が総論を話し，激励をして会議が終わる。たまに話が出ても，あたりさわりのないコメントであるか，あるいは具体的な指示というよりは単なる感想に近い。

大企業になればなるほど，この傾向は顕著となる。理由は，大企業になると事業分野も多岐にわたり，他の部門の事業内容や状況がわからなくなるからだ。したがって，報告を聞いてもコメントができない。社長も出身の事業以外は，よくわかっていないケースもある。一方的な報告に終始するもう１つの要因は，分厚い報告資料にもある。時間内に最終ページまでたどり着くには，流さないと間に合わないためだ。

あまり議論がなされない経営会議を繰り返していると，「このような会議の仕方でいいのだろうか」と疑問を呈する人がでてくる。「単に報告するだけであればメールで済むのではないか，会議とは意思決定をする場なのではないか」と。

（2）経営会議の意味合い

経営会議において活発な議論や意思決定がなされていなかったとしても，経営会議を実施することに一定の意味はある。経営陣が会社の状況を把握することや，各責任者が社長の考えや方針を理解することなど，情報共有という意味合いは当然ある。しかし本質的に経営会議の果たす機能とは，事業責任者にプレッシャーを与え，事業の遂行を後押しすることではないだろうか。

事業責任者は，毎月の実績を報告するとともに，未達の場合には原因と対応策を説明しなければならない。達成できなかったことに対する社長の叱責や周りの白い目は，多くの責任者の面前でいわば「つるし上げ」になることに等しい。責任者としては，それを回避したくなる大きなモチベーションとプレッシャーとなる。またその逆もあり，大きな成果を上げた場合には，皆から拍手と賞賛を受けることができる。もちろん経営会議などやらなくても，人事評価という形で半期や年次のボーナス，昇給・昇格によって，一定のインセンティブははたらくであろう。しかし少なくとも月次レベルでチェックを回さないと，経営スピードに間に合わない。

このように責任者へはっぱをかけることで実績が伴うのであれば，特に問題はない。確かに成長期には問題はなかったのであろうし，現在でも機能している企業もあるだろう。できる責任者は昇格させ，できない責任者は外すという人事行為によって経営のコントロールを効かせられる。あるいは今ひとつ気合の入っていない責任者には活を入れればよい。

しかし，ほとんどの責任者が目標を達成できない場合はどうすればいいだろうか。あるいは，いくらプレッシャーを与えても，目標達成に改善が見られない場合はどうすればいいだろうか。実は，現代の成熟市場では多くの企業で売上の前年割れが続いており，特に大企業において慢性的な目標の未達が起きている。

このような状況の場合は，これまでの経営会議をもう一度見直す時期が来ていると思われる。いわゆる「結果評価」を中心としたコントロールではなく，真の意味でPDCAサイクルを回すマネジメントを検討すべきと考えられる。

(3) 経営会議で期待されること

経営会議には，経験豊富で優秀な経営者や事業責任者が集合しているので，本来であれば活発な議論をし，方向性について意思決定がなされてもよい。しかし会議に持ち込まれるレポートの多くは売上や利益，予実差異などの「結果情報」が中心であるため，そのレポートをその場で見て，具体的な議論をする，あるいは対応策を指示するなどといったことは，並大抵ではない。

そもそも対応策の指示を出すためには，根本的な原因を特定し，対応のオプションを洗い出し，ベストのオプションを選択するという一連の作業が伴う。勘，経験，度胸で指示を出すわけにはいかない。「原因特定」，「オプション抽出」，「評価・選択」の中身が明らかにされて，はじめて「原因は他にあるのではないか」といった議論や，「もっとこのような対応策のほうがベターではないだろうか」という議論が可能となる。また議論はしないまでも，一通りの中身を確認したうえで，確かにこの対応策が妥当だと判断できるはずだ。

結論から言えば，結果情報のマネジメントではなく，結果を導くプロセスのマネジメントが重要になってくる。結果のみを見て可能な対応は，責任者を誉めたり，叱責したりすることである。しかし，プロセスを見ると，個々のプロセスにおける具体的な議論や指示が可能となる。コントロールの対象を「人」にするのではなく，「策」を対象とする。PDCAサイクルのまさに「Action」について議論をする。

（4）予算が達成できない主要因

予算が達成できない主な原因に，事業計画のモニタリングが不十分な点があげられる。これまで議論してきた経営会議のあり方は，まさにモニタリングの方法を問題視している。なお，ここでいう事業計画とは，予算達成に向けて作成された各事業部門の計画のことを指す。

これまでの結果情報を中心とした経営会議，モニタリングの方法で大きな改善が見込めない場合，結果を生み出す「プロセス」の状況を可視化し，将来の結果に対してコントロールすることが必要となってくる。つまり，結果情報のモニタリングではなく，「事業計画のモニタリング」を行うのである。

2．事業計画のモニタリングをうまくやる手法

事業計画のモニタリングとは，文字通り事業計画の達成度合いを定期的に確認する作業を指し，月次の経営会議にて行われている予実管理の一環として実施するものだ。単にプランするだけでは結果は出ないため，チェックして，必要に応じて対応策（アクション）を講じるというPDCAサイクルを回すための重要な機能である。

筆者も経営計画のモニタリングに対するコンサルティングを依頼されるケースがあり，実際に経営会議へ出席をしてモニタリングのサポートを行っている。ここでは，これらの経験も踏まえて，自社内でできる効果的なモニタリング方法について紹介したい。

（1）事業計画のモニタリングとは

これまで議論したとおり，従来の結果情報を中心とした経営会議でも，モニタリングによって事業責任者へ一定のプレッシャーを与え，目標達成に向けた行動を促す役割は果たしている。

一方で，経営のPDCAサイクルを回すという観点では，より効果的な方法が検討されるべきと考えられる。つまり，結果に至るプロセスを明らかにし，その進捗状況を把握できる必要がある。結果とは過去のことであり，終わったことはコントロールできないため，コントロール可能なプロセスに手を入れるということだ。結果の評価とは別に，当初計画の仮説検証を行い，必要に応じて計画の軌道修正を行う。また追加施策の実施や目標値自体の見直しも必要になってくる（**図表９－１**）。

図表９－１　事業計画のモニタリングでよくある課題

① 事業計画にあげられている施策とは無関係に，売上や利益などの結果評価しかされていない。
② 事業計画の進捗状況など結果にいたるプロセスが見えず，結果が出て初めて手遅れとわかる。
③ どの施策が成功し，失敗したかの確認ができず，チェック＆アクションの検証サイクルが機能しないため，計画の質があがってこない。
④ 結局，事業計画がチェックされないため，事業計画自体が軽視される。いままで通りの業務が続き，事業計画は置き去りにされる。

（2）結果管理とプロセス管理

結果管理とは，売上や利益といった経営努力の結果を確認し，評価するマネジメントを指す。一方，プロセス管理とは，結果を生み出すプロセスを確認・評価する手法で，施策の進捗状況や成果の途中経過を管理する。

図表９－２は，結果の管理と，結果を生み出すプロセスの管理の構成を示している。従来の結果管理は図表の左側を中心とした管理であるが，結果管理だ

図表９－２　結果管理とプロセス管理

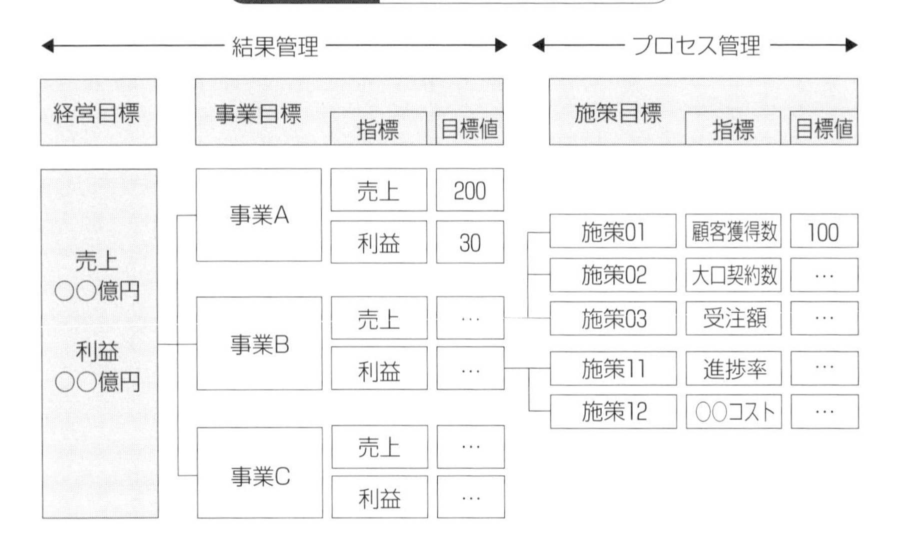

けではうまく機能していない場合は，右側のプロセス管理も行うことが重要となる。因果の法則に従い，結果が出ない理由は原因にあると捉え，事業の原因に該当する「施策」をマネジメントする。

なお，この結果管理とプロセス管理をKPIマネジメントにあてはめると，結果管理の売上や利益といった指標がKGIに該当し，プロセス管理の顧客獲得数や大口契約数などの指標がKPIに該当する。つまりプロセス管理を行うということは，全社の予算管理にKPIマネジメントをマージするという考え方である。

もっともプロセス管理を行うには，かなりの労力を必要とする。プロセスを管理するということは，きちっとプロセスレベルで計画を作らなくてはならないし，プロセスレベルで確認をする必要もある。結果管理だけの場合よりも，明らかに管理工数が増えてくる。したがって，結果管理だけで大きな問題がなければ行う必要はない。またプロセス管理を行うにしても，予算のすべてに適用するのではなく，重要な予算，戦略，施策に絞って実施するほうが現実的だろう。

実際にプロセス管理を導入すると，次のような行動の変化が出てくる。まず，プロセスを管理するとなると，事業責任者はしっかりとした計画を策定しなければならない。従来の結果管理でよくみられることは，予算の数値目標はしっかりと検討して作成するが，実行施策についてはそれほど入念に検討をしない。たとえば，「○○市場への注力」，「○○事業の拡大」といったような抽象的なテーマをあげるレベルに留まり，具体的な実行計画や体制作りは後回しになる。ひどい場合には，実行施策は作成せずに，あとは現場に任せてしまうケースもある。つまり無策のまま業務を遂行してしまうのだ。

ところがプロセス管理を行うとなると，施策を管理することになるため，いい加減な施策をあげるわけにいかない。結果的に，よく検討された施策が作成される。よく検討された施策は，やはり成功する確率が高くなる。また，よく検討された施策は具体性があるため，計画どおり結果が出なかった場合にも，どこが当初の想定と異なっていたのかという仮説検証がしっかりできる。つまりPDCAサイクルが本当の意味で回るということだ。

経営陣もプロセス管理によって，より事業の実態が見えるようになる。たとえば，結果が出ていないのは，どの施策が進んでいないからなのかが見える。また，たとえ結果が出ていなくても，個別の施策が順調に進捗していれば，大きな問題ではないことが具体的に理解できる。いわゆる「経営の見える化」のことである。

少し蛇足になるが，元巨人軍の桑田真澄投手はプロセスを大切にする人で有名だ。プロは結果だとよく言われる。結果さえ出せば誰にも文句を言われない。それがまさにプロ野球の世界だ。しかし桑田は結果の上にもう１つあると言う。それがプロセスだ。いかに目標に向かって頑張っていくかというプロセス。結果の上にプロセスがあるというのが彼の信念なのだ。そのため，いいピッチングができていれば試合に負けても全然不安でないという。プロセスを大切にすれば結果はおのずとついてくる。結果さえ出せばいいという言葉は，プロセスを軽んじている。むしろ自分が責任を持てるのはプロセスであり，したがってプロセスにはすべての責任を持つのだ。これはビジネスの世界にも当てはまる考えではないだろうか。

（3）モニタリングレポート

プロセス管理を行う場合には，管理レポートにも工夫が必要となる。**図表９－３**は，モニタリングレポートのテンプレートである。図表の左側は結果評価

図表９－３　モニタリングレポートのテンプレート

【月次モニタリングレポート】　　令和　　年度

	結果評価								
	指標	当月度			当月度までの累計			評価	施策
		目標	実績	差	目標	実績	差		
事業B	売上(百万円)	1,200	1,140	−60	3,600	3,850	250	○	施策01 施策02 施策03
	利益(百万円)	200	218	18	600	517	−83	△	施策11 施策12
事業C									

であり，予算の財務目標が中心となる。縦軸に当月度の予実と当月度までの累計をとっているが，対前年同月比や着地見込みなどを持ってきてもよい。また縦軸の「評価」という項目は，目標の達成状況を一目でわかるように○×△の記号で表現している。

図表の右側はプロセス評価であり，各施策の進捗状況を表している。指標については，件数や数量といった数値の場合もあれば，○○％という進捗率で表す場合もあるが，いずれにしても，いわゆるKPIを設定する。

幅広い事業を展開している企業がプロセス管理を行うと，モニタリングレポートの枚数がかなり増えてしまうことがある。その場合は，レポート構成の工夫として，まず全社の状況が俯瞰できる１枚のサマリーを作り，各事業の総合的な評価が一目で把握できるようにするとよい。重要なことは，すべての情報を確認するのではなく，異常値に着目して見ていくことである。網羅性より重要性が大切だ。そのためにも課題の箇所が，はっきり，瞬時にわかるレポートとすることが重要である。

指標	プロセス評価 当月度 目標	実績	差	当月度までの累計 目標	実績	差	評価	特記事項
顧客獲得数	12	15	3	36	33	−3	○	
大口契約数	5	3	−2	15	15	0	○	
受注額（百万円）	350	290	−60	1050	940	−110	△	
進捗率	10%	3%	−7%	55%	26%	−29%	×	
○○コスト	120	115	−5	450	455	5	○	

3．事業計画のモニタリングプロセス

事業計画のモニタリングを効果的に行うために，もう1つ重要な観点は，モニタリングプロセスである。モニタリングとは経営会議の瞬間だけを指すわけではない。仮に2時間の会議体であった場合，そこで初めて見るレポートに基づいて判断，指示することは容易ではないため，事前，事後のプロセスが重要となる。

（1）モニタリングの3つのプロセス

効果的なモニタリングとは，3つの時間軸に分けて管理する方法で，会議体を中心に①事前チェック，②会議，③事後フォローというプロセスを経る。重要なことは，このプロセスを主導する担当が必要なことで，ここでは仮に「事務局」と呼んでおく（**図表9－4**）。

図表９－４　モニタリングの３つのプロセス

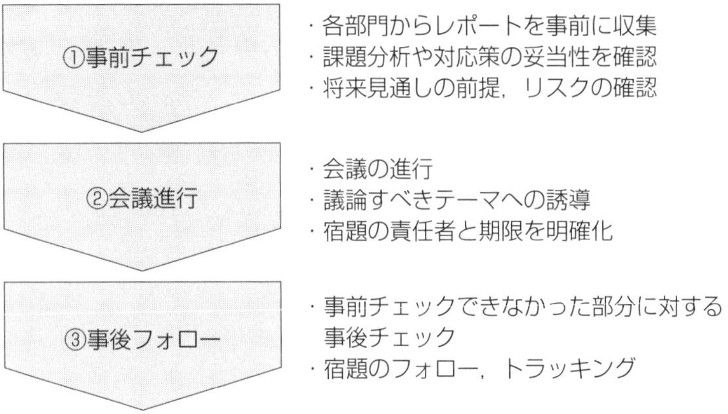

①事前チェック
・各部門からレポートを事前に収集
・課題分析や対応策の妥当性を確認
・将来見通しの前提，リスクの確認

②会議進行
・会議の進行
・議論すべきテーマへの誘導
・宿題の責任者と期限を明確化

③事後フォロー
・事前チェックできなかった部分に対する事後チェック
・宿題のフォロー，トラッキング

①　事前にチェックすべきこと

事前チェックとは，経営会議の数日前までに，事務局が会議当日のレポートをチェックする作業を指す。この目的は，事前にレポートを確認することで，会議当日に本質的な議論ができるように準備をするためである。また不十分なレポートは，事前に修正を加える機会を与える。具体的には，次のような作業を行う。

レポートには，目標が未達の項目について，その原因と対応策を記述することとし，その記述内容を事務局がチェックする。チェックの観点は，課題分析が十分になされているか，対応策が客観的に妥当かどうか等である。

またレポートには，将来の見通しも記述することとし，事務局はその見通しについても確認をする。チェックの観点は，見通しの前提となっている事項に着目し，見通しに影響を与える市況の変化はないか，見落とされているリスクがないか等を確認する。

②　会議ですべきこと

会議の場では，事前チェックによって認識された懸念点や議論すべきテーマを中心に，事務局が進行を促す。事前チェックで出てきた内容は，会議前に経営陣へ報告しておくことが望ましいが，会議当日に事務局から報告しても構わない。

また議論によって出てきた課題については，宿題を明確化するとともに，責任者および期限も明確化する。これを議事録の「宿題欄」に明記し，次回の会議では，「前回の宿題事項」として必ず再確認をする。会議で単に「言いっぱなし」で終わらせないためである。宿題は完了するまでトラッキングする。

③　会議後にすべきこと

会議の後にすべきこととして，1つめは，事前にチェックできなかった点について，事後でも構わないので再チェックをする。事前チェックは時間が限られているためモレは発生するが，その分は事後でしっかりフォローすることが重要である。2つめは，宿題のフォローである。関係者へは改めて宿題を通知し，その後も必要に応じて宿題の進捗を確認する。

（2）モニタリング体制の構築

ここまでモニタリングプロセスについて説明をしたが，事務局の役割がいかに重要かをご理解いただけたのではないか。事務局のチェックする能力，機動性，投入時間によって，モニタリングの品質が大きく左右される。したがって，本気でモニタリングを行っていくためには，モニタリングチームという専任の体制を構築したほうがよい。実際には，モニタリングチームは各事業責任者に対して，さまざまなアドバイスをすべきことになる。施策のブレークダウンの方法，適切なKPIの設定方法，課題分析や対応策の検討，市況変化やリスクの見極めなど，効果的なモニタリングをサポートする社内コンサルタントのような役割が求められる。

（3）予算達成への取組み

本章では，予算が定常的に達成できない企業の課題について，事業計画のモニタリングという観点から対応策を説明してきた。ここでは会社全体を対象として，経営会議のあり方について説明したが，これは組織階層のどのレベルにも当てはまる共通のテーマで，部や課のレベルであっても活用できると考えられる。

事務局の労力が相当必要であることや，現場の業務負荷の懸念も当然あることから，直ちにすべてを実施することは困難であろうが，一度，経営会議のあり方や事業計画のあり方について考える機会となればよい。

＜ケーススタディ４＞
プロセス管理による業績回復の軌跡

大手素材メーカーのC社は歴史のある企業であるが，他の多くの成熟産業と同様に，アジアの競合プレーヤーに押され，ここ十数年にわたり減収減益を続けてきた。そして過去６年間にわたって経営再建を行い，不採算事業からの撤退や資産売却を行ってきた。しかし，なかなか回復基調には乗れず，事業計画が達成できない状況が続いていた。

金融機関に対しては，これまで何度も事業計画を説明し，そのたびに債権放棄も含めて経営支援を受けてきたが，いつも計画は実現されなかった。このままでは市場に対しても，株主に対して，また金融機関に対しても信頼を失うため，事業計画を達成するための本格的なテコ入れを実施することとなった。

事業計画自体はそれほど悪くなかった。不採算事業やノンコア事業からは撤退することとし，人員の削減や資本の増強も実施することとした。また海外勢に打ち勝つためには付加価値の高い素材にフォーカスするとし，いくつかの成長戦略を掲げた。問題は実行面である。計画どおりに実行されるかどうか，そして結果が出せるかどうかが問われていた。

これまでは計画が重視されていた。しっかりとした計画があれば金融機関は融資を続けた。また経営陣も予算管理は行うが，事業計画の実行状況については見ていなかった。結果はチェックするが，手段は事業部門に任せるという典型的な結果管理である。しかし今回は別である。売上や利益の確認といった従来の結果管理では，もはや目標を達成できないことがわかっていた。そこで社内にプロジェクトチームを作り，事業計画のモニタリングを行うことを決定した。

ここでいう事業計画のモニタリングとは，売上や利益といった結果管理ではなく，事業計画で掲げた主要戦略の進捗状況を経営会議で確認することである。いわゆるプロセス管理のことだ。

プロジェクトチームは社長直轄の特別組織とし，このモニタリングの実行主体とした。まずチームは，モニタリングすべきKPIを設定するために，事業計画の構造化に着手した。最終的な財務目標を達成するために，各施策がどの目標を持ち，どうつながっているかをツリー分解した図の作成である。日産リバイバルプラン（図表８－４）のような図のことだ。そこでプロジェクトチームは，各事業部門に対して詳細計画の提出を求めるとともに，フォーマットに必要事項を埋めてもらう作業を依頼した。

驚いたことに詳細計画は存在しなかった。計画が計画どおり実行されなかったのは，計画がなかったからということがわかった。その責任を追及しても仕方がないため，プロジェクトチームは事業部門と一緒になり，詳細計画を作ることとした。すでに年度はスタートしていたが，夏を目途に事業計画を具体化する作業にとりかかった。適当に形だけつくることは可能であったが，それだけは絶対にやらなかった。その後のモニタリングで追及されることがわかっているからだ。

施策のKPIは，進捗管理型と数値目標型に分けた。進捗管理型とは，作業のスケジュールをもとに進捗状況をチェックする方法である。たとえば人員削減の施策では，削減人数をKPIとすると初期の進捗状況がわからないため，スケジュールにマイルストーンを置き，退職パッケージの作成，早期退職者公募の発表，退職者決定といったようなタスクの完了日を進捗管理するやり方をとった。数値目標型とは，施策ごとの売上といった通常のKPIのことで，数値目標を月別に設定し，その達成度合いを管理する方法を併用した。

施策ごとにKPIを設定する際には，なるべく早い段階で状況を捉えることができる指標，いわゆる先行指標を設定するように工夫をした。たとえば売上については，**図表９－５**にあるように売上に至る営業プロセスにKPIを設定し，進捗状況を確認できるようにした。売上というのは結果であるため，そこに至

図表９－５　売上の先行指標の例

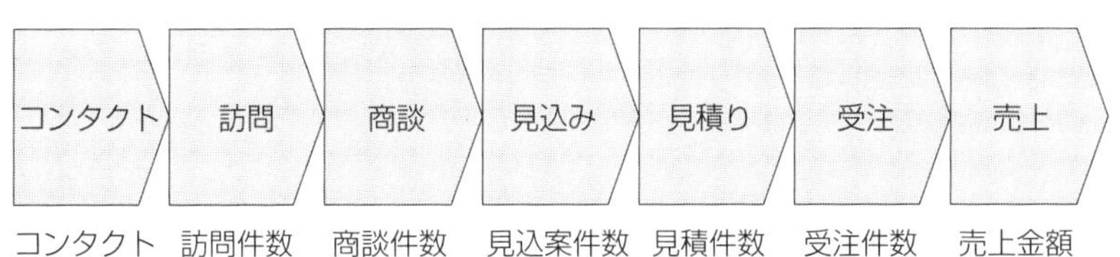

る各プロセスを見えるようにし，実際に訪問はできているか，商談まで進んでいるのかといった活動のステータスを確認できるようにした。

また売上が達成されない場合，**図表９－６**のように，指標を分析することによって，営業プロセスや営業効率の改善へ活用できるようにした。たとえば問題点が見積りから受注につながらないのか，そもそも訪問のアポがとれないのかによって，とるべきアクションは当然変わってくるからだ。

図表９－６　売上の先行指標を活用した分析例

<訪問率> $\frac{\text{訪問件数}}{\text{コンタクト件数}}$

<商談率> $\frac{\text{商談件数}}{\text{訪問件数}}$

<見込率> $\frac{\text{見込案件数}}{\text{商談件数}}$

<見積率> $\frac{\text{見積件数}}{\text{見込件数}}$

<受注率> $\frac{\text{受注件数}}{\text{見積件数}}$

<リピート率> $\frac{\text{リピート受注件数}}{\text{受注件数}}$

<営業効率> = <商談効率> × <引合効率> × <提案効率> × <受注効率>

$$\frac{\text{受注金額}}{\text{営業員数}} = \frac{\text{商談件数}}{\text{営業員数}} \times \frac{\text{見込金額}}{\text{商談件数}} \times \frac{\text{見積金額}}{\text{見込金額}} \times \frac{\text{受注金額}}{\text{見積金額}}$$

夏までにモニタリングの準備は整い，プロセス管理を開始した。社長をはじめトップマネジメントがモニタリングをしているため，事業計画に対するプライオリティは全社的に最優先となった。そして結果も伴ってきた。すべての施策が計画どおりとまではいかなかったが，明らかにこれまでとは異なり，計画が計画どおり実施されていった。金融機関への説明もやりやすくなった。これまでは説明できないことが不信感の出発点であったが，少なくとも説明責任は果たせるようになった。

現在は，重点戦略に絞ってプロセス管理を導入しているが，トップマネジメントもプロセス管理に慣れてきたため，今後は他の施策や他の関連会社へも展開しようとしている。

索　引

A～Z

ABB …… 132
ABC …… 126
ABM …… 128
AI …… 162
BPR …… 142
EL …… 183
JIT …… 61
Key Result（主な結果）…… 135
KGI …… 195
KPI …… 195
KPIマネジメント …… 195
KRI …… 173
MBO …… 136
MECE …… 90
ML …… 183
Objective（目標）…… 134
OKR …… 134
OODA …… 139
PDCAサイクル …… 7
PDPD …… 7
RPA …… 158
TQM …… 118
UL …… 184
VUCA …… 137

あ行

アールセル …… 115
アクティビティコスト …… 50
安全在庫 …… 60
イエローカード …… 190
移管 …… 144
一般管理費予算 …… 71
ウィン・セッション …… 135
売上高予算 …… 41
売上・利益情報 …… 97
売掛金回収状況 …… 100
運転資本予算 …… 75

か行

外国為替証拠金取引 …… 180
回収期間法（PP: Payback Period）…… 79
改善策の優先順位付け …… 153
価格差異 …… 91
確率分布 …… 183
活動基準原価計算 …… 126
管理サイクル …… 83
簡略化 …… 144
期待損失額 …… 184
キャッシュフロー計算書予算 …… 29
業績評価機能 …… 20
共通化 …… 144
業務予算 …… 123
経営の見える化 …… 5
計画機能 …… 18
経済的発注量 …… 65
結果管理 …… 223
原因分析 …… 87
現金収支予算 …… 75
購買予算 …… 66
顧客生涯価値分析 …… 103
コミッテッドコスト …… 52

さ行

在庫予算 …… 58
最大予想損失額 …… 184
材料在庫予算 …… 62
サプライマネジメント …… 67
ジェレミー・ホープ …… 109
仕掛品在庫予算 …… 62

事業計画のモニタリング…………… 222
事業撤退………………………………… 189
事業ポートフォリオマネジメント… 176
事業リスク評価……………………… 177
資金予算…………………………………74
資金流動性の維持………………………75
時系列分析法……………………………46
自信度…………………………………… 135
システム化……………………………… 144
指標化の技術…………………………… 209
資本予算…………………………………75
シミュレーション……………………… 188
収支情報…………………………………99
集中購買…………………………………67
重点施策…………………………………32
受益者負担………………………………74
受注分析………………………………… 101
上級管理者の意見による見積り………45
正味現在価値
(NPV: Net Present Value) ………79
信用予算…………………………………75
垂直的調整………………………………19
水平的調整………………………………19
数量差異…………………………………91
スコアカード…………………………… 120
スコアリング…………………………… 135
スベンスカ・ハンデルスバンケン… 115
生産リードタイム………………………60
製造間接費予算…………………………57
製造原価予算……………………………55
製造高予算………………………………55
製造予算…………………………………54
製品在庫予算……………………………58
責任分析…………………………………88
設備投資…………………………………77
戦略………………………………………10
戦略的思考……………………………… 206
戦略的重要事項………………………… 206
戦略マップ……………………………… 120
戦略予算………………………………… 123
相関係数…………………………………47
総合予算…………………………………82
損益計算書予算…………………………25

た行

貸借対照表予算…………………………29
脱予算経営……………………………… 108
単年度事業計画…………………………22
チェックイン・ミーティング……… 135
着地見込み………………………………97
チャレンジャー戦略…………………… 8
チャンピオン戦略……………………… 8
中期経営計画……………………………22
調整機能…………………………………19
直接材料費予算…………………………56
直接労務費予算…………………………57
積上げ法…………………………………43
定期発注点方式…………………………64
定量発注点方式…………………………64
適正在庫量………………………………58
デマンドマネジメント…………………68
デルファイ法……………………………46
伝達機能…………………………………20
動機づけ機能……………………………20
統計的手法………………………………47
投資………………………………………77
投資収益率
(ROI: Return on Investment) ……79
投融資……………………………………77

な行

内部収益率法
(IRR: Internal Rate of Return) ……79
二重の予算………………………………49
日産リバイバルプラン………………… 199

は行

ハイリスク経済………………………… 176
バランス・スコアカード…………… 117
バリュー・アット・リスク………… 171
販売費予算……………………………49
販売予算………………………………41
販売予測………………………………41
非期待損失額………………………… 184
ビジョン………………………………22
日次決算………………………………83
プロセス管理………………………… 223
プロダクトポートフォリオマネジ
　メント（PPM）…………………… 178
分析レポート…………………………96
平準化………………………………… 144
変化適応型プロセス………………… 110
ポートフォリオ効果………………… 174
ホワイトカラーの生産性向上……… 132

ま行

マネジドコスト………………………50
ミッション……………………………21
見積り法………………………………44
モニタリング………………………… 175
モニタリングレポート……………… 225

や行

予算管理システム…………………… 154
予算管理プロセス……………………31
予算差異分析…………………………87
予算体系………………………………23
予算統制プロセス……………………31
予算の機能……………………………18
予算不要論…………………………… 108
予算編成プロセス……………………31
予算編成方針…………………………31

ら行

利益計画………………………………17
リスク………………………………… 170
リスク回避策………………………… 169
リスク対応策………………………… 169
リスクの計量化手法………………… 182
リスクファクター…………………… 168
リスクリターン・マトリックス…… 186
リスクリターン率…………………… 184
レッドカード………………………… 190
ローリングフォーキャスト………… 124
ロジックツリー………………………92
ロビン・フレーザー………………… 109
ロボット……………………………… 158

【著者紹介】
芳野　剛史（よしの　つよし）
グッドフィールド コンサルティング 代表

PwCコンサルティング戦略グループ ディレクター，デロイトトーマツコンサルティング 執行役員パートナーを経て現職。
経営管理，予算管理，業績評価マネジメント，事業戦略，海外ビジネス進出，組織戦略等の戦略／ビジネスコンサルティングに20年以上にわたり従事。
米ペース大学経営大学院　修士課程修了（MBA）
著書：『定型業務を効率化する実践RPAガイドブック』（中央経済社，2022年），『実践Q&A予算管理のはなし』（中央経済社，2021年），『海外進出のためのフィージビリティスタディ』（中央経済社，2015年），『戦略的業績管理のすすめ』（共著，千舷社，2002年）
その他セミナー講演，寄稿多数
メール：yoshino@goodfield.main.jp

不透明時代を勝ち抜く
予算管理ガイドブック（第2版）

2012年12月20日　第1版第1刷発行
2021年12月20日　第1版第16刷発行
2023年11月20日　第2版第1刷発行

著　者　芳　野　剛　史
発行者　山　本　　継
発行所　㈱　中　央　経　済　社
発売元　㈱中央経済グループパブリッシング

〒101-0051　東京都千代田区神田神保町1-35
電話　03（3293）3371（編集代表）
03（3293）3381（営業代表）
https://www.chuokeizai.co.jp
印刷／三英グラフィック・アーツ㈱
製本／㈲井上製本所

＊頁の「欠落」や「順序違い」などがありましたらお取り替えいたしますので発売元までご送付ください。（送料小社負担）
ISBN978-4-502-47961-8　C3034